AF279690

EL EVANGELIO ETERNO

ENRIQUE CASES

EL EVANGELIO ETERNO

EXLIBRIC
ANTEQUERA 2024

ENRIQUE CASES

EL EVANGELIO ETERNO

Índice

Todo tiene su momento, y cada cosa su tiempo bajo el cielo: Tiempo de nacer, tiempo de morir; | tiempo de plantar, tiempo de arrancar; tiempo de matar, tiempo de sanar; tiempo de destruir, tiempo de construir; tiempo de llorar, tiempo de reír; tiempo de hacer duelo, tiempo de bailar; tiempo de arrojar piedras, tiempo de recogerlas; tiempo de abrazar, tiempo de desprenderse; tiempo de buscar, tiempo de perder; tiempo de guardar, tiempo de arrojar; tiempo de rasgar, tiempo de coser; | tiempo de callar, tiempo de hablar; tiempo de amar, tiempo de odiar; tiempo de guerra, tiempo de paz. ¿Qué saca el obrero de sus fatigas? Comprobé la tarea que Dios ha encomendado a los hombres para que se ocupen en ella: todo lo hizo bueno a su tiempo, y les proporcionó el sentido del tiempo, pero el hombre no puede llegar a comprender la obra que hizo Dios, de principio a fin.

Qo 3, 1-11

Introducción

Con claridad y agudeza, Joseph Ratzinger dice: «La escatología, como "doctrina sobre las postrimerías", ha ocupado el último lugar de los tratados teológicos. Durante siglos ha estado durmiendo el sueño de los justos. Últimamente, y como consecuencia de la crisis histórica de nuestra época, ha pasado a ocupar el centro del pensamiento teológico. Hoy aparece como la señora de todo el espectro teológico».[1] Y añade: «Todo el mensaje de Jesús había sido escatológico; su fuerza arrolladora había consistido en que Jesús anunció con autoridad el próximo fin del mundo, la irrupción del Reino de Dios. En el vigor de esta esperanza habría consistido lo explosivo, lo nuevo, lo grande de Jesús, debiendo interpretarse todas sus palabras a partir de este centro. Para Jesús, el ser del cristiano se resumiría en esta petición central del Padrenuestro: "Venga a nosotros tu Reino", petición que se fijaría en el hundimiento del mundo y la irrupción de lo que únicamente Dios puede hacer».[2] «Esta repentina atención que se presta a los tonos y subtonos del Nuevo Testamento va unida a la creciente crisis de la civilización europea. La nueva postura se relaciona con la conciencia de hundimiento que acosa cada vez más a los espíritus desde finales del siglo XIX, como pudiera hacerlo el presentimiento de un terremoto inminente de proporciones mundiales. Esta conciencia de hundimiento recibió una primera confirmación trágica con la primera guerra

---

[1] Ratzinger, J. (1977). *Escatología: La muerte y la vida eterna.* Biblioteca Herder. Herder Editorial. Edición de Kindle. p. 18.

[2] *Ibid.* p. 2.

mundial y se fue agotando y horadando poco a poco la teología liberal que entonces dominaba, haciendo que se desmoronara su cristianismo cultural lleno de optimismo. Entonces la teología se pasó al existencialismo, filosofía de la disponibilidad, de la decisión, presentándose, al mismo tiempo, como explicación filosófica de lo que, en definitiva, quería decir el mensaje de Jesús sobre el final».[3]

Un hecho decisivo tiene lugar en la obra del abad Joaquín de Fiore (1130-1202), del sur de Italia, que, partiendo de la fe en el Dios trino, dedujo un desarrollo histórico en tres etapas: a la época del Padre (AT) y a la del Hijo (la Iglesia que se dio hasta el presente) seguirá la época del Espíritu Santo, una Iglesia en la que se cumplirá sin cortapisas ni recortes el sermón de la montaña gracias a la fuerza del Espíritu Santo que actúa en todos. Precedentes de lo dicho se dieron en el llamado *quiliasmo* (milenarismo). Apoyándose en Ap 20, 2-7, se espera que Cristo reinará mil años en la tierra antes del fin del mundo y del juicio final. Esta idea, que prácticamente había desaparecido desde el siglo IV, Joaquín la sistematizó a partir del concepto que tenía de Dios e hizo de ella, en cierto sentido, un programa práctico en cuanto que este nuevo período se puede preparar mediante las correspondientes fundaciones de órdenes religiosas. Comenzaron por hacer suya la esperanza de Joaquín una parte de los franciscanos, pero cada vez se fue haciendo más secular, hasta que acabó convirtiéndose en utopía política. Por hablar de alguna manera, puede decirse que el aguijón de la utopía se mantuvo clavado en la conciencia occidental como un reto que no ha dejado de empujar el intento de realizarla, despertando, en consecuencia, la disponibilidad en orden a afrontar la utopía real, que desde el siglo XIX se fue convirtiendo cada vez más en la fuerza determinante

---

[3]   *Ibid.* p. 4.

del pensamiento político. Este proceso de secularización del pensamiento cristiano-escatológico ha ido privando progresivamente de fuerza a la conciencia cristiana, le ha ido quitando los impulsos de la esperanza histórica, cambiando esta esperanza en fe terrena en el progreso. Quiere decir que lo específicamente cristiano aparece cada vez más limitado al alma, con lo que se empobrece cada vez más en cuanto a su contenido de realidad. La «salvación» que la fe promete se reduce, pues, a la «salvación del alma», de la que se arranca la «felicidad» que busca el hombre. De esta contraposición mutua surge la amargura que se detecta también entre teólogos respecto de la escatología de las postrimerías: los enunciados escatológicos llegan a considerarse hasta como condena de la felicidad humana y como su reducción mediante el fantasma de lo que ha de venir.

Anuncio de un Evangelio eterno en el milenio

En el Apocalipsis, en medio de las luchas de la Redención entre Cristo, el Diablo y sus secuaces, antes de la Victoria definitiva, un ángel anuncia un Evangelio eterno. Muchas son las interpretaciones que se han dado sobre este Evangelio eterno. Veamos primero la Sagrada Escritura.

Vi otro ángel que volaba por mitad del cielo; **llevaba un Evangelio eterno** *para anunciarlo a los habitantes de la tierra, a toda nación, raza, lengua y pueblo. Decía con voz poderosa: «Temed a Dios y dadle gloria, porque ha llegado la hora de su juicio; adorad al que hizo el cielo, la tierra, el mar y los manantiales de las aguas».[4]*

Esta donación del Evangelio eterno se da después de la venida visible del Espíritu Santo en Pentecostés y se hace mucho más intensa en el último milenio anunciado en el Apocalipsis. Este libro estudia el significado del Evangelio eterno y su aportación en los últimos tiempos. Pero conviene ir paso a paso hasta llegar a la tercera edad.

---

[4] Apoc 20, 1-12.

La Santísima Trinidad
en la historia de la salvación

En primer lugar, es importante ver cómo actúa la Trinidad en la santificación individual. El P. Arintero lo expresa así: «Y el mismo Hijo nos envía y nos da, en unión con el Padre, al Espíritu que de ambos procede. Así, el Espíritu Santo es el gran don de Dios y el perpetuo consolador que el Padre y el Hijo nos han dado y nos envían, para que nos aliente, nos vivifique y nos sugiera y enseñe toda verdad».[5]

Dios, Espíritu puro, Santo, Santo, Santo, nos santifica dándonos su Vida y nos hace partícipes de su Naturaleza divina, como dice San Pedro.[6] Pero la vida íntima de Dios la forman las Tres divinas personas en una corriente divina de amor. Si del Eterno Padre se deriva toda paternidad en el cielo y en la tierra, de su Unigénito, el verbo divino, por su filiación eterna se denomina toda filiación.[7] El Padre y el Hijo envían al Espíritu Santo, que de ellos procede. Es el amor personal, la caridad de Dios, la Paz del Señor que debe estar siempre con nosotros; el gran don por excelencia. Es la Santidad hipostática vivificante, tiene la santidad por naturaleza, por eso se le llama Santo. Cada persona divina actúa unida a las otras, pero cada una según su realidad personal.

---

[5]   Arintero. (1989). *La Evolución mística*. Salamanca. Editorial San Esteban. p. 102.

[6]   1 Pe 2, 3.

[7]   Arintero. *ibid*. p. 108.

El Padre envía al Hijo y al Espíritu Santo a santificar a los hombres en una doble misión. En esa doble misión hay un orden, aunque la Encarnación se realiza por obra del Espíritu Santo y en toda la vida de Jesús actúa activamente; sin embargo, es el Hijo el que envía el Espíritu Santo a la Iglesia, especialmente en Pentecostés y en toda la historia de la Iglesia[8]. El Espíritu Santo actúa de diversos modos en la historia conduciendo con libertad a los hombres en una auténtica teología de la historia que es lineal. Desde un principio en la creación de Adán y Eva hasta el juicio final. La Providencia divina marca «suavemente y con fortaleza» esta acción, que veremos a continuación.

---

[8]   *Ibid.* p. 10.

Santísima Trinidad. *Rublev. Icono del siglo XV*

La vida trinitaria en la historia de la Iglesia

Entre los primeros escritores medievales era un tema popular la interpretación de las escrituras proféticas. Entre los pensadores importantes que se dedicaron a ese asunto fascinante tenemos a Gregorio el Magno, el Beato de Liébana, Beda y Adso, y todos los escritores sagrados de los tres primeros siglos, como veremos. Sin embargo, Ticonio y San Agustín habían vertido una interpretación muy seguida.[9] Ticonio fue hombre de gran sabiduría; escribió un tratado sobre el Apocalipsis de San Juan que se ha perdido. Sin embargo, autores posteriores citaron lo suficiente del comentario de Ticonio para que su posición quede bastante clara. Creía que el Apocalipsis se refería mucho menos a sucesos futuros que a ataques generales de las fuerzas diabólicas contra la Iglesia. La premisa de Ticonio era que Cristo y Satanás representaban dos grandes poderes en lucha por el dominio de la tierra. La Nueva Jerusalén no era un acontecimiento por esperar en la historia del mundo, sino la Iglesia actual que empezó a existir a la muerte de Cristo y se extenderá a lo largo del tiempo, hasta la terminación de todos los días. De acuerdo con esto, Ticonio compuso siete reglas para interpretar el Apocalipsis, que, con variaciones menores, San Agustín adoptó. Suelen ser interpretaciones alegóricas, lejanas al sentido

---

[9]   West, D., Zimdars-Swartz, S. (1986). *Joaquín de Fiore. Una visión espiritual de la historia.* p. 18.

literal y anagógico. Fue la norma con la cual trabajaron después otros expositores.[10]

El sorprendente punto focal en la argumentación de San Agustín era que con el Advenimiento de Cristo ya había comenzado el Milenio de Apocalipsis 20, el cual terminaría a su segunda llegada. Con base en la pauta de creación de seis días expuesta en Génesis 1, San Agustín considera que el periodo histórico entonces vivido era la sexta edad. Al final del sexto periodo se liberaría el Anticristo por tres años y medio, para que causara tribulaciones a la humanidad. El periodo del *sabbat* final sería de índole espiritual y estaría más allá de la dimensión histórica humana. Para San Agustín, la tendencia histórica era de deterioro. En su visión había una edad de mayor perfección en el pasado y otra en el porvenir. Vivía en una edad de declinación segura, hasta la terminación del orden mundial, inmediatamente anterior al Segundo Advenimiento. Consideraba al Reino como una realidad ya presente en la Tierra, comenzada cuando en el Primer Advenimiento se funda la Iglesia. Para Ticonio y San Agustín, el Apocalipsis de San Juan era instructivo más que profético. No fue así entre los primeros cristianos durante tres siglos.

La principal contribución de Joaquín de Fiore al saber fue haber concebido una percepción espiritual de la historia. Por medio de su estudio de las correlaciones bíblicas, saco en conclusión que era posible comprender el plan de Dios, que desde Jesucristo llevaba a una consumación histórica incluso en el futuro. Solo en los designios divinos asentados en las Sagradas Escrituras, que para Joaquín contenían la revelación exacta del propósito de Dios, se hallaría a este y el diseño de la historia. Significaba, en esencia, que la historia tenía un

---

[10]   *Ibid.* p. 18.

significado y una dirección solo observables si se interpretaba con exactitud las Sagradas Escrituras.

Joaquín agregó a esa visión una perspectiva recién creada: un orden mundial nuevo, introducido por una Nueva Edad en que el Espíritu Santo, por medio de un orden nuevo de hombres meditadores que en verdad contemplaran a Dios, iba a ser la guía. Tras esa edad vendría el Segundo Advenimiento y un periodo de paz y tranquilidad.

Al reflexionar en varias claves que encontró en las Escrituras, Joaquín llegó a la conclusión de que la historia está dividida en tres «épocas». La primera época era fácil de limitar: iba de Adán a Cristo. Igual de fácil era señalar el inicio de la siguiente época: comenzaba con Cristo. Ahora bien, aún no podía determinarse el final de la segunda época y el comienzo de la tercera, aunque Joaquín encontró muchas indicaciones de que su inicio estaba próximo.

Muchos libros de la Biblia son escatológicos y apocalípticos. Partes del Antiguo Testamento, como el libro de Daniel, todos los profetas y el Nuevo Testamento preparan al lector para el libro final: el Apocalipsis. En esa visión se utilizan imágenes, lenguaje simbólico y números míticos para mostrar el Día del Juicio, cuando una serie de crisis precederá a la aparición de la Nueva Jerusalén y el triunfo final de los creyentes cristianos. Una vez que terribles tribulaciones destruyan los poderes seculares y aparezca el Anticristo, comenzará el Reino de Cristo en la tierra, con una duración de mil años. Tras el Milenio, se liberará a Satanás en una gran convulsión final, antes de que Dios aparezca para concluir la historia del mundo y establecer un estado de paz eterna.[11]

---

[11] *Ibid.* pp. 23-24.

La posteridad de Joaquín de Fiore

La posteridad intelectual de Joaquín de Fiore es muy extensa; va del siglo XII hasta nuestros días. Ahora bien, se debe distinguir a Joaquín del joaquinismo de algunos que toman algo de él y lo radicalizan. Esto ocurrió pronto con Gerardo de Borgo Donino, que en su libro *Introducción al Evangelio eterno* dice que se debe rechazar todo lo anterior, o sea, los escritos canónicos, los sacramentos y la jerarquía. Lógicamente, fueron condenadas sus ideas. Otros, entre los siglos XIV al XVI, protagonizan rebeliones sangrientas y destructivas. En el siglo XIX se inspiran en él los socialismos utópicos y los marxismos, proclamando una destrucción de lo existente y una edad dorada final. En nuestro tiempo, algunos, pocos, son partidarios del progreso indefinido, llamados posmilenaristas.

Edad del Padre

Según Joaquín de Fiore, es el tiempo entre Adán y Cristo. En este tiempo no se ha revelado la Trinidad de personas en Dios, pero sí que este Dios único es Padre de todos los hombres. En esta época se da una revelación primordial que se oscurece en determinados momentos.

La Paternidad de Dios en el cristianismo

En la revelación de la Trinidad, es más profunda la paternidad que en la época anterior. De Dios Padre brota el amor fontal; el Padre es el eterno origen del amor, Aquel que ama con absoluta libertad, desde siempre y para siempre. Dios uno, pero no solitario. Es unidad de amor entre el Padre, el Hijo y el Espíritu Santo. Antes de Cristo, la paternidad de Dios Padre era mucho más difusa; se limitaba a verlo como Dios único y Espíritu que cuida a los hombres. Fuera de Israel, las religiones se van diversificando según su experiencia primordial y su sensibilidad cultural.

Los patriarcas antediluvianos

Algunos piensan que Adán y Eva conservaron dones de ciencia infusa que transmitieron a sus descendientes, y se fue atenuando en las sucesivas generaciones. Según el Génesis, los patriarcas antediluvianos son los siguientes.

Este es el libro de los descendientes de Adán. El día en que Dios creó al hombre, a imagen de Dios lo hizo. Los creó varón y mujer, los bendijo y les puso el nombre de «Adán» el día en que los creó. Adán tenía ciento treinta años cuando engendró un hijo a imagen suya, a su semejanza, y lo llamó Set. Después de haber engendrado a Set, vivió Adán ochocientos años y engendró hijos e hijas. Adán vivió un total de novecientos treinta años. Set tenía ciento cinco años cuando engendró a Enós. Después de haber engendrado a Enós, vivió Set ochocientos siete años y engendró hijos e hijas. [8] *Set vivió un total de novecientos doce años. Enós tenía noventa años cuando engendró a Quenán. Después de haber engendrado a Quenán, vivió Enós ochocientos quince años y engendró hijos e hijas. Enós vivió un total de novecientos cinco años. Quenán tenía setenta años cuando engendró a Malalel. Después de haber engendrado a Malalel, vivió Quenán ochocientos cuarenta años y engendró hijos e hijas. Quenán vivió un total de novecientos diez años. Malalel tenía sesenta y cinco años cuando engendró a Yared. Después de haber engendrado a Yared, vivió Malalel ochocientos treinta años y engendró hijos e hijas. Malalel vivió un total de ochocientos noventa y cinco años. Yared tenía ciento sesenta y dos años cuando engendró a Henoc. Después de haber engendrado a Henoc, vivió Yared ochocientos años y engendró hijos e hijas. Yared vivió un total de novecientos se-*

senta y dos años. Henoc tenía sesenta y cinco años cuando engendró a Matusalén.²Después de haber engendrado a Matusalén, siguió Henoc los caminos de Dios durante trescientos años y engendró hijos e hijas. Henoc vivió trescientos sesenta y cinco años. Henoc siguió los caminos de Dios y después desapareció, porque Dios se lo llevó. Matusalén tenía ciento ochenta y siete años cuando engendró a Lamec. Después de haber engendrado a Lamec, vivió Matusalén setecientos ochenta y dos años y engendró hijos e hijas. Matusalén vivió un total de novecientos sesenta y nueve años. Lamec tenía ciento ochenta y dos años cuando engendró a un hijo, a quien llamó Noé, pues dijo: «Este nos aliviará de nuestro trabajo y del cansancio de nuestras manos en el suelo que el Señor maldijo». Después de haber engendrado a Noé, vivió Lamec quinientos noventa y cinco años y engendró hijos e hijas. Lamec vivió un total de setecientos setenta y siete años. Noé tenía quinientos años cuando engendró a Sem, Cam y Jafet.[12]

Es decir, diez patriarcas de edad muy longeva, especialmente Matusalén, que muere poco antes del castigo del diluvio. En esta serie hay que intercalar a Caín y sus descendientes, como Tubal-caín, a los que no se considera patriarcas por su mala conducta. En tiempos de Henoc, el séptimo patriarca, se da el sorprendente hecho de la generación de los gigantes o nefilim, de gran maldad y conocimiento, engendrados por ángeles no juzgados con hijas de los hombres. Estos pervierten a los hombres, más aún que los descendientes de Caín, y son la causa próxima del castigo divino del diluvio, del que solamente se salvó Noé y siete más. Es sorprendente cómo se ha conservado en la memoria de muchos pueblos tanto la existencia de gigantes como el diluvio y la salvación de unos

---

[12]   Gén 3, 1-13.

pocos. En todo este tiempo se tiene una idea de Dios único que cuida paternalmente a los hombres libres.

Abraham es el primero de los patriarcas postdiluvianos, pero es interesante para conocer la época anterior su encuentro con Melquisedec. Ejerce su sacerdocio delante de Dios[13].

> *Entonces Melquisedec, rey de Salem y sacerdote del Dios Altí-simo, sacó pan y vino; y le bendijo diciendo: Bendito sea Abram del Dios Altísimo, creador de los cielos y de la tierra; y bendito sea el Dios Altísimo, que entregó tus enemigos en tu mano. Y le dio Abram los diezmos de todo.[14]*

En la epístola de los hebreos se dice:

> *(…) y habiendo sido perfeccionado, vino a ser autor de eterna salvación para todos los que le obedecen, y fue declarado por Dios sumo sacerdote según el orden de Melquisedec.[15]*

El *Libro de Melquisedec* o *Rollo de Melquizedek* es un manuscrito hallado entre los rollos del Mar Muerto, específicamente en la Cueva Once. La historia es una revelación que Melquisedec recibió por medio de «un ángel luminoso» o «ángel de Luz», y la cual estuvo él registrando en esos rollos durante seis años. Entonces, a través de esa revelación se pueden comprender mucho más la naturaleza y misión del Mesías. Los comentaristas de la Torá enseñan que Melquisedec (con frecuencia asociado con Sem) recibió el derecho de ejercer el

---

[13] Génesis 14, 18-20.
[14] *El Libro de Enoc y el Libro de Melquisedec: Antiguos escritos de las cuevas de Qumrán.* Edición de Kindle. p. 91.
[15] Hebreos 5, 9-10.

sacerdocio al Dios Altísimo. Podemos pensar que el sacerdocio de Melquisedec, incluso anterior a Abraham, es un sacerdocio ante el Padre y que el orden de su sacerdocio es superior al levítico y de Aarón, sustentando, en parte, el sacerdocio de Cristo. Últimamente, los arqueólogos han encontrado un templo en el palacio de David en Jerusalén que no fue destruido como los templos paganos y se puede atribuir a Melquisedec o sus sucesores.

Entre Abraham y Moisés

Con Abraham empieza una nueva Revelación divina como Dios de un Pueblo. De Isaac nacen los doce patriarcas del nuevo Pueblo que con Jacob se llamará Israel. Emigran a Egipto y allí viven cuatrocientos años conservando la condición de pueblo elegido, pero difuminándose la noción de Dios y viviendo como esclavos.

A Moisés, el gran profeta de esta época, se le revela el nombre de Dios, Yahvé, el que es, personal, espiritual y único. Libera al pueblo de la esclavitud de los egipcios, aunque les es difícil superar las costumbres e idolatrías de Egipto. Dios les revela su Ley, la Torá, y los consolida como pueblo libre y sacerdotal durante cuarenta años en el desierto hasta alcanzar la Tierra prometida a Abraham.

Allí vivirán las doce tribus. Su organización es tribal con Jueces hasta la monarquía; David y Salomón reinan con esplendor. Las diez tribus del norte son deportadas a Asiria y se dispersan desde el siglo VIII a. C. en todas direcciones, también hacia Europa, participando quizás en las invasiones bárbaras hasta los tiempos actuales. La tribu de Judá tiene la promesa del Mesías que recibió David y es deportada setenta años a Babilonia, pero vuelve en el período persa a Jerusalén. Es tiempo de profetas y de espera del Mesías.

Los profetas posteriores a David y Salomón anuncian muchos detalles sobre la venida de un Mesías que salvará al pueblo de sus pecados, regenerará todo y revelará la intimidad de Dios más profundamente.

Edad del Hijo

Jesús inicia una nueva edad. Anuncia que ha llegado el Reino mesiánico predicado por los profetas y que Él es el Mesías. También inicia una Ley nueva, que es la ley de la gracia sin abolir la Torá. Se proclama Hijo de Dios igual al Padre. Dice que enviará al Espíritu Santo. Revela la Trinidad en Dios Amor, Padre, Hijo y Espíritu Santo. Funda una Iglesia con la misión de anunciar la buena nueva a todas las naciones, no solo a los judíos. La nueva Iglesia es el nuevo Pueblo de Dios injertado en Israel que administra la gracia de Dios y realiza poco a poco el Reino de Dios en la historia. El Padre envía en una misión conjunta al Hijo, que se encarna en Jesús, y al Espíritu Santo, que inspira a los escritores de los libros de la nueva Alianza y asiste al sacerdocio en sus funciones haciendo eficaces los siete sacramentos, además de asistir a los obispos para decidir cuáles son los libros inspirados y cuáles no.

Las promesas mesiánicas de los profetas

La inmortalidad

Isaías 25, 8: *Destruirá a la muerte para siempre; y enjugará Yavé el Señor toda lágrima de todos los rostros.*

Confirmado por Apocalipsis 21, 4 en una visión: *Enjugará Dios toda lágrima de los ojos de ellos; y ya no habrá muerte, ni habrá más llanto, ni clamor, ni dolor; porque las primeras cosas pasaron.*

La paz

Uno de los nombres más característicos del Mesías es PRÍNCIPE DE LA PAZ, que traerá una paz sin límites interior y exterior. Isaías 9, 3-7:

Porque la vara del opresor, el yugo de su carga, el bastón de su hombro, los quebrantaste como el día de Madián. Porque la bota que pisa con estrépito y la túnica empapada de sangre |serán combustible, pasto del fuego. Porque un niño nos ha nacido, un hijo se nos ha dado: lleva a hombros el principado, y es su nombre: «Maravilla de consejero, Dios fuerte, Padre de eternidad, Príncipe de la paz». Para dilatar el principado, con una paz sin límites, sobre el trono de David y sobre su reino. Para sostenerlo y consolidarlo con la justicia y el derecho, desde ahora y por siempre.

Isaías 2, 2-4:

En los días futuros estará firme el monte de la casa del Señor, en la cumbre de las montañas, más elevado que las colinas. Hacia él confluirán todas las naciones, caminarán pueblos numerosos y dirán: «Venid, subamos al monte del Señor, a la casa del Dios de Jacob. Él nos instruirá en sus caminos y marcharemos por sus sendas; porque de Sión saldrá la ley, la Palabra del Señor de Jerusalén». Juzgará entre las naciones, será árbitro de pueblos numerosos. **De las espadas forjarán arados, de las lanzas, podaderas. No alzará la espada pueblo contra pueblo, no se adiestrarán para la guerra.**

Rey descendiente de David

El mesías reinará como rey sobre Israel, así como sobre todas las naciones del mundo.[16] El mundo vivirá en paz.[17] Durante el reinado de 1000 años se cumplirán las promesas que Dios hizo al mundo y que no se pueden cumplir mientras Satanás esté libre y los hombres tengan autoridad política.

El pacto de Dios con David fue que su linaje nunca moriría y que el heredero de David se sentaría en el trono de Israel para siempre, profetiza Natán:

---

[16]   Isaías 2, 4; 42.
[17]   Isaías 11, 6-9; 32, 18

*(…) cuando se cumplan tus días y reposes con tus padres, yo suscitaré David. Al que salga de tus entrañas le afirmaré su reino. Será él quien construya una casa a mi nombre y yo consolidaré el trono de su realeza para siempre. Yo seré para él un padre y él será para mí un hijo. Si obra mal, yo lo castigaré con vara y con golpes de hombres. Pero no apartaré de él mi benevolencia, como la aparté de Saúl, al que alejé de mi presencia. Tu casa y tu reino se mantendrán siempre firmes ante mí, **tu trono durará para siempre**[18].*

Traerá una nueva Ley

Isaías 31, 31-34:

Pero este es el pacto que haré con la casa de Israel después de aquellos días, dice el Señor: Daré mi ley en su mente, y la escribiré en su corazón; y yo seré a ellos por Dios, y ellos me serán por pueblo. Y seré su Dios, y ellos serán mi pueblo.

Ezequiel 36, 28 da más detalles: *Habitaréis en la tierra que di a vuestros padres, y vosotros me seréis por pueblo, y yo seré a vosotros por Dios.*

Isaías 59, 20-21 explica que este pacto es posible gracias al Redentor, y la reconciliación que Él brinda durará para siempre. Este pacto no significa que todos los judíos se salvarán, pero sí que Israel, como nación, adorará a su Mesías. Esta Ley se cumplirá en el futuro, primero en la edad del Hijo (2000 años) y después en la edad del Espíritu Santo (1000 años). Después vendrá el Juicio Universal, el fin del tiempo y del mundo.

---

[18]   2 Samuel 7, 16.

El mesías y prosperidad material

Isaías 65, 17-26:

*Mirad: voy a crear **un nuevo cielo y una nueva tierra**: de las cosas pasadas ni habrá recuerdo ni vendrá pensamiento. Regocijaos, alegraos por siempre por lo que voy a crear: yo creo a Jerusalén «alegría», y a su pueblo, «júbilo». Me alegraré por Jerusalén y me regocijaré con mi pueblo, ya no se oirá en ella ni llanto ni gemido; ya no habrá allí niño que dure pocos días, ni adulto que no colme sus años, pues será joven quien muera a los cien años, y quien no los alcance se tendrá por maldito. Construirán casas y las habitarán, plantarán viñas y comerán los frutos, no construirán para que otro habite, no plantarán para que otro coma; porque los días de mi pueblo serán como los días de los árboles, y mis elegidos consumirán la obra de sus manos. No se fatigarán en vano, ni tendrán hijos para una catástrofe, porque serán semilla bendita del Señor, y como ellos sus retoños. Antes de que me llamen yo les responderé, aún estarán hablando, y ya los habré escuchado. El lobo y el cordero pacerán juntos, el león y el ganado comerán forraje la serpiente se nutrirá de polvo. No harán daño ni estrago por todo mi monte santo —dice el Señor—.*

Esta profecía se cumplirá plenamente en el milenio.

Alcanzará el perdón de los pecados

Isaías 53. El Mesías será el Siervo de Yavé, que expiará los pecados de todos.

Lo vimos sin aspecto atrayente, despreciado y evitado de los hombres, como un hombre de dolores, acostumbrado a sufrimientos, ante el cual se ocultaban los rostros, despreciado y desestimado. Él soportó nuestros sufrimientos y aguantó nuestros dolores; nosotros lo estimamos leproso, herido de Dios y humillado; pero él fue traspasado por nuestras rebeliones, triturado por nuestros crímenes. Nuestro castigo saludable cayó sobre él, sus cicatrices nos curaron. Todos errábamos como ovejas, cada uno siguiendo su camino; y el Señor cargó sobre él todos nuestros crímenes. Maltratado, voluntariamente se humillaba y no abría la boca: como cordero llevado al matadero, como oveja ante el esquilador, enmudecía y no abría la boca. Sin defensa, sin justicia, se lo llevaron; ¿quién se preocupará de su estirpe? Lo arrancaron de la tierra de los vivos; por los pecados de mi pueblo lo hirieron. Le dieron sepultura con los malvados y una tumba con los malhechores, aunque no había cometido crímenes ni hubo engaño en su boca. El Señor quiso triturarlo con el sufrimiento y entregar su vida como expiación: verá su descendencia, prolongará sus años, lo que el Señor quiere prosperará por su mano. Por los trabajos de su alma verá la luz; el justo se saciará de conocimiento. Mi siervo justificará a muchos, porque cargó con los crímenes de ellos. Le daré una multitud como parte y tendrá como despojo una muchedumbre. Porque expuso su vida a la muerte y fue contado entre los pecadores, él tomó el pecado de muchos e intercedió por los pecadores.

Isaías profetizó sobre un sacrificio que vendría en el futuro y que sería el sacrificio definitivo para expiar el pecado de la humanidad. Este sacrificio sería ofrecido por el Mesías y sería suficiente para cubrir todos los pecados de la humanidad.

Mesías y resurrección

El Antiguo Testamento también registra muchas profecías de la resurrección del Mesías. En el Salmo 16, 10 proclama: *(…) no dejarás mi alma en el Seol, ni permitirás que tu santo vea corrupción.*

Isaías 53,11: *Verá el fruto de la aflicción de su alma, y quedará satisfecho.*

Otras profecías mencionan que el Cristo resucitado volvió al cielo después de Su resurrección y gobierna con Dios Padre (Salmo 45, 6-7; 110, 1).

El importante testimonio
de Isaac Kaduri

El rabí Kaduri (nacido el 7 de septiembre de 1898 en Bagdad como Yitzchak Diba; fallecido el 28 de enero de 2006 [29 Tevet 5766] en Jerusalén) era un rabino ortodoxo en Israel. Estudió la Torá, el Talmud y la Cábala (tradición oral de las enseñanzas judías). Era muy inteligente y se aprendió muchos textos de memoria. Miles de personas lo visitaron para pedir consejo, consagrar amuletos o pedir bendiciones y curación de varias enfermedades. Sus seguidores incluso hablaban de milagros. En su vejez, se le preguntaba cada vez más sobre temas políticos. Kaduri era considerado un profeta por sus seguidores porque también podía predecir algunos eventos en el futuro. En 2006, murió de neumonía a la edad de 108 años. Varios cientos de miles de personas asistieron a su funeral en Jerusalén, el cual fue descrito como el funeral más grande de la historia de Israel.

En los últimos años de su vida, Kaduri estaba muy interesado en la identidad del Mesías y rezó a Dios para que lo entendiera. En 2005, afirmó que el Mesías se le había aparecido en una visión, **le dijo su nombre** y que **vendría pronto**. Isaac Kaduri no le dijo a nadie el nombre del Mesías; pero antes de morir, dejó una nota en un pedazo de papel que estaba en un sobre sellado y no pudo ser publicada hasta un año después de su muerte. Dijo a sus discípulos que el nombre del Mesías estaba oculto en su texto. Cuando el año terminó, sus discípulos publicaron el sensacional texto.

Son 6 palabras y las letras iniciales dan el nombre del Mesías, Yehoshúa. Esta es la forma hebrea del griego Iesous (=Jesús), que también consta de 6 letras. Esto tiene un gran significado simbólico porque el 6 es el número «del ser humano», ya que fue creado en el 6.º día. Jesús vino a la tierra como «el Hijo del Hombre» (literalmente: «Hijo del Hombre»). Estaba aquí como hombre (6), pero el valor numérico de su nombre Jesús es 888, que simboliza la victoria, el amor y la eternidad. El rabino Kaduri dio a sus discípulos algunas indicaciones de cuándo vendría el Mesías. Se hace evidente que solo se puede hablar de nuestra generación actual: el Mesías aparecería en Israel después de la muerte de Ariel Sharon, es decir, después del 11 de enero de 2014.

El Mesías (Jesús) viene dos veces

Los judíos no pueden explicar la contradicción que a menudo se menciona en la Biblia, porque a veces los libros proféticos hablan del Mesías sufriente y luego otra vez del Mesías fuerte que liberará a Israel con poder y gloria. Según Miqueas 5, 2, el Mesías nace en Belén como un hombre: *De ti me saldrá el que será Señor en Israel; y sus salidas son desde el principio, desde los días de la eternidad.*[19] Simeón había recibido la revelación del Espíritu Santo para que viera al Mesías antes de morir.[20] Dijo: *Han visto mis ojos tu salvación* (Lc 2, 30). Daniel 9 describe que el Mesías debería morir y el Salmo 22 incluso describe sus palabras en la cruz.

Se describe la primera venida del Mesías en el Antiguo Testamento con mucho detalle. En contraste con esto, sin embargo, los profetas también escriben en muchos lugares que el Mesías aparece como un poderoso Señor que hace la guerra a las naciones sin Dios y baja del cielo. En Zacarías 9, 9-10 dice que el Mesías entra en Jerusalén humildemente montado en un burro[21], pero en Zacarías 14 hace la guerra a las naciones que se están reuniendo contra Israel (Jerusalén). Muchos no pueden explicar los diversos aspectos.

---

[19] Mt 2, 1-12.

[20] Lc 2, 25-39.

[21] *cf.* Mt 21, 1-11.

Jesucristo: Cordero y León en una persona

La solución es bastante simple, ya que la Biblia no habla de dos Mesías, sino solo de uno, pero que viene dos veces. Una vez debe venir a morir por los pecados de los hombres y pagar la pena de muerte por ellos, salvar a Israel y al mundo de la destrucción total durante la Gran Tribulación. La segunda, como rey, para cumplir todas las promesas mesiánicas.

Hebreos 9, 28: *Cristo fue* **ofrecido una sola vez** *para llevar los pecados de muchos; y* **aparecerá por segunda vez**, *sin relación con el pecado,* **para salvar a los que le esperan**.

Los Mesías judíos a través de los siglos

Cada siglo han aparecido hombres que han dicho de sí mismos que eran el Mesías, seguidos de grandes decepciones. Gersóm Scholem ha estudiado estos mesías. En el siglo II destaca Bar Kokeba, el hijo de la estrella, aprobado por Rabbí Akiba. Fue derrotado por los romanos y el emperador Aurelio ordenó la expulsión de todos los judíos de Israel; se llama diáspora este destierro de 2000 años, como estaba profetizado. No solo la tribu de Judá, sino las 12 tribus volverán a Israel; se ha cumplido en el año 1948. Las 10 tribus del Norte fueron desterradas a Asiria —hoy norte de Irak— y nada más se supo de ellas, salvo que se dispersaron en todas direcciones, también hacia Europa. Las tribus de Judá y Benjamín fueron deportadas a Babilonia en 583 y estuvieron allí 70 años; volvieron solamente 40.000. En la actualidad hay solamente rumores de un nuevo mesías entre los ultraortodoxos. Reconstruyeron el templo y Jerusalén, pero seguían siendo súbditos primero de los persas, luego de los romanos, que el año 70 destruyeron el templo y quedó suprimido el sacrificio perpetuo, reduciendo a Israel a la circuncisión, el *sabbat* y la Torá, pero conservaron su identidad de pueblo de la Alianza durante casi 2000 años.

En los siglos XVII y XVIII surgen dos mesías que fueron rechazados por la mayoría, pues eran antitalmudistas. Según ellos, la salvación vendría de transgredir la Ley, es decir, pecar voluntariamente. El primero era Sabbetai Zvi y el segundo Jacob Frank, que es un mesías político e incluso ateo. Los dos eran muy inmorales, pero les seguían bastantes muy enfervorizados. Hoy siguen teniendo seguidores.

La conversión de los judíos

Todos los profetas hablan de la conversión de los judíos después de un duro castigo. Jeremías dice:

Voy a reunirlos de todos los países por donde los dispersé lleno de ira, cólera y gran indignación. Los haré volver a este lugar para que vivan en él tranquilos. Ellos serán mi pueblo y yo seré su Dios. Les daré otro corazón y otra conducta, de suerte que me teman día tras día; y así les irá bien a ellos y a sus descendientes. Haré con ellos una alianza eterna, y no pararé de hacerles el bien. Infundiré en sus corazones el deseo de temerme, y así no se apartarán de mí. Disfrutaré haciéndoles el bien: los plantaré sólidamente en esta tierra, con todo mi corazón y con toda mi alma.

Y más adelante:

Haré que cambie la suerte de Judá y la suerte de Israel, y los reconstruiré tal como eran antes. Los purificaré de todos los pecados que cometieron contra mí y les perdonaré todos sus crímenes y sus rebeldías. Jerusalén será para mí motivo de satisfacción: todas las naciones de la tierra me alabarán y honrarán cuando oigan los beneficios que le voy a conceder; y se estremecerán y conmoverán cuando vean el bienestar y la prosperidad que voy a proporcionarle.

Estas profecías no se realizaron ni antes de Cristo, ni en la Iglesia de los gentiles. La Palabra de Dios es infalible; luego se cumplirán después de la segunda Venida de Cristo en el milenio. Aunque hayan padecido tantas persecuciones durante los siglos, especialmente la de los nazis en el siglo XX, han conservado su identidad de Pueblo de la Alianza. La Iglesia no les reemplaza, pero vive una nueva Alianza en la sangre de Jesús que, durante los últimos 2000 años, ha dado muchos frutos de santidad en todos los sentidos. Se han convertido al cristianismo de uno en uno muchos judíos, pero no como Pueblo; se ha predicado el Evangelio a todos los pueblos gentiles. Tras la segunda venida del Verdadero Mesías, durante el milenio profetizado, se convertirán. Así lo dice San Pablo siguiendo muchas profecías antiguas.

Y digo yo: ¿Acaso habrá desechado Dios a su pueblo? De ningún modo: que también yo soy israelita, de la descendencia de Abrahán, de la tribu de Benjamín. [2]Dios no ha rechazado a su pueblo, al que había elegido de antemano. ¿O es que no sabéis lo que dice la Escritura cuando Elías se queja a Dios contra Israel? Señor, han matado a tus profetas, han derribado tus altares; he quedado yo solo y buscan mi vida. Pero ¿qué le responde el oráculo? Me he reservado siete mil hombres que no han doblado la rodilla ante Baal. Así, pues, también en la actualidad ha quedado un resto, elegido por gracia. Y si es por gracia, no lo es en virtud de las obras; de otro modo, no es ya gracia. Entonces, ¿qué? Que Israel no consiguió lo que buscaba, mientras que sí lo consiguieron los elegidos. Los demás se endurecieron, según está escrito: Dios les dio un espíritu de embotamiento, ojos para no ver y oídos para no oír hasta el día de hoy. Y David dice: Que su mesa se convierta en trampa y en lazo, en ocasión de tropiezo y en retribución para ellos; que sus ojos se oscurezcan hasta no ver y que su espalda se vaya encorvando continuamente. Digo, pues: ¿acaso cometieron delito para caer? De ningún modo. Lo que ocurre es que, por su caída, la salvación ha pasado a los gentiles, para darles celos a ellos. Pero si su caída ha significado una riqueza para el mundo y su pérdida, una riqueza para los gentiles, ¡cuánto más significará su plenitud! Ahora bien, a vosotros, gentiles, os digo: siendo como soy apóstol de los gentiles, haré honor a mi ministerio, por ver si doy celos a los de mi raza y salvo a algunos de ellos. Pues si su rechazo es reconciliación del mundo, ¿qué no será su reintegración sino volver desde la muerte a la vida? Si las primicias son santas, también lo es la masa; y si la raíz es santa, también lo son las ramas. Por otra parte, si algunas de las ramas fueron desgajadas, mientras que tú, siendo olivo silvestre, fuiste injertado en su lugar y hecho partícipe de la raíz y de la savia del olivo, no te enorgullezcas en contra de las ramas. Y si te enorgulleces, piensa que no eres tú quien sostiene a la raíz, sino que la raíz te sostiene a ti. Pero objetarás: las ramas fueron desgajadas para que yo fuera injertado. De acuerdo: fueron desgajadas por su incredulidad, mientras que tú te mantienes por la fe; pero no te engrías por ello; más bien, teme. Pues si Dios no perdonó a las ramas naturales, a ver si tampoco te perdona a ti. En fin, considera la bondad y la severidad de Dios: severidad con los que cayeron; contigo, bondad de Dios, si permaneces en la bondad; de otro modo, también tú serás desgajado. En cuanto, a aquellos, si no permanecen en la incredulidad, serán injertados, pues Dios es poderoso para volver a injertarlos. Porque si tú fuiste cortado del olivo silvestre natural, para ser injertado, contra tu naturaleza, en un olivo excelente, ¡cuánto más serán injertados ellos, según su naturaleza, en su propio olivo! Pues no quiero que ignoréis, hermanos, este misterio, para que no os engriáis: **el endurecimiento de una parte de Israel ha sucedido hasta que llegue a entrar la totalidad de los gentiles y así todo Israel será salvo, como está escrito: Llegará de Sión el Libertador; alejará los crímenes de Jacob; y esta será la alianza que haré con ellos cuando perdone sus pecados.** *Según el Evangelio, son enemigos y ello ha revertido en beneficio vuestro; pero según la elección, son objeto de amor en atención a los padres, pues los dones y la llamada de Dios son irrevocables. En efecto, así como vosotros, en otro tiempo, desobedecisteis* *a Dios, pero ahora habéis obtenido misericordia por la desobediencia de ellos,[1]así también estos han desobedecido ahora con ocasión de la misericordia que se os ha otorgado a vosotros, para que también ellos alcancen ahora misericordia. Pues Dios nos encerró a todos en desobediencia, para tener misericordia de todos. ¡Qué abismo de riqueza, de sabiduría y de conocimiento el de Dios! ¡Qué insondables sus decisiones y qué irrastreables sus caminos! En efecto, ¿quién conoció la mente del Señor? O ¿quién fue su consejero? O ¿quién le ha dado primero para tener derecho a la recompensa? Porque de él, por él y para él existe todo. A él la gloria por los siglos. Amén.[22]*

San Gregorio Magno siguiendo a Pablo dice:

Hasta que, entre la totalidad de los gentiles, y así, todo Israel será salvo. Entonces será cuando [Dios] aparecerá, con claridad, también para la Sinagoga. Será, en el fin del mundo, lejos de la duda, cuando sea conocido para los remanentes de su gente que Él mismo es Dios.

Y añade:

Pues habiendo sido aceptado el total de los gentiles, todo el pueblo israelita que fuera encontrado será arrastrado hacia el seno de la fe. Porque está escrito: «Hasta que, entre la totalidad de los gentiles, y así, todo Israel será salvo».[23]

En la Edad Media, los judíos tuvieron protección de los papas y de los reyes, pero se dieron muchas persecuciones hasta el Holo-

---

[22]   Romanos 11, 1-25.
[23]   Magno, G. *Moralia.* XIX, XII, 19, 24-30. 17.

causto. Hubo conversiones, pero «de uno en uno». La conversión de los judíos no quiere decir que exista una tercera Alianza, sino que la primera y la segunda se funden de un modo que no conocemos. En esa conversión se dará la aceptación de Jesús como rey y mesías, también del Antiguo Testamento. Es posible el traslado de Roma a Jerusalén y el aprovechamiento de los avances del seguimiento de la Torá según la Iglesia de Pedro y Juan.

Jesucristo es el Mesías

«Hemos hallado al Mesías, que quiere decir el Cristo»[24], así lo dice Andrés a su hermano Simón. Es una de las afirmaciones iniciales del Evangelio. El mismo Jesús lo dice a la samaritana cuando ella comenta: «Yo sé que está para venir y que cuando venga, nos hará saber todas las cosas. Dícele Jesús: Soy yo, el que contigo había».[25]

Jesús es el descendiente de David

Nuestro Señor descendía de la familia de David, como consta en las genealogías que contienen los Evangelios. Así le llaman los ciegos que curó en Jericó, la mujer siriofenicia que pide la curación de su hija y las muchedumbres que le aclaman, como tal cuando entra triunfalmente en Jerusalén: «Hosanna al hijo de David, bendito el que viene en nombre del Señor».[26] Los evangelistas recogen las profecías que se cumplen en Jesús: nacimiento en Belén, se sentará en el trono de David…

Jesús es el Hijo del hombre

Con este título mesiánico se denomina a sí mismo Jesús 81 veces en los Evangelios. Con esta expresión indica su Procedencia divina: «Nadie ha subido al cielo, sino aquel que ha bajado del cielo,

---

[24]   Jn 1, 41.
[25]   Jn 4, 25.
[26]   Mt 21. 2.3

el Hijo del Hombre».[27] Cuando Caifás pregunta a Jesús: «¿Eres tú el Mesías?… Jesús le respondió: Sí, yo soy, y veréis al Hijo del hombre sentado a la diestra del Poder y venir sobre las nubes del cielo».[28] Cuando anuncia su segunda venida, al final de los tiempos, dice: «Cuando venga el Hijo del hombre en su gloria».[29] Como se trata del juicio final, aparecen las características divinas de Juez y Señor que posee Jesucristo como verdadero Mesías.

Jesús, Mesías que sufre

Los Apóstoles y la Iglesia primitiva han identificado a Jesús como el Siervo de Yavé de las profecías. Un texto claro es el de la institución de la Eucaristía: «Esta es mi sangre de la Alianza, que será derramada por muchos para remisión de los pecados».[30] San Juan presenta a Jesús como el Cordero que quita los pecados del mundo.[31] Pero lo más elocuente es el cumplimiento, en la Pasión y Muerte de Cruz, de lo que habían anunciado, incluso con detalles profetizados por Isaías y los salmos.

---

[27] Jn 3, 13.
[28] Mc 14, 61.
[29] Mt 25, 31.
[30] Mt 26, 28.
[31] Jn 1, 19.

Los primeros dos mil años

Es el tiempo de los gentiles porque la salvación es para todos los hombres. Los judíos eran conscientes de las promesas sobre el mesías y se entusiasman con Jesús cuando anuncia que el Reino mesiánico ha llegado y el primer año le siguen con gran esperanza. Se dan milagros, expulsión de demonios, multiplicación de los panes, curaciones, pero no a todos. Pero le van abandonando porque el Reino que predica es distinto del que espera la mayoría, hasta que se queda solo en la cruz. En la Iglesia se cumplen muchas promesas, pero no se cumplen en este tiempo todas las promesas. Sigue imperando la muerte. Se dan muchas guerras, cada vez más mortíferas. Hay abundancia de pecados. La miseria y el hambre continúan. Las leyes no reflejan la ley de Dios. La Iglesia es santa con pecadores y se dan múltiples cismas y herejías.

Esto quiere decir que se han dado múltiples bienes, especialmente espirituales, pero vivimos en la esperanza de los que faltan por cumplirse al final de los tiempos. El cielo nuevo es creado por Cristo el Sábado Santo para los justos que estaban en el lugar de los muertos (Seol), pero la nueva tierra se dará en el milenio, como dice San Pedro y el Apocalipsis.

La Iglesia es el Cuerpo místico de Cristo y en estos dos mil años vive los misterios de la vida histórica de Cristo. El nacimiento y el Bautismo en los miles de millones de creyentes y bautizados que han sido regenerados. Los treinta años de vida oculta en los que santifican el trabajo que se convierte en medio de santidad, oculto y real. La vida pública en la acción apostólica, el crecimiento en sabiduría y de fraternidad, además de la consolidación de lo que fue la organización de Jesús: los Doce Apóstoles, los diáconos, los laicos. El Jueves Santo se realiza el misterio de amor de la Eucaristía, sacrificio y sacramento. El Viernes Santo lo vive la Iglesia al final de los tiempos en la gran apostasía, la gran tribulación y la gran iniquidad profetizada. El Sábado Santo en la supresión del sacrificio perpetuo de la abominación desoladora. El primer día de la semana, al resucitar Cristo, envía el Espíritu Santo a los suyos, y en Pentecostés a muchos, y se convierte en el alma de la Iglesia hasta que se realice más intensamente su propia misión con la segunda venida de Cristo.

El Espíritu Santo en la edad del Hijo

En la Ultima Cena Jesús anuncia a los Apóstoles que les enviará el Espíritu Santo «que les llevará a la verdad completa».[32] En Pentecostés se advierte parte de esa acción en el don de lenguas, la profecía, el entusiasmo y muchas conversiones y bautismos. Más adelante se escriben los Evangelios, las epístolas y el Apocalipsis con la inspiración del Espíritu Santo y son aceptados estos escritos. Rechazados otros con la asistencia del mismo Espíritu. Los Padres tienen gran ayuda en sus escritos, y el magisterio de la Iglesia se configura con su ayuda extraordinaria. Todos los fieles reciben la acción del Espíritu Santo y algunos de un modo extraordinario.

Veamos la acción del Espíritu Santo en la vida de la Iglesia en los contemplativos. Estos poseen «una vista atenta y sencilla de la verdad suprema y también un afecto supremo de la voluntad que es amor dulce y gustoso».[33] Santo Tomás dice que esta sabiduría espiritual se eleva por encima de todo lo sensible, racional e inteligible, tan desnuda de todo lo creado, que puede percibir y comprender las cosas espirituales sin impedimento de las criaturas. La contemplación es fruto de un don de Dios, más que de un esfuerzo humano. El orante percibe con más claridad cada vez que este estado de oración es un regalo divino, aunque no por esto deja de luchar. Consiste en mirar a Dios en sí mismo, con una mirada simple y sencilla, sin esfuerzo, más allá de meditaciones y razones. Esta mirada tiene muchos grados en cuanto a su alcance o a la claridad de visión.

---

[32] Jn 13, 5.

[33] de la Fuente, M. (2002). *Las tres vidas del hombre*. Ed. BAC. p. 254.

Y es que puede coexistir con imaginaciones que la distraen, aun cuando su visión sea clara y gustosa; y también a pesar de que dé una atención total a lo que advierte en el centro del alma.

La Luz con la que el alma es iluminada en su más profundo centro y en su inteligencia es «un divino resplandor y una celestial ilustración con que Dios visita las almas puras, limpias y desnudas de lo creado cuando están en oración o cuando su Majestad quiere y es su voluntad».[34]

Jesús vive en su Humanidad la Luz que viene de su Persona divina. A esa Luz de Luz hay que añadirle la que le da el Espíritu Santo: la Luz del Dios Amor. La acción del Espíritu Santo, dulce huésped del alma es el principio activo que mueve a la acción sin que desaparezca lo humano. Esta acción del Espíritu Santo es muy rica y variada y podemos estudiarla en los siete dones a los orantes.

Estos dones son influjos en el alma en gracia; son como una mayor sensibilidad para recibir la ayuda. El Espíritu Santo reside en el alma del justo y le da una experiencia del Dios vivo; de ahí surge una receptividad para que la presencia del Dios Trino en el alma despliegue más y más su acción. Los dones son como los auriculares al medio sordo, como las gafas al miope, como el viento que infla las velas para que la embarcación camine más veloz.

Temor de Dios. Nace de la experiencia del Dios grande, perfecto, excelso, trascendente, superior y creador de todo. La experiencia de Dios, tan infinito y perfecto, lleva al sentimiento sobrecogedor del *tremendum* en todas las religiones. En la fe cristiana, que aclara que este Dios Todopoderoso es Padre y lleva al temor filial.

Don de piedad. La experiencia de la tremenda Majestad de Dios (del Dios grande) lleva al temor que llega a ser filial si el alma tiene

---

[34]   de la Fuente, M. (2002). *Las tres vidas del hombre*. Ed. BAC. p. 287.

en su interior la presencia de las Tres Personas divinas. La experiencia de Dios como Padre lleva a la piedad en su sentido más amplio. La relación del hombre con Dios es de amor, pero también de justicia. La virtud de la religión es la justicia primordial. La piedad es una parte de la virtud de la religión por la que rendimos honor a Dios ofreciéndole nuestra devoción, nuestra oración, nuestros ayunos, la abstinencia, el respeto, el culto.

Don de Fortaleza. El Espíritu Santo lleva a tener la experiencia del Verbo Encarnado, que «aprendió lo que era obediencia por lo que padeció».[35] Para poder realizar esa obra, necesita fortaleza. El don de fortaleza lleva a asimilar al cristiano la fortaleza de Cristo.

Don de Consejo. Pero se ve más la característica de ser Amador en la misión que le encomienda: guiar a la Iglesia y las almas en la historia con todas sus variadísimas incidencias. La justicia sin prudencia puede causar desastres, pues no tendría aplicación templada, dura o fuerte. El *don de consejo* actúa como un soplo nuevo sobre la conciencia, sugiriéndole lo que es *lícito*, lo que *corresponde*, lo que conviene más al alma. La conciencia se convierte entonces en el «ojo sano» del que habla el Evangelio. El cristiano, ayudado por este don, penetra en el verdadero sentido de los valores evangélicos.

Don de Ciencia. Especial intuición que tienen los hombres de Dios, que saben ordenar las cosas creadas, según el querer divino. El Espíritu Santo lleva a percibir la Creación desde la intimidad de Dios. El justo experimenta algo de ese gozo creador. Algo saben los artistas de lo que vale una chispa creadora.

Don de entendimiento. La inteligencia es muy importante, es leer dentro, darse cuenta, comprender, ir al fondo en la medida de

---

[35] Heb 11, 7.

lo posible. El Espíritu escruta «las profundidades de Dios»[36], dice San Palabra inspirado por el mismo Espíritu Santo. Nuestra mirada queda ciega si mira la luz del sol directamente. El don de entendimiento tiene esta función: es el sentido de lo divino.

Don de Sabiduría. La Palabra «sabiduría» viene en latín de *sapere*, que significa saborear. La sabiduría es un conocimiento sabroso, mucho más intenso que el conocer intelectual y que tiene la penetración y la connaturalidad que da el amor. En los hombres santos observamos una connaturalidad con los misterios de la fe, que aman y saborean. Esta sabiduría superior es la raíz de un conocimiento nuevo, *un conocimiento impregnado por la caridad*, gracias al cual el alma adquiere familiaridad con las cosas divinas y *prueba gusto en ellas*.

San Pablo cita una serie de Frutos del Espíritu Santo en la epístola a los Gálatas son «caridad, gozo, paz, longanimidad, benignidad, bondad, fe, mansedumbre, continencia»[37]. En la venida visible del Espíritu Santo en la fiesta de Pentecostés se notaron varios de ellos: entusiasmo, valentía, fe arrolladora, frutos apostólicos, don de lenguas, símbolo de la dispersión producida por el pecado de Babel. El contraste con la vida no espiritual es notable: «manifiestas son las obras de la carne, que son: fornicación, impureza, lujuria, idolatría, hechicería, enemistades, pleitos, celos, iras, riñas, discusiones, divisiones, envidias, embriagueces, orgías y cosas semejantes. Sobre las cuales os prevengo, como ya dije, que los que hacen tales cosas no heredarán el Reino de Dios».[38]

---

[36] Ef 4, 6.
[37] Gal 5, 22-23.
[38] Gal 5, 19-21.

La acción del Espíritu Santo en la edad del Hijo es muy intensa en la santidad individual. Si se recogiesen todos los testimonios de santos y contemplativos en la Iglesia, se llenarían muchas bibliotecas. Sin faltar las múltiples fundaciones, las iniciativas apostólicas, las conversiones y la eficacia de los sacramentos. Pero en la siguiente edad será más intensa su acción.

Niveles de oración contemplativa

Iluminación

La experiencia de los contemplativos nos muestra iluminando los misterios divinos en una oración de recogimiento superior a lo que se puede por el propio esfuerzo, unida a un silencio. Se supera la meditación y el alma queda engolfada. Otro grado de oración es la quietud en la que queda cautiva la voluntad y, con ella, poco a poco, todas las potencias. El orante descansa en Dios.

Fervor en la oración

Tras la iluminación y la quietud, llega el espíritu a la unión y, con ella, fogosos ímpetus, amorosos coloquios. Son el entusiasmo de estar llenos de Dios, aunque no falten oscuridades y purgaciones.

Divinos impulsos

Lo anterior no dificulta la acción exterior, más bien está llena de habilidad y acierto, tanto en el trabajo como en el apostolado, como lo hizo Jesús. Estas acciones en la voluntad son muy frecuentes en los jóvenes.

«El Espíritu Santo actúa con libertad y puede dar gran avance a un principiante, y retrasar a otro. No sigue grados en la Tercera Edad, pero en la Segunda siguen los **desposorios** místicos en que va conformando el alma del orante, quizá quitando **gustos sensi-**

bles y preparándole para el sacrificio. Se conocen casos de entrega de un anillo, visible o no, pero yo he visto alguno. Después suele venir el matrimonio espiritual y la unión transformativa; en este nivel se ve la Luz divina en la Tiniebla porque a Dios no se le puede ver directamente. El espíritu se separa del alma y entra en Dios, como ocurrió a María Santísima en su Dormición y Asunción a los cielos. Durante este largo proceso de la iluminación y la unión se presentan una porción de fenómenos muy notables, tales como el sueño místico, la embriaguez espiritual, éxtasis, raptos, heridas de amor, ímpetus dolorosos, etc., con que el alma va quedando ilustrada, fortalecida, renovada y del todo inflamada en el fuego de la caridad, sin poder contener sus ardores y violencias, hasta que, al fin, del todo transformada y espiritualizada, pueda ya recibir otras comunicaciones altísimas sin que nada se le traduzca al exterior». «Existen también fenómenos concomitantes de la contemplación: admiración, silencio, sueño espiritual y embriaguez de amor; éxtasis, raptos, vuelos del espíritu; toques divinos, ansias, heridas y llagas de amor. Condiciones de la unión, del desposorio y del matrimonio espiritual: la experiencia de lo divino; los dogmas vividos y senti-dos». «Por aquí se comprenderá cuán inmensamente exceden estos fenómenos a los naturales. Se comprende mejor si nos fijamos en las locuciones y visiones puramente intelectuales, o en las demás sensaciones, impresiones o noticias espiritualísimas, en que no intervienen palabras, ni símbolos, ni imágenes, ni formas ni figuras, ni ninguna otra manera de representación sensible, sin la cual jamás se verifica ningún conocimiento natural. Consisten en la repentina infusión de una idea mental simplicísima, tan fecunda y luminosa como compendiosa, en un *verbum mentís abreviatum*, en que el alma descubre a veces toda una larga serie de misterios tan superiores al alcance humano, que ni siquiera después de conocerlos encuentra ninguna suerte de palabras o símbolos con que expresarlos o representarlos. El lenguaje más elevado y los símbolos más nobles, muy lejos de satisfacer, como capaces de dar una idea aproximada, más bien parecen blasfemias que aproximaciones de la verdad; y así, en la imposibilidad de traducirla en lenguaje humano, prefieren todos los místicos admirarla en silencio para aprovecharse de ella y no profanarla; porque verdaderamente lo que así se les comunica —sobre todo cuando es mediante cierta sensación espiritual que proviene de un toque divino— son *arcana verba quae non licet homini loqui*. El bien que estas palabras de vida producen excede a toda ponderación y es verdaderamente inefable. Solo puede ser conocido y apreciado de quien lo recibe.

Las visiones intelectuales, en general, son la simple intuición mental, o del todo espiritual, de una verdad cualquiera o de un misterio, que parece como que se está viendo; pero no con los ojos ni con la imaginación, sino solo con la pura inteligencia, sin que intervenga forma ni imagen ninguna, como en las respectivas locuciones en que la verdad parece oírse espiritualmente: y esto aun cuando se refieran a cosas sensibles o materiales. Tal visión tuvo por mucho tiempo Santa Teresa de la Sagrada Humanidad de N. Señor, a quien estaba certísima de tenerlo siempre presente a su derecha, acompañándola en todas partes, animándola y consolándola, sin verlo con ningún sentido, pero con una certeza muy superior a la sensata, por lo cual la santa andaba tan maravillada. Estas visiones pueden durar, como por aquí se ve, hasta días y años; y son eficacísimas, sin dar lugar a ninguna ilusión. «En la serie de los fenómenos naturales no hay nada que ni remotamente pueda parecérseles».[39]

---

[39]   Arintero. (1986). *La Evolución mística*. Salamanca. Editorial Satensteban. p. 496-497.

Los tratados de la vida contemplativa más que especulativos, son experimentales. Recogen lo que han dicho los místicos escritores.

No debemos desear en los estados místicos sino el aumento de luz en la inteligencia, de amor en el corazón y de unión del alma con Dios, y no los favores extraordinarios; y ese deseo debe ser humilde e inspirado por el de nuestra santificación. Pero aun los mismos favores del todo extraordinarios podrían a veces desearse lícitamente, con tal que fuera por puro celo de la gloria de Dios y de nuestro aprovechamiento y del prójimo. En la oración habitual son muy frecuentes iluminaciones, afectos e impulsos a la voluntad. Pero son más fugaces que en la vida contemplativa.

Otra iluminación del Espíritu Santo es la asistencia al Magisterio de la Iglesia. Las diversas vocaciones, especialmente de fundadores y fundadoras.

Inspiración bíblica

«Agradó a Dios en su bondad y sabiduría revelarse a sí mismo y dar a conocer el misterio de su voluntad (*cf.* Ef 1, 9) en virtud del cual los hombres, por medio de Cristo, Verbo hecho carne, tienen acceso al Padre en el Espíritu Santo y llegan a ser partícipes de la Naturaleza divina (*cf.* Ef 2, 18; 2 Pe 1, 4)».[40]

Amplio tema muy estudiado en el que el profeta o el hagiógrafo actúa como causa segunda y Dios como causa primera. También se considera que Dios se revela al Pueblo elegido y se advierte en los sucesivos textos añadidos.

Sobre todo tipo de iluminaciones divinas, dice San Pablo (1 Co 2, 5-11):

*(…) para que vuestra fe no se apoye en la sabiduría de los hombres, sino en el poder de Dios, una sabiduría que no es de este mundo ni de los príncipes de este mundo, condenados a perecer, sino que enseñamos una sabiduría divina, misteriosa, escondida, predestinada por Dios antes de los siglos para nuestra gloria. Ninguno de los príncipes de este mundo la ha conocido, pues, si la hubiesen conocido, nunca hubieran crucificado al Señor de la gloria. Sino que, como está escrito: Ni el ojo vio, ni el oído oyó, ni el hombre puede pensar lo que Dios ha preparado para los que lo aman. Y Dios nos lo ha revelado por el Espíritu; pues **el Espíritu lo sondea todo, incluso lo profundo de Dios.** Pues, ¿quién conoce lo íntimo del hombre, sino el espíritu del hombre, que está dentro de él? Del mismo modo, lo íntimo de Dios lo conoce solo el Espíritu de Dios.*

---

[40] Vaticano II (*Dei Verbum*, n.º 2).

Existen iluminaciones diabólicas

En Apocalipsis 2, 24 dice: «Pero a vosotros, y a los demás que están en Tiatira, que no tienen esa doctrina y que no han conocido las profundidades de Satanás». Jesús profetiza sobre la historia de la Iglesia a través de las siete iglesias, y la de Tiatira muestra una época de progresivo apartamiento de Dios, en concreto, en el racionalismo. Dos intervenciones son muy significativas para calificar las iluminaciones: Lutero y Descartes. Después de ellas vendrá la Revolución francesa, la entronización en Notre Dame de la diosa razón y, no mucho más tarde, las persecuciones comunistas y el ateísmo militante.

La tentación de Adán y Eva consiste en conocer el bien y el mal. El bien ya lo conocen; luego, el conocimiento del mal incita su curiosidad y se puede asimilar a esas profundidades de Satanás. Algo conocido por un querubín inteligentísimo y maligno que lleva al poder. Caer en esa tentación, quererla voluntariamente, no los lleva al infierno, pues viven en el tiempo y tienen la disculpa de la falta de lucidez al ser engañados. Existen numerosos testimonios de esas iluminaciones malignas[41] y todos los hombres y mujeres son tentados, exceptuando los confirmados en gracia.

No es infrecuente la intervención diabólica en actividades religiosas. El diablo se disfraza de luz. Judas es el ejemplo más evidente. Jesús dice que es un demonio. Todos los Apóstoles huyen en el prendimiento por la oscuridad diabólica. Los protestantes se dividen

---

41   Fortea, J. A. (2004). *Summa daemoniaca. Tratado de demonología y manual de exorcistas.* Dos Latidos.

y subdividen continuamente, y surgen sectas de ellos. Los ortodoxos aceptan el matrimonio de los sacerdotes y quedan casi sin Eucaristía con la excusa de su extensión. Muchas sectas masónicas veneran a Lucifer. Los sacrilegios, las misas negras, los pactos fáusticos con el demonio y los sacrificios humanos tienen una vertiente religiosa unida a lo demoníaco.

En la Iglesia católica actúa Satanás en los cismas y desobediencias. En muchos movimientos religiosos actúa deformándolos o con escándalos, como es el caso de Marcial Maciel, fundador de los Legionarios, con una doble vida llena de inmoralidad sexual, sacrílega, de mentiras y engaños, pero que ha servido a muchos como camino de santidad. La Santa Sede lo condenó a penitencia, apartándole de todos sus cargos, y reformó sus estatutos. El jesuita Rupnik era famoso por sus representaciones religiosas en todo el mundo y fue condenado por abusos sexuales con monjas jóvenes de su comunidad. Y así otros.

Iluminación de la torre de Lutero

En el año 1516, Lutero tuvo la famosa «experiencia de la torre» (Turmerlebnis) que él mismo relataba años más tarde como haber experimentado una luz especial para interpretar a su manera el comienzo de la carta a los Romanos, en la que leemos: «El justo vivirá de la fe». Esto lo interpreta Lutero afirmando que para ir al cielo no se necesita ningún tipo de obras, tan solo se necesita la fe.

Así, Lutero concluyó: «Vaya. Quiere decir que la justicia por la cual seré salvo no es mía». Es lo que él llamó una justicia ajena, una justicia que pertenece propiamente a otra persona. Es una justicia que es externa a nosotros, es decir, la justicia de Cristo. Lutero dijo: «Cuando descubrí eso, nací de nuevo del Espíritu Santo y las puertas del paraíso se abrieron de golpe y yo entré por ellas». Es decir, deja de sentirse pecador.

La Declaración luterano-católica del año 2003 dice que no se puede encontrar en la Sagrada Escritura la salvación por la sola fe. Los frutos de Lutero son superar la culpabilidad que le llevaba al terror y a confesiones frecuentísimas y la división de la Iglesia en Europa. La experiencia no puede ser de su ingenio, ni divina, sino diabólica.

Los sueños de Descartes

Descartes, iniciador del racionalismo moderno, se vio sacudido en su juventud por tres sueños que, viniendo «de lo alto», en una noche de entusiasmo, le revelaron «los fundamentos de la ciencia admirable». Confiesa Descartes que un «genio excitaba en él el entusiasmo por el que sentía enardecido su cerebro desde hacía algunos días», que este genio «le había predicho estos sueños antes de meterse en la cama, y que el espíritu humano no participaba en ello». «El entusiasmo solitario que lo anima, la embriaguez de la noche del 10 de noviembre de 1619 es una embriaguez santa, que resuena en su persona como un Pentecostés de la razón». Mas no deja de resultar sorprendente que la filosofía moderna surja de una suerte de revelación que irrumpe en un estado alterado de conciencia, y todo ello cuando Descartes trataba de dirimir un «asunto que consideraba el más importante de su vida». Descartes se hizo eco de su experiencia en los siguientes términos: «11 de noviembre de 1620. Comencé a comprender los fundamentos de un descubrimiento admirable». Da testimonio de ello el que, cuando Descartes despierta sobresaltado del segundo sueño, después de la primera pesadilla, irrumpen en su vigilia rescoldos alucinatorios y

Descartes tiene que restablecer su autodominio abriendo y cerrando los ojos. En la tercera pesadilla, la conciencia y lo inconsciente, lo racional y lo onírico se interpenetran.[42] Descartes se separa de la metafísica realista y es origen del subjetivismo y del racionalismo de los siglos siguientes. Sus sueños no son naturales, ni divinos, sino del mismo diablo.

Los padres de la Iglesia sostenían que las religiones paganas tenían su origen en los diablos. El Concilio Vaticano II afirma que en todas hay una acción del Espíritu Santo y que sobre ella se puede construir un diálogo. De hecho, poco se ha construido, salvo reuniones por la paz y teorías de teólogos que quitan lo sobrenatural de la Revelación. Algunas actividades, como el reiki y muchos yogas, con frecuencia llevan a posesiones diabólicas.

---

[42] Arbaizar, Benito. (2021). «El joven Descartes y los sueños de noviembre». *Revista de Comillas*. Universidad Santiago de Compostela.

Iluminación de Mahoma

Hay diferentes descripciones de lo que ocurrió durante el *Mirach,* pero la mayoría de narrativas tienen los mismos elementos: Mahoma ascendió a los cielos con el ángel Gabriel (Yibrīl) y se reunió con un profeta distinto en cada uno de los siete niveles del cielo: primero Adán, luego Juan el Bautista y Jesús, luego José, luego Idris, luego Aarón, luego Moisés y, por último, Abraham, y de allí sigue a reunirse con Alá sin Gabriel. Alá le dice a Mahoma que su gente debe orar 50 veces al día, pero al descender Mahoma de vuelta a la tierra, se encuentra con Moisés, quien le dice que regrese a Dios y le pida menos oraciones, pues 50 son demasiadas. Mahoma va de vuelta a Dios y luego a Moisés nueve veces, hasta que el número de oraciones es reducido a las cinco oraciones diarias, que Dios recompensará diez veces. Moisés le dice de nuevo a Mahoma que pida incluso menos, pero Mahoma se siente avergonzado y le dice que con incluso menos oraciones sus seguidores podrían no hacerlas de manera diligente y que está agradecido por las cinco.

San Juan Damsceno, que fue funcionario en la corte de los Omeya, dice que el Islam es una herejía nestoriana. Parece que en un viaje a Siria, Mahoma se detiene con un monje sirio nestoriano. El Corán aprecia a Jesús como profeta, no como Dios, a María como Virgen. Y todo el conjunto suena a la Biblia con añadidos paganos y permisividad sexual.

Mirando los frutos, el profeta del desierto acaba con la fe en Cristo en vastas regiones y hoy día sigue siendo un peligro violento. Es muy posible ver en su inicio la iluminación de Satanás o algún otro demonio.

Iluminación de Buda

No es iluminación divina; de hecho, apenas habla de Dios. Es fruto de diversos ejercicios interiores para llegar al pináculo, para convertirse en budas plenamente iluminados, en donde la mente no proyecta nada en absoluto. Según el budismo, la iluminación es un estado de sabiduría perfecta combinada con una compasión infinita. Dicho de otra forma, se trata de alcanzar el nirvana: el estado libre de sufrimiento.

El término «iluminación» se suele usar para traducir el término *bodhi*, que literalmente significa **«despertar»**. Por eso, a Siddhartha Gautama se le llama «el *buddha*», es decir, «el despierto». ¿Y de qué despertó Buda? Del **sueño de la ignorancia:** todos estamos dormidos, creemos que vivimos en un mundo hecho de cosas estables, sustanciales y que, por serlo, nos pueden dar la felicidad. En realidad, todo es fugaz e insustancial y, por eso, si nos apegamos a cualquier cosa estamos condenados a sufrir innecesariamente. Por el contrario, cuando se despierta a la realidad se supera el apego y se alcanza **un estado de ecuanimidad, paz y libertad interior;** y, como ya no hay obstáculos para empatizar con los demás seres sensibles, **nacen un gran amor y una compasión**

En el hinduismo, el estado más elevado de iluminación espiritual es la liberación del ciclo de nacimiento, muerte y renacimiento (*samsara*). A medida que nos despojamos cada vez más de nuestras ideas fijas, disminuye el sentido de identidad que antes teníamos y nuestra inversión en identificarnos con los contenidos temporales de nuestra consciencia. ¿Es posible, entonces, que exista un nivel superior de integración interior sin sensación de sentir que estamos aislados? Esta es **la promesa del *samadhi*,** la última parada en el camino. En realidad, es unirse al Dios panteísta que es nada y escapar del ciclo de reencarnaciones. Moksha implica la realización de la unidad entre el alma individual (atman) y la realidad última (brahmán), lo que resulta en una existencia eterna, libre de sufrimiento e ilusión.

Un chamán es una persona que practica rituales de sanar y de restaurar el equilibrio mediante diversas técnicas de sanación. Los chamanes consideran que los problemas que sufre una persona están relacionados con un desequilibrio espiritual. De esta manera, establecen una comunicación espiritual y ancestral para acceder a realidades no ordinarias. El chamanismo emplea métodos que desarrollaron las poblaciones hace miles de años y que se van transmitiendo de generación en generación. Por tanto, cumplen un papel de sabiduría ancestral y de intermediarios entre el mundo espiritual y el mundo natural. Algunas de sus funciones más destacadas son el apoyo emocional, la videncia o la sanación del cuerpo mediante rituales y técnicas de energía para restablecer la armonía espiritual. A través de rituales, que varían en función de la cultura y de la sociedad, el chamán guía a una persona para que alcance un estado alterado de conciencia y consiga interactuar de algún modo con el mundo espiritual. Estos rituales pueden incluir a veces, aunque no siempre, el consumo de raíces o plantas psicoactivas como, por ejemplo, la ayahuasca.

En estas explicaciones de seguidores budistas, hinduistas o chamánicos no hay ninguna referencia a Dios; sí, en cambio, a estados de conciencia que pueden ser muy elevados como el *samadhi*. El nirvana equivale al panteísmo o la nada. En los chamanes, es muy importante las drogas y los rituales demoníacos. En las orgías báquicas griegas o romanas ocurrían cosas semejantes. En los sacrificios nórdicos suelen ir también unidos a sacrificios humanos.

La tercera edad
según Joaquín de Fiore

Ya vimos lo que cree la Iglesia por la revelación de Jesucristo sobre el Padre y el Hijo, veamos ahora la verdad sobre el Espíritu Santo[43] que abre las inteligencias y corazones al modo como lo hizo en Pentecostés.

---

[43] El Concilio de Constantinopla nos lo presenta como «Señor y dador de vida». El Espíritu Santo es aquel que abre el mundo de Dios al mundo de los hombres, santifica, da la vida de la gracia al que cree y da la vida a todo hombre apto para recibirla. Este papel está testimoniado en la Sagrada Escritura al atribuirle la Encarnación del Verbo y al atribuirle de modo especial la donación de vida de la Resurrección, así como en la transmisión de la nueva vida en Pentecostés y en la vida de la Iglesia. Observando a la mujer, es característica suya ser claramente dadora de vida participando del ser personal del Espíritu Santo.

El segundo aspecto del ser personal del Espíritu Santo es el de ser vínculo personal de la unidad entre el Padre y el Hijo; es el amor dado por el Amante, que es el Padre, y acogido por el Amado, que es el Hijo. Comunica al Amado el amor y este es uno en el amor que ha recibido. Este aspecto de persona que realiza la unión interpersonal descubre grandemente el ser humano que está llamado a la comunión porque Dios es comunión personal del Padre, el Hijo y el Espíritu Santo. Por eso produce tanta satisfacción la comunión de personas en todos los ámbitos, no solo en el matrimonio, sino con los hijos y la gran familia, en los amigos y en toda la sociedad. El Espíritu Santo es el vínculo de unión.

El tercer aspecto del Espíritu Santo es el ser don de amor. Lo propio de la Tercera Persona de Dios es la apertura al otro, ser un tercero en el amor, amado por el Padre y el Hijo en el movimiento de infinita oblatividad del amor divino. Dios derrama el Espíritu sobre el Hijo, que, a su vez, lo entrega al Padre y lo derrama sobre los hombres. El Espíritu es así el éxtasis de Dios, pura sobreabundancia y donación, fuente viva, emanación de amor y de gracia, absoluta gratuidad, viento de libertad.

El cuidado de Dios sobre los hombres toma una característica más personal en la acción suave y fuerte del Espíritu Santo, origen de las conversiones, de los actos de fe, esperanza y caridad, de las vocaciones, de los carismas, de las fundaciones, de la inspiración de las Sagradas Escrituras, de la asistencia al Magisterio de la Iglesia, por citar algunos de los

El Espíritu Santo mora en las almas de un modo propio y singularísimo[44]. Es enviado por el Padre y por el Hijo, lo cual quiere decir que se da un nuevo y especial modo de Presencia divina. Es dado y los que lo reciben tienen una posesión muy singular. Inhabita en el alma en gracia; poseyéndole, poseemos la misma caridad de Dios. Esta acción se dio ya en la edad del Padre, más intensa en la edad del Hijo, como se ve en Jesús y en la Iglesia. Pero es mucho mayor en la tercera edad.

Joaquín de Fiore y San Juan pensaban de modo similar porque tenían un profundo sentido de la historia y una teología de la historia. De cualquier manera, el Apocalipsis es el único libro del Nuevo Testamento dedicado ante todo al significado de la historia, y Joaquín así lo comprendió. Cuando Joaquín ve en el Apocalipsis el destino de la humanidad, entramos en el doble aspecto del reino de la historia: el pasado recordado y el futuro esperado.[45]

Escribe *Concordiae novi ac veteris testamenti*, la *Expositio in Apocalypsim* y el *Psalterium decem chordarium,* la trilogía que asienta el propósito y la organización de los principales temas de Joaquín.[46] La principal contribución de Joaquín de Fiore al saber fue haber concebido una percepción espiritual de la historia que está dividida en tres «épocas», con fronteras cronológicas bastante definidas. Además, creía que en el centro de la historia estaba el Advenimiento de Cristo, el suceso de mayor importancia en el esquema de Dios. Era el eje alrededor del cual giraban todos los acontecimientos. El nacimiento, la vida y la

---

más conocidos, que pueden ser más en su riqueza amorosa. De hecho, se puede decir que la Iglesia es esencialmente el Espíritu Santo actuando en las estructuras fundadas por Cristo y queridas por el Padre.

[44]   Arintero. (1986). *La Evolución mística.* Salamanca. Editorial Satensteban. p. 80.

[45]   West, D., Zimdars-Swartz, S. (1986). *Joaquín de Fiore. Una visión espiritual de la historia.* p. 13.

[46]   *Ibid.* p. 16

pasión de Cristo eran los hechos históricos de mayor trascendencia, y su regreso sería señal de la consumación. Por tanto, son evidentes por sí mismas las etapas, o épocas, de desarrollo: el periodo anterior a Cristo, el periodo posterior, y un periodo aún en el futuro, de naturaleza escatológica. La primera época era fácil de limitar: iba de Adán a Cristo. El inicio de la siguiente época comenzaba con Cristo. Es la Iglesia de los gentiles. Ahora bien, aún no podía determinarse el final de la segunda época y el comienzo de la tercera. Joaquín de Fiore piensa que el año 1260 será el cambio de una edad a otra. Deja muy claro que Cristo es el único revelador de los misterios y secretos de la Biblia. Para Joaquín, Cristo logrará una revelación definitiva de los misterios divinos por medio de la Resurrección; fue digno de abrir el libro estampado con los siete sellos (Apoc 5, 1-5). Joaquín afirma que con la apertura de ese libro Cristo da a conocer el significado de todas las cosas. Por «todas las cosas» quiere decir las personas y los acontecimientos de la historia humanos. De esta manera, para el abad esa revelación está completa. Pero también aclara que la gente no logra comprender toda la revelación de golpe.[47]

La interpretación que Joaquín hizo de la misión del Espíritu Santo fue un aspecto innovador. Para los padres de la Iglesia, el Espíritu Santo era la fuerza que impulsaba y diseminaba las enseñanzas de Cristo. Por otra parte, Joaquín sostenía que el Espíritu Santo completaría dichas enseñanzas y que, antes de terminarse el tiempo, traería la última revelación de Dios. Joaquín encontró cronologías históricas paralelas en la concordancia del Antiguo con el Nuevo Testamento, y de sus meditaciones sobre los dos primeros surgió un tercer paralelo. Habría una tercera época, aún futura. Sin embargo, Joaquín no postuló un tercer testamento. La

---

[47] *Ibid.* p. 54.

tercera época no recibiría un nuevo texto, sino que el Espíritu Santo revelaría un modo especial de comprender las Escrituras existentes por medio de un don: *spiritualis intellectus*. A decir verdad, del total de la obra de Joaquín el lector solo sacará en conclusión que las tres épocas son niveles de crecimiento espiritual, sin anticipación alguna de testamentos correspondientes. Joaquín afirma incluso, explícitamente, que no habrá nueva literatura, sino que se conocerá a fondo la ya existente. Así surgirá una nueva interpretación de las Escrituras y una nueva forma de adoración contemplativa.[48] No fue exclusivo de Joaquín el unir la historia del universo con la tríada. San Agustín lo había hecho en *La ciudad de Dios*, en la cual proclamaba tres etapas históricas: «Antes de la Ley (de Adán a Moisés)», «Bajo la Ley, de Moisés a Cristo» y «Bajo el Evangelio, de Cristo al Juicio Final». Joaquín simplemente aplicó una relación directa entre cada miembro de la Trinidad y cada época. En la primera, el Padre obraba en el misterio, por medio de los patriarcas y de los profetas. En la segunda, el Hijo obraba por medio de los Apóstoles y otros hombres apostólicos. Joaquín preveía que en la tercera época el Espíritu Santo obraría mediante los contemplativos.[49]

De donde resulta inevitablemente que no se puede considerar el Evangelio eterno como más definitivo que el primero. Si el Nuevo Testamento no debe ser pura y simplemente abolido, reemplazado por otro (que podría ser una tercera letra… y así hasta el infinito), puede creer que será por fin transformado, gracias a su interpretación espiritual, íntima en su esencia, mantenida en secreto hasta entonces o superficialmente comprendida. Todos los misterios de la fe quedarán

---

[48]   *Ibid.* p. 24.
[49]   *Ibid.* p. 29.

entonces «abiertos». Brotando «del seno de la letra y de la casa del Nuevo Testamento», aparecerá la verdad en su pureza manifiesta. Ya lo anunció el Apóstol cuando dijo: «Cuando venga lo perfecto, desaparecerá lo imperfecto». Ese será el tiempo de la gran «mutación», comparable con la mutación que se produjo en tiempos de Cristo. Entonces, como está dicho en el Evangelio de Juan, se verá «el cielo abierto», es decir, se abrirán las puertas de los dos Testamentos y los hombres, que no eran antes capaces de leer en ellos más que la letra exterior, penetrarán por fin en su sentido íntimo. Joaquín de Fiore está convencido de que ha llegado esta época a través de hombres espirituales.[50] Sus teorías se fundan en dos textos: «Ahora vemos en espejo confusamente, pero entonces conoceremos cara a cara» (1 Co 13, 12), en el que ahora es el tiempo de Cristo, y «cuando venga el Espíritu de Jesús, os guiará a la verdad completa» (Juan 16, 13). Joaquín lo entiende como un tiempo por venir.[51] En esta tercera edad del Espíritu Santo se cumplen en plenitud todas las promesas mesiánicas.

---

[50]   Ratzinger, T. *De Lubac.* p. 45.
[51]   de Lubac, H. (2022). *Posteridad de Joaquín de Fiore.* Madrid. Ediciones Encuentro. Introducción.

La posteridad de Joaquín de Fiore

Ciertamente, Joaquín se creía investido de una misión y no podía ignorar toda la audacia extraordinaria del programa que estaba encargado de anunciar. El Espíritu iba a ser enarbolado contra la Iglesia del Cristo y, por una consecuencia fatal, contra el mismo Cristo, gracias a una «superación» del Cristo y de su Iglesia, o, al menos, por cien formas totalmente distintas de comprenderlos. Desde entonces, este Espíritu cuyo Reino celebraba él por adelantado, no sería ya el del Espíritu Santo.[52] Por consiguiente, la tercera época se anunciará hacia la conclusión de la actual, ya no bajo el velo de la Palabra, sino en un espíritu de libertad completa.[53]

En *Concordiae,* Joaquín describe primero cómo se vivirá en la tercera época. Una nueva vida espiritual de paz y contemplación sería el rasgo principal tras la derrota del Anticristo al comenzar la nueva época del Espíritu Santo. Con la guía de este, se haría realidad un *novus ordo.* Sigue estando por definir la cuestión del tipo de instituciones terrenales que surgirán con ese nuevo orden. Desde luego, Joaquín imaginaba algún tipo de utopía, más o menos parecida al monasticismo, en que los varios miembros del cuerpo místico de Cristo, la Iglesia, lograrían una gran espiritualidad y armonía de propósito[54], lo que hoy llamamos «la opción benedictina».[55]

Los principales frutos de la tercera edad son la conversión de los cristianos griegos; hoy diríamos la unidad ecuménica y la

---

[52] *Ibid.*

[53] *Expositio in Apocalipsim* 5v.

[54] *Concordiae* 7r.

[55] Ron Dreher.

conversión de los judíos. Preceden estos grandes frutos a la gran tribulación de Gog y Magog (Apoc 20, 8), juicio final y la Jerusalén Celestial[56]. En esa época se dará un movimiento laico contemplativo con la misión de llevar el Evangelio a todos los confines de la tierra. Estos movimientos los identifica con los templarios. Hoy parecen bastante evidentes en la vida de la Iglesia.

Más que ninguna de las otras religiones del mundo, el judaísmo y el cristianismo han tenido siempre elevadas esperanzas de alguna edad dorada. San Agustín, en la descripción como *La ciudad de Dios*, habla de un modelo en una dimensión y un tiempo diferentes, pero al que debe aspirar e intentar repetir en la tierra.[57]

La posteridad intelectual ha sido muy extensa desde el siglo XIII hasta nuestros días.[58] Son importantes los primeros glosadores del siglo XIII, en los que destacan dos fundaciones, la de Santo Domingo y la de San Francisco. Los primeros franciscanos tuvieron mucho contacto con el abad de Fiore. Algunos llegaron a los límites de la herejía o a herejías manifiestas exigiendo la «liquidación de la Iglesia de Cristo», llamando anticristo al emperador Federico.

Gerardo aplica a San Francisco de Asís el ser el ángel del sexto sello del Apocalipsis y el ángel que llevaba el Evangelio eterno, es decir, *alter Christus* en un sentido muy literal, como superando a Jesucristo, y el Evangelio eterno era una tercera escritura. De hecho, surgieron grupos de flagelantes que esperaban la nueva era. Olivi da gran impulso a este movimiento entre los franciscanos, que entre otras cosas rechazaban al papado frente al imperio, aunque parece que era un ardiente defensor de la reforma por la decadencia es-

---

[56] *Ibid.* p. 80.

[57] *Ibid.* p. 128.

[58] de Lubac, H. (2022). *Posteridad de Joaquín de Fiore*. Ediciones Encuentro. Madrid. Tomos 1 y 2.

piritual. Otros franciscanos, como Juan de Parma y Ubertino, son menos templados que Olivi. Sus ideas y vida están en el origen de muchos cismas posteriores.

Los espirituales del siglo XIII lucharon con tenacidad para preservar el voto de Francisco (de pobreza estricta), voto que la rama conventual de la orden quiso interpretar de manera más flexible. La transición entre la Iglesia papal de la segunda edad y la Iglesia espiritual de la tercera abarcaría una gran etapa de males, durante la cual la Iglesia papal soportaría todos los sufrimientos que correspondían a la pasión de Cristo. La Iglesia papal resucitaría como la Iglesia espiritual, en la cual todos los hombres llevarían una vida contemplativa, practicarían la pobreza apostólica y gozarían de naturalezas angélicas.

Con estas doctrinas entramos en la interpretación del Evangelio eterno. San Buenaventura era maestro de teología en París cuando fue elegido Tercer general de los Franciscanos. Entre sus primeras decisiones estuvo suprimir todas las leyendas sobre San Francisco y escribió una vida oficial: la *legenda maior*. Se enfrentó al movimiento joaquinita entre los franciscanos. Acepta que la Revelación y la historia están relacionadas, pero, igual que Joaquín, dice que el Evangelio eterno es espiritual y lleva a una comprensión más profunda de las Sagradas Escrituras, en las cuales está toda la Revelación.

La edad del Espíritu Santo

En la edad del Espíritu Santo, la vida de oración se asemeja a la escala de los ángeles. Los ángeles de la primera jerarquía descienden su influencia a la segunda, y esta a la tercera, y estos descienden a los hombres. En la escala de Jacob, ascienden los hombres de oración hasta la jerarquía más superior, que son los serafines, los más cercanos a Dios. San Buenaventura decía que toda la Revelación estaba completa en los Evangelios y que ese era el nivel seráfico. Luego desarrolla una evolución histórica de comprensión de la revelación. El Evangelio eterno consistía en la comprensión profunda del sentido de la Revelación que se daría en los religiosos contemplativos en la segunda venida de Cristo en el milenio.

Han pasado siete siglos y los monjes contemplativos están desapareciendo en la gran apostasía previa al Anticristo. Pero la intuición de la edad dorada tras el Anticristo con la segunda venida me parece muy certera. Una aproximación es la siguiente: en el siglo XXI, la Revelación está completa en la Sagrada Escritura. Por acción del Espíritu Santo se dará un progreso en la vida espiritual. En la tercera jerarquía, arcángeles, ángeles y principados ayudan y protegen al conjunto del pueblo fiel, que en su mayoría cree en Dios, en Cristo y en la Iglesia, pero sin gran nivel de oración. Los principados se encargan de las sociedades. Los ángeles, especialmente los custodios, llevan a una vida de oración más intensa, y con los arcángeles batallan con los demonios que asedian a los fieles. El segundo nivel angélico influye en un mayor nivel de oración, santificación del trabajo y la familia, fomentan el celibato por amor de Dios, y con ello la Iglesia y toda la sociedad, aún en tiempos de apostasía y de demonios liberados, asciende de jerarquía. En el último nivel de los ángeles superiores se encuentran los contemplativos, pero no solo en conventos y monasterios, sino en medio del mundo. En grupos o individualmente, con mayor formación como los querubines y con amor intenso como los serafines, cumpliendo con detalle la voluntad de Dios como los tronos. De hecho, en el siglo XXI se dan multitud de místicos de este estilo, a pesar de la apostasía profetizada, de los temblores de la jerarquía eclesiástica y el aumento de la iniquidad que enfría la caridad de muchos. También son muchos los grupos que surgen en adoración[59] y oración en medio del mundo, ya no fuera. El Espíritu Santo y los ángeles superiores actúan en ellos. Todo lo anterior se ha realizado y se realiza en la edad del Hijo. ¿Aporta algo nuevo la edad del Espíritu Santo?

Aporta la regeneración de las heridas producidas por el pecado original, el cumplimiento de las promesas mesiánicas aún no cumplidas; y al final del tiempo y de la historia la recapitulación en la que Cristo será «todo en todos»[60] y poner los pies del Padre el último enemigo. Todo esto vendrá con el reinado de Cristo profetizado. Jesús en el discurso escatológico que narra Mateo en el capítulo 24

---

[59] El filósofo Polo dice lo siguiente: «Es lo que llamo "la inclusión atópica en el ámbito de la máxima amplitud": esa máxima amplitud es la calma del Espíritu Santo. La santificación significa que el Espíritu está dentro de mí, más dentro de mí que yo mismo; se entra en Dios, pero no como en una habitación, sino como lo que Santa Teresa llama Moradas. La pura contemplación es la paz pura. Esa paz en mí tiene que vencer abundantes obstáculos, pero la Virgen no tenía ninguno. La Virgen estaba traspasada por la paz, porque ella es la pura transparencia. Una buena representación del Espíritu Santo es la zarza ardiente de Moisés, que ardía sin consumirse. El Espíritu es un fuego que quema toda impureza. La Virgen es la Maestra, el modelo puro de la vida interior porque es la sumamente transparente. El santo va consiguiendo la transparencia, es decir, va evitando obstáculos al Espíritu Santo. En cambio, la Virgen carecía de entrada de obstáculos y, por lo tanto, fue atravesada de luz».

[60] Ef 1, 2.

señala «como dice Daniel». Pues vamos a ver la profecía de los cuatro Reinos-Bestia[61], que se pueden leer en la Biblia o en la nota a pie

---

[61] Daniel 7. El año primero de Baltasar, rey de Babilonia, Daniel tuvo un sueño y visiones en su mente mientras estaba en la cama. Enseguida escribió el sueño. Comienzo del relato. Dijo Daniel: Tuve una visión nocturna: vi que los cuatro vientos del cielo agitaban el océano. Cuatro bestias gigantescas salieron del mar, distintas una de otra. La primera era como un león con alas de águila; la estaba mirando y de pronto vi que le arrancaban las alas, la alzaron del suelo, la pusieron de pie como un hombre y le dieron un corazón humano. Había una segunda bestia semejante a un oso; estaba medio erguida, con tres costillas en la boca, entre los dientes. Le dijeron: «Levántate. Come carne en abundancia». Después yo seguía mirando y vi otra bestia como un leopardo, con cuatro alas de ave en el lomo, y esta bestia tenía cuatro cabezas. Y le dieron el poder. Después seguí mirando y en mi visión nocturna contemplé una cuarta bestia, terrible, espantosa y extraordinariamente fuerte; tenía grandes dientes de hierro, con los que comía y descuartizaba; y las sobras las pateaba con las pezuñas. Era distinta de las bestias anteriores, porque tenía diez cuernos. Miré atentamente los cuernos, y vi que de entre ellos salía otro cuerno pequeño; y arrancaron ante él tres de los cuernos precedentes. Aquel cuerno tenía ojos humanos y una boca que profería insolencias. Miré y vi que colocaban unos tronos. Un anciano se sentó. Su vestido era blanco como nieve, su cabellera como lana limpísima; su trono, llamas de fuego; sus ruedas, llamaradas; un río impetuoso de fuego brotaba y corría ante él. Miles y miles lo servían, millones estaban a sus órdenes. Comenzó la sesión y se abrieron los libros. Yo seguí mirando, atraído por las insolencias que profería aquel cuerno; hasta que mataron a la bestia, la descuartizaron y la echaron al fuego. A las otras bestias les quitaron el poder, dejándolas vivas una temporada, hasta un tiempo y una hora. Seguí mirando. Y en mi visión nocturna vi venir una especie de hijo de hombre entre las nubes del cielo. Avanzó hacia el anciano y llegó hasta su presencia. A él se le dio poder, honor y reino. Y todos los pueblos, naciones y lenguas lo sirvieron. Su poder es un poder eterno, no cesará. Su reino no acabará. Yo, Daniel, me sentía agitado por dentro a causa de esto, y me turbaban las visiones de mi mente. Me acerqué a uno de los que estaban allí en pie y le pedí que me explicase todo aquello. Él me contestó exponiéndome la interpretación de la visión: «Esas cuatro bestias gigantescas representan cuatro reinos que surgirán en el mundo. Pero los santos del Altísimo recibirán el reino y lo poseerán para siempre por los siglos de los siglos». Yo quise saber qué significaba la cuarta bestia, distinta de las demás, terrible, con dientes de hierro y garras de bronce, que devoraba y trituraba, y pateaba las sobras con las pezuñas, y qué significaban los diez cuernos de su cabeza, y el otro cuerno que le salía y eliminaba a otros tres; aquel cuerno que tenía ojos y una boca que profería insolencias, y era más grande que sus compañeros. Mientras yo seguía mirando, aquel cuerno luchó contra los santos y los derrotó. Hasta que llegó el anciano para hacer justicia a los santos del Altísimo; se cumplió el tiempo y los santos tomaron

de página y que se pueden entender en cuatro imperios actuales, cuatro poderes fácticos. «Hasta que llegue un reino liberador».[27.] El reinado, el dominio y la grandeza de todos los reinos bajo el cielo serán entregados al pueblo de los santos del Altísimo. Su reino será un reino eterno, al que temerán y se someterán todos los soberanos. Existe Satanás, «pero cuando se siente el tribunal a juzgar, se le quitará el poder y será destruido y aniquilado totalmente».[62]

En el capítulo 17 del Apocalipsis se toma la profecía de Daniel y se le añade luz. Describe a un solo Reino-Bestia que surge del mar con las características físicas de los cuatro Reinos-Bestias que describe el profeta[63], que también se puede leer en la Biblia o en la

---

posesión del reino. Después me dijo: «La cuarta bestia es un cuarto reino que habrá en la tierra, distinto de todos los demás; devorará toda la tierra, la trillará y triturará. Sus diez cuernos son diez reyes que habrá en aquel reino; después de ellos vendrá otro distinto que destronará a tres reyes, blasfemará contra el Altísimo, e intentará aniquilar a los santos del Altísimo y cambiar el calendario y la ley. Los santos serán abandonados a su poder durante un año, dos años y medio año».

[62]   Daniel 7, 26-28.

[63]   Apoc 17, 1-25. Y vino uno de los siete ángeles que tenían las siete copas, y habló conmigo diciendo: «Ven, que te voy a mostrar el juicio de la gran prostituta, la que está sentada sobre muchas aguas, con la que han fornicado los reyes de la tierra, la que ha emborrachado a los habitantes de la tierra con el vino de su prostitución». Y fui arrebatado en espíritu a un desierto. Vi allí una mujer sentada sobre una bestia de color escarlata, cubierta de títulos blasfemos, que tenía siete cabezas y diez cuernos. La mujer iba vestida de púrpura y escarlata y enjoyada con oro, piedras preciosas y perlas. Tenía en su mano una copa de oro llena de abominaciones y de las impurezas de su fornicación; en la frente llevaba escrito un nombre misterioso: «La gran Babilonia, madre de las prostitutas y de las abominaciones de la tierra». Y vi a la mujer borracha de la sangre de los santos y de la sangre de los testigos de Jesús. Al verla, me quedé muy asombrado. El ángel me dijo: «¿Por qué te has asombrado? Yo te explicaré el misterio de la mujer y de la bestia que la lleva: la de las siete cabezas y los diez cuernos. La bestia que has visto era, pero no es, va a subir del abismo para ir a su ruina. Los habitantes de la tierra cuyos nombres no están escritos desde la creación del mundo en el libro de la vida se sorprenderán al ver que la bestia que era y no es se presenta de nuevo. ¡Aquí se requiere inteligencia y sabiduría! Las siete cabezas son siete colinas donde está sentada la mujer, y siete reyes: cinco cayeron, uno es, el otro no ha llegado todavía y, cuando llegue, durará poco tiempo. La bestia que

nota pie de página. Al final de la descripción de la Bestia del mar y de la Prostituta Babilonia. Añade: *Combatirán contra el Cordero, pero el Cordero los vencerá, porque es Señor de señores y Rey de reyes, y con él los llamados, elegidos y fieles.*[64]

El Cordero es Cristo. Ya sabemos el propósito común de los Reinos-Bestia, combatir a Cristo, y que serán vencidos por Cristo Rey. La Gran Babilonia será destruida, dice en el capítulo 18, y añade en el siguiente:

> *Después de esto oí en el cielo como el vocerío de una gran muchedumbre, que decía: «¡Aleluya! La salvación, la gloria y el poder son de nuestro Dios, porque sus juicios son verdaderos y justos. Él ha condenado a la gran prostituta que corrompía la tierra con sus fornicaciones, y ha vengado en ella la sangre de sus siervos». Y por segunda vez dijeron: «¡Aleluya!». Y el humo de su incendio sube por los siglos de los siglos. Y los veinticuatro ancianos y los cuatro vivientes se postraron y adoraron a Dios, que está sentado en el trono, diciendo: «¡Amén! ¡Aleluya!». Y salió una voz del trono que decía: «Alabad a nuestro Dios, sus siervos todos, los que lo teméis, pequeños y grandes». Y oí como el rumor de una muchedumbre inmensa, como el rumor de muchas aguas, y como el fragor de fuertes truenos, que decían: «¡Aleluya! Porque reina el Señor, nuestro Dios, dueño de todo; ¡alegrémonos y gocemos y démosle gracias! Llegó la boda del Cordero, su esposa se ha embellecido, y se le ha concedido vestirse de lino resplandeciente y puro —el lino son las*

---

era y no es, aunque aparece como octavo, es al mismo tiempo uno de los siete, y va a su ruina. Los diez cuernos que has visto son también diez reyes, los cuales no han recibido todavía el reino, pero recibirán autoridad por breve tiempo, asociados a la bestia. Estos se han puesto de acuerdo para entregar su poder y su autoridad a la bestia».

[64] Apoc 13-15.

buenas obras de los santos—».Y me dijo: «Escribe: "Bienaventurados los invitados al banquete de bodas del Cordero"».Y añadió: «Estas son palabras verdaderas de Dios». Caí a sus pies para adorarlo, pero él me dijo: «No lo hagas, yo soy como tú y como tus hermanos que mantienen el testimonio de Jesús; a Dios has de adorar». El testimonio de Jesús es el espíritu de profecía.Y vi el cielo abierto, y apareció un caballo blanco; su jinete se llama «Fiel y Veraz», porque juzga con justicia y combate. Sus ojos son como llama de fuego, muchas diademas ciñen su cabeza, y lleva grabado un nombre que nadie conoce sino él.Va envuelto en un manto empapado en sangre, y es su nombre «el Verbo de Dios». Lo siguen las tropas del cielo sobre caballos blancos, vestidos de lino blanco y puro.Y de su boca sale una espada aguda, para herir con ella a las naciones, pues él las regirá con vara de hierro y pisará el lagar del vino del furor de la ira de Dios todopoderoso. En el manto y en el muslo lleva escrito un título: «Rey de reyes y Señor de señores».[65]

---

[65] Apoc 19.

Discernimiento de iluminaciones

En la edad del Espíritu Santo se apartará a Satanás y sus ángeles para que no quepan confusiones de si una iluminación viene de Dios o del Maligno. En la edad del Hijo se pueden dar confusiones y conviene investigar los frutos para conocer esas iluminaciones.

La segunda venida de Cristo en honor y majestad y comienza el milenio

Muchas de las promesas anunciadas por los profetas no se han realizado en la edad del Hijo, como la inmortalidad, la paz, la conversión de los judíos, los nuevos cielos y la nueva tierra. La Palabra de Dios es infalible, lo que quiere decir que se cumplirán en un futuro posterior a la segunda venida de Cristo. No se puede decir que sea en la venida final, porque no morir cuando se acaba el tiempo no tiene sentido; tampoco la paz, y lo mismo la conversión de los judíos y las demás *promesas mesiánicas*.

En cuanto a los tiempos de la segunda venida de Cristo, son muy importantes las profecías de Daniel: *(…) yo, Daniel, indagué en los libros la palabra del Señor dicha al profeta Jeremías acerca del número de años que Jerusalén había de quedar en ruinas: era setenta años.*[66]

Esta profecía hace referencia a la cautividad de Babilonia, a la que seguirá la vuelta del exilio y la reconstrucción del segundo templo.

Más adelante sigue la profecía de los últimos tiempos y las setenta semanas de años.

---

[66]   Daniel 9, 1.

Gabriel, el que había visto al comienzo en la visión, llegó volando hasta mí a la hora de la ofrenda vespertina. Al llegar, me habló así: — Daniel, acabo de salir para hacer que comprendas. Al principio de tus súplicas se pronunció una sentencia, y yo he venido para comunicártela, porque eres un predilecto. Entiende la sentencia, comprende la visión: Setenta semanas están decretadas sobre tu pueblo y tu ciudad santa; para poner fin al delito, cancelar el pecado y expiar el crimen, para traer una justicia eterna, para que se cumpla la visión y la profecía, y para ungir el santo de los santos. Has de saberlo y comprenderlo: desde que se decretó la vuelta y la reconstrucción de Jerusalén hasta un príncipe ungido pasarán siete semanas; y pasarán sesenta y dos semanas; y entonces será reconstruida con calles y fosos, pero serán tiempos de angustia. Pasadas las sesenta y dos semanas, matarán a un ungido inocente. Vendrá un príncipe con su tropa y arrasará la ciudad y el templo, pero su final será un cataclismo; guerra y destrucción están decretadas hasta el fin. Hará una alianza firme con muchos durante una semana: durante media semana hará cesar sacrificios y ofrendas, y pondrá sobre el altar la abominación de la desolación, hasta que el fin decretado le llegue al desolador.[67]

Algunas de estas profecías ya se han cumplido desde el decreto de Artajerjes para la vuelta a Jerusalén de los judíos: la primera venida del Mesías, la muerte del Ungido inocente, el sacrificio expiatorio, la destrucción del segundo templo en el año 70 d. C. Parece que en la actualidad estamos en la última semana de Daniel. Falta el cataclismo, la supresión del sacrificio perpetuo, el Anticristo y la Victoria definitiva de Cristo en su segunda venida.

En este tiempo se cumple lo que dice el Apocalipsis:

---

[67] Daniel 21-27.

*Vi también un ángel que bajaba del cielo con la llave del abismo y una cadena grande en la mano. Sujetó al dragón, la antigua serpiente, o sea, el Diablo o Satanás, y lo encadenó por **mil años**; lo arrojó al abismo, echó la llave y puso un sello encima, para que no extravíe a las naciones antes que se cumplan los **mil años**. Después tiene que ser desatado por un poco de tiempo. Vi unos tronos y se sentaron sobre ellos, y se les dio el poder de juzgar; vi también las almas de los decapitados por el testimonio de Jesús y la palabra de Dios, los que no habían adorado a la bestia ni a su imagen y no habían recibido su marca en la frente ni en la mano. Estos volvieron a la vida y reinaron con Cristo **mil años**. Los demás muertos no volvieron a la vida hasta pasados los mil años. Esta es la primera resurrección. Bienaventurado y santo quien tiene parte en la primera resurrección; sobre ellos no tiene poder la muerte segunda, sino que serán sacerdotes de Dios y de Cristo y reinarán con él **mil años**. Y cuando se cumplan los **mil años**, Satanás será soltado de la prisión.*[68]

Seis veces dice que durará el Reino de Cristo mil años. Ya vimos que las interpretaciones del milenio se dividen en dos. Después de la segunda venida de Cristo hasta la venida final en el Juicio Universal, es alegórica y explica malamente muchas cosas de la Escritura; incluso se podría decir que es herética, aunque como la sostuvo San Agustín y casi todos los teólogos hasta hoy, siguiendo su estela, muchos la siguen. El Magisterio no ha dicho nada; la citamos y nada más. Los Padres de los tres primeros siglos sostienen la interpretación más literal, que es el sentido primero de las Escrituras. Y son claramente milenaristas.

Papías es milenarista. Policarpo también, siendo discípulo directo de San Juan. San Ireneo de Lyon expone su escatología

---

[68] Apoc 20.

milenarista, heredada de los Apóstoles: el Anticristo, la resurrección de los justos y el milenio. Todos los Padres de los tres primeros siglos siguen estas ideas.

Todo lo anterior requiere la venida de Cristo intermedia entre el nacimiento y el Juicio Final. El primero fue en carne mortal; el último, en honor, poder, majestad y gloria. El intermedio no será en carne mortal, ni glorificado, resucitado y visible, sino eucarístico, con una presencia más intensa que la de la transubstanciación en el pan y el vino, pues será en los fieles cristianos, como ya justificaremos más adelante. No entra, pues, en la condenación del milenarismo mitigado. Con esta segunda venida comienza la liberación después de los dolores previos, como dice Lucas 21.

A esta segunda venida sigue la primera resurrección.

> *Estos volvieron a la vida y reinaron con Cristo* **mil años**. *Los demás muertos no volvieron a la vida hasta pasados los mil años. Esta es la primera resurrección le pueden seguir varias. «Bienaventurado y santo quien tiene parte en la primera resurrección; sobre ellos no tiene poder la muerte segunda, sino que serán sacerdotes de Dios y de Cristo y reinarán con él* **mil años**».[69]

Si existe una primera, podrían existir otras sucesivas, pero solo nos consta en la Revelación la final de todos los muertos. La primera resurrección también se llama de las primicias y se puede pensar que son los 144 000 elegidos nombrados en Apocalipsis 7. Sin embargo, es factible que primero sean unas primicias restringidas en número, después muchos y al final todos.

---

[69] Apoc. 20

¿Cuándo será la segunda venida? Esa pregunta ya se la hicieron los discípulos a Jesús. No sabemos ni el día ni la hora, pero están profetizados unos signos que la preceden, como la estrella lo fue para los magos con su ciencia astronómica.

En el momento de la Ascensión de Cristo a los cielos, dice Lucas:

> *Los que se habían reunido, le preguntaron, diciendo: «Señor, ¿es ahora cuando vas a restaurar el reino a Israel?». Les dijo: «No os toca a vosotros conocer los tiempos o momentos que el Padre ha establecido con su propia autoridad; en cambio, recibiréis la fuerza del Espíritu Santo que va a venir sobre vosotros y seréis mis testigos en Jerusalén, en toda Judea y Samaría y hasta el confín de la tierra.*

Dicho esto, a la vista de ellos, fue elevado al cielo, hasta que una nube se lo quitó de la vista. Cuando miraban fijos al cielo, mientras él se iba marchando, se les presentaron dos hombres vestidos de blanco, que les dijeron: *Galileos, ¿qué hacéis ahí plantados mirando al cielo? El mismo Jesús que ha sido tomado de entre vosotros y llevado al cielo,* **volverá como lo habéis visto marcharse al cielo.**[70]

Jesús en el discurso escatológico dijo: *En cuanto, al día y la hora, nadie lo conoce, ni los ángeles de los cielos ni el Hijo, sino solo el Padre.*[71]

Este texto indica la ignorancia de la llegada, pero también se dan unos signos previos para poder prepararse.

---

[70] Hechos 1,1-7.
[71] Mt 24, 36; Mc 13.

Repasemos el capítulo 24 de Mateo, en el cual Cristo anuncia muchos de los signos que preceden a la segunda venida, junto a su paralelo Marcos 13 y Lucas 21.

Se dijeron: «¿Cuándo sucederán estas cosas y cuál será el signo de tu venida y del fin de los tiempos?». Jesús les respondió y dijo: «Estad atentos a que nadie os engañe, porque vendrán muchos en mi nombre, diciendo: "Yo soy el Mesías", y engañarán a muchos. Vais a oír hablar de guerras y noticias de guerra. Cuidado, no os alarméis, porque todo esto ha de suceder, pero todavía no es el final. Se levantará pueblo contra pueblo y reino contra reino, habrá hambre, epidemias y terremotos en diversos lugares; todo esto será el comienzo de los dolores. Os entregarán al suplicio y os matarán, y por mi causa os odiarán todos los pueblos. Entonces muchos se escandalizarán y se traicionarán mutuamente, y se odiarán unos a otros. Aparecerán muchos falsos profetas y engañarán a mucha gente, y, al crecer la maldad, se enfriará el amor en la mayoría; pero el que persevere hasta el final se salvará. Y se anunciará el Evangelio del reino en todo el mundo como testimonio para todas las gentes, y entonces vendrá el fin. Cuando veáis la abominación de la desolación, anunciada por el profeta Daniel, erigida en el lugar santo (el que lee que entienda), entonces los que vivan en Judea huyan a los montes, el que esté en la azotea no baje a recoger nada en casa y el que esté en el campo no vuelva a recoger el manto. ¡Ay de las que estén encintas o criando en aquellos días! Orad para que la huida no suceda en invierno o en sábado. Porque habrá una gran tribulación como jamás ha sucedido desde el principio del mundo hasta hoy, ni la volverá a haber. Y si no se acortan aquellos días, nadie podrá salvarse. Pero en atención a los elegidos se abreviarán aquellos días. Y si alguno entonces os dice: "El Mesías está aquí o allí", no le creáis, porque surgirán falsos mesías y profetas, y harán signos y portentos para engañar, si fuera posible, incluso a los elegidos.

Os he prevenido. Si os dicen: "Está en el desierto", no salgáis. "En los aposentos", no les creáis. Pues como el relámpago aparece en el oriente y brilla hasta el occidente, así será la venida del Hijo del hombre. Donde está el cadáver, allí se reunirán los buitres. Inmediatamente después de la angustia de aquellos días, el sol se oscurecerá, la luna perderá su resplandor, las estrellas caerán del cielo y los astros se tambalearán. Entonces aparecerá en el cielo el signo del Hijo del hombre. Todas las razas del mundo harán duelo y verán venir al Hijo del hombre sobre las nubes del cielo con gran poder y gloria. Enviará a sus ángeles con un gran toque de trompeta y reunirán a sus elegidos de los cuatro vientos, de un extremo al otro del cielo. Aprended de esta parábola de la higuera: cuando las ramas se ponen tiernas y brotan las yemas, deducís que el verano está cerca; pues cuando veáis todas estas cosas, sabed que él está cerca, a la puerta. En verdad os digo que no pasará esta generación sin que todo suceda. El cielo y la tierra pasarán, pero mis palabras no pasarán. En cuanto, al día y la hora, nadie lo conoce, ni los ángeles de los cielos ni el Hijo, sino solo el Padre. Cuando venga el Hijo del hombre, pasará como en tiempo de Noé. En los días antes del diluvio, la gente comía y bebía, se casaban los hombres y las mujeres tomaban esposo, hasta el día en que Noé entró en el arca; y cuando menos lo esperaban llegó el diluvio y se los llevó a todos; lo mismo sucederá cuando venga el Hijo del hombre: dos hombres estarán en el campo, a uno se lo llevarán y a otro lo dejarán; dos mujeres estarán moliendo, a una se la llevarán y a otra la dejarán. Por tanto, estad en vela, porque no sabéis qué día vendrá vuestro Señor. Comprended que si supiera el dueño de casa a qué hora de la noche viene el ladrón, estaría en vela y no dejaría que abrieran un boquete en su casa. Por eso, estad también vosotros preparados, porque a la hora que menos penséis viene el Hijo del hombre. ¿Quién es el criado fiel y prudente, a quien el señor encarga de dar a la servidumbre la comida a sus horas? Bienaventurado ese criado, si el señor, al llegar, lo encuentra portándose así. En verdad os digo que le confiará la administración de todos sus bienes. Pero si dijere aquel mal siervo para sus adentros: "Mi señor tarda en llegar", y empieza a pegar a sus compañeros, y a comer y a beber con los borrachos, el día y la hora que menos se lo espera, llegará el amo y lo castigará con rigor y le hará compartir la suerte de los hipócritas. Allí será el llanto y el rechinar de dientes».

Veamos estos signos pormenorizados, añadiendo otros que revela San Pablo.

Apartamiento de Satanás y los suyos. Esta liberación tiene gran importancia en estad edad de contemplativos, pues las iluminaciones solo se podrán atribuir al Espíritu Santo.

Predicación del Evangelio a todo el mundo. Ya se ha realizado en el siglo XX.

Vuelta de las doce tribus a Jerusalén. Expulsados de Israel durante dos mil años por los romanos. Castigados por Dios por el rechazo de Jesús como Mesías. Cumplida en 1948.

Gran apostasía. Estamos en ella

Gran tribulación. Estamos en ella

Guerras. Estamos en ellas, pero según los profetas[72] vendrán más y más mortíferas.

Persecuciones a los cristianos. Actualmente hay muchas violentas en todo el mundo, aunque la mitad de la humanidad sea nominalmente cristiana, más bien paganos bautizados (católicos, ortodoxos, protestantes y otros). *Os entregarán al suplicio y os matarán, y por mi causa os odiarán todos los pueblos. Entonces muchos se escandalizarán y se traicionarán mutuamente, y se odiarán unos a otros.*[73]

---

[72]   Ez 38.
[73]   Mt 24, 9.

Estamos en ellas, pero serán más intensas en tiempo del Anticristo.

Confusión. Aparecerán muchos falsos profetas y engañarán a mucha gente.[74]

Aumento de los pecados. Los pecados de esta época son abrumadores, leyes anti Dios, abortos a millones, blasfemias, satanismos etc.

Cuando **veáis la abominación de la desolación**, anunciada por el profeta Daniel, erigida en el lugar santo (el que lee que entienda). Junto a una referencia a lo que sucedió en el año 70 con la destrucción del templo, tipo de lo que sucederá en los últimos tiempos, Daniel habla de lo sucedido en tiempo de Antíoco Epifanes, que colocó en el altar del templo a Júpiter y suprimió el sacrificio perpetuo hasta la victoria de los Macabeos. El signo antes de la venida de Cristo puede ser la supresión de la Eucaristía, el sacrificio perpetuo.

Por llegar:

Gran Tribulación. Ya citada más arriba.

El Evangelio de Lucas es paralelo al de Mateo, pero añade algunos signos.

Destrucción del templo. *(…) cuando veáis a Jerusalén sitiada por ejércitos, sabed que entonces está cerca su destrucción*[75].

Sucedió el año 70 de la era cristiana.

Habrá una gran calamidad en esta tierra y un castigo para este pueblo. Caerán a filo de espada, los llevarán cautivos a todas las naciones,

---

[74]   Mt 24, 11.
[75]   Lc 21, 20.

y Jerusalén será pisoteada por gentiles, hasta que alcancen su plenitud los tiempos de los gentiles.[76]

Sucedió en el año 135 de la era cristiana en la diáspora en que los judíos son expulsados de Israel durante 2000 años. Acaba de finalizar. Jerusalén es parte del Estado judío y las 12 tribus han vuelto en el año 1948 como profetizó Jeremías

Habrá **signos en el sol y la luna y las estrellas**[77]. *El sol negro y la luna roja* (Joel 3, 2), *el plegamiento de los cielos* (Apocalipsis 22). Avisan de una catástrofe astronómica, probablemente un giro de los polos. Conviene estar atentos y vigilantes con ciencia y fe, como lo estuvieron los Magos. La presencia de un planeta entre la Tierra y el Sol explicaría su oscuridad; la atracción de la Tierra y el planeta hace que el hemisferio norte pase al sur y viceversa, también que la Luna sea roja.

*En la tierra angustia de las gentes, perplejas por **el estruendo del mar y el oleaje,** desfalleciendo los hombres por el miedo y la ansiedad ante lo que se le viene encima al mundo, **pues las potencias del cielo serán sacudidas.***[78]

Aún no se ha realizado; más que maremotos o tsunamis, serán olas de marea en océanos y mares que inundarán muchos territorios y muchas ciudades, entre ellas la gran Babilonia, que no es fácil saber cuál es actualmente. *Entonces verán al Hijo del hombre venir en una*

---

[76] Lc 21, 23-25.

[77] Lc 21, 25.

[78] Lc 21, 25.27.

nube, con gran poder y gloria. Cuando empiece a suceder esto, levantaos, alzad la cabeza; se acerca vuestra liberación.[79]

San Pablo enseña a los recién convertidos de Tesalónica: *En lo referente al tiempo y a las circunstancias no necesitáis que os escriba, pues vosotros sabéis perfectamente que el Día del Señor llegará como un ladrón en la noche.*[80]

Y añade en su segunda carta:

A propósito de la venida de nuestro Señor Jesucristo y de nuestra reunión con él, os rogamos, hermanos, que no perdáis fácilmente la cabeza ni os alarméis por alguna revelación, rumor o supuesta carta nuestra, como si el día del Señor estuviera encima. Que nadie en modo alguno os engañe. Primero tiene que llegar la apostasía y manifestarse el hombre de la impiedad, el hijo de la perdición, el que se enfrenta y se pone por encima de todo lo que se llama Dios o es objeto de culto, hasta instalarse en el templo de Dios, proclamándose él mismo Dios.[81]

Añade **la apostasía.**
Y el **Anticristo.**
Por llegar.
Así lo describe San Ireneo de Lyon:

Y no solo por lo que hemos dicho, sino también por lo que sucederá bajo el poder del anticristo, se prueba que el diablo, siendo apóstata y

---

[79] Lc 21, 25.27.
[80] 1 Tes 5, 1-2.
[81] 2 Tes.

ladrón, quiere ser adorado como Dios; y se quiere proclamar rey, siendo un siervo. Porque él, recibiendo todo el poder del diablo, vendrá no como rey justo o legítimo sujeto a Dios, sino como impío, injusto y sin ley, como apóstata, inicuo y homicida, como un ladrón que recapitulará en sí la apostasía del diablo. Derrocará a los ídolos para persuadirnos de que él mismo es Dios, poniéndose a sí mismo como el único ídolo, resumiendo en sí los distintos errores de los ídolos, a fin de que, aquellos que adoran al diablo mediante muchas maldades, lo sirvan a él en su único ídolo. (…) Esto es lo que el anticristo hará cuando reine: trasladará su reino a Jerusalén y se asentará en el templo de Dios, seduciendo a aquellos que lo adoran como a Cristo.[82]

Y añade:

Con razón su nombre llevará la cifra 666 (Ap 13, 18), la cual recapitula toda la malicia anterior al diluvio, toda la mezcla de males que provocó la apostasía de los ángeles —Noé tenía seiscientos años cuando el diluvio cayó sobre la tierra (Gén 7, 6) y aniquiló todos los seres vivientes sobre la tierra, por la perversidad de la generación en tiempos de Noé—. Esa apostasía recapitula todos los errores e idolatrías cometidos desde el diluvio, el asesinato de los profetas y los suplicios infligidos a los justos. El ídolo que Nabucodonosor erigió era de sesenta codos de alto y seis de ancho (Dan 3, 1), y por negarse a adorarlo, Ananías, Azarías y Misael fueron arrojados al horno de fuego (Dan 3, 20), prueba que sirvió como profecía de lo que sucederá al fin de los tiempos, cuando los justos sufrirán la prueba del fuego: pues dicho ídolo fue el preanuncio de la llegada de aquel que ordenará a todos los hombres solo a él adorarlo. Así, pues, los seiscientos años de Noé, en

---

[82]   *Adversus haereses.* 3.1.

cuyo tiempo cayó el diluvio por motivo de la apostasía, y el número de codos del ídolo por motivo del cual los justos fueron arrojados al horno de fuego, forman la cifra del nombre en el cual se recapitulan seis mil años de toda apostasía, injusticia, maldad, seudoprofecía y dolo, por los cuales descenderá también un diluvio de fuego.[83]

También agrega Santo Tomás de Aquino[84]:

(…) dicen algunos que el anticristo es de la tribu de Dan, que no se nombra entre las otras 12 (Ap 7); y por eso también los Judíos lo recibirán primero, y reedificarán el templo en Jerusalén, y así se cumplirá lo de Dan 9,27: «y estará en el templo la abominación de la desolación» (Mt 24). Pero algunos dicen que nunca será reedificada Jerusalén, ni el templo, sino que durará la desolación hasta la consumación y fin del mundo. Creencia que también admiten algunos judíos; por eso la explicación que dan de «en el templo de Dios» la refieren a la Iglesia, porque muchos eclesiásticos lo recibirán.

La vidente Mélanie Calvat afirmó haber recibido un secreto de la Virgen María en la *Montagne de la Salette*, Francia, el 19 de septiembre de 1846:

Un gran rey subirá al trono y reinará unos pocos años. La religión volverá a florecer y se extenderá por todo el mundo, y habrá una gran abundancia, el mundo, contento de no carecer de nada, volverá a caer en sus desórdenes, abandonará a Dios y será propenso a sus pasiones criminales. [Entre] los ministros de Dios, y las Esposas de Jesucristo,

---

[83] *Ibid.* 3.5.
[84]

habrá algunos que se extraviarán, y eso será lo más terrible. Por último, el infierno reinará en la tierra. Será entonces que el anticristo nacerá de una Hermana, pero ¡ay de ella! Muchos creerán en él, porque dirá que ha venido del cielo, ¡ay de los que crean en él! Ese tiempo no está lejos, dos veces no pasarán 50 años.

*Precederá al Anticristo un último obstáculo o katejón, siendo contemporáneo suyo **El falso profeta que** será un eclesiástico encumbrado y traidor como Judas. «Vi otra bestia que salía de la tierra; tenía dos cuernos de cordero, pero hablaba como un dragón, y ejerce toda la autoridad de la primera bestia, en su presencia; y hace que la tierra y todos sus habitantes adoren a la primera bestia, cuya llaga mortal había sido curada. Y realiza grandes signos, incluso hace bajar fuego del cielo a la tierra, en presencia de los hombres. Y engaña a los habitantes de la tierra mediante los signos que se le concedió realizar en presencia de la bestia, diciendo a los habitantes de la tierra que hiciesen una imagen de la bestia que tenía la herida de espada, pero que ha sobrevivido. Se le concedió infundir espíritu a la imagen de la bestia, de modo que la imagen de la bestia pudiera hablar e hiciera morir a cuantos no adorasen la imagen de la bestia». (Apoc 13, 12-18)*

Milenarismos

La Palabra de Dios parece clara sobre el milenio, pero no son tan claras las interpretaciones.

El **milenarismo** o *quiliasmo* del gnóstico Cerinto defiende que con la segunda venida de Cristo viene un *sabbat* de descanso, comer, beber y todos los excesos carnales sin límites. Fue rápidamente condenado por los Padres. Algo similar defiende Mahoma.

El **judeocristianismo** añade que los resucitados deben circuncidarse de nuevo y seguir la Torá. También han sido condenados por la Iglesia. Los judíos defienden algo semejante en la espera del Mesías, pues no aceptan a Jesús, salvo los judíos mesiánicos.

Amilenarismo es la doctrina según la cual Cristo volverá para reinar sobre la Tierra antes del último combate contra el mal, produciendo la condena del diablo a perder toda su influencia para la eternidad y comenzar el Juicio Universal. Tuvo influencia en la Iglesia del siglo IV de la era cristiana, en la Edad Media y durante el siglo XX entre teólogos. La Iglesia no ha dicho nada, pero contiene muchas herejías materiales, pues contradice muchas cosas de la Sagrada Escritura.

Milenarismo mitigado es el único citado en el Catecismo, diciendo que no es seguro predicar la venida visible de Cristo.

En 1790 del jesuita chileno Manuel Lacunza culminó en Imola su obra *La venida del Mesías en gloria y majestad,* claramente milenarista. Anteriormente persistía el milenarismo como una corriente marginal y esporádica en el seno de la Iglesia Católica. El libro de Lacunza, en todo caso, fue incluido en el índice, pero fue muy recomendado por autores como Torres Amat, renombrado traductor de la Vulgata. El Santo Oficio prohíbe predicarlo o divulgarlo en 1824, pero no hay una condena categórica. Actualmente, es recordado entre algunos católicos tradicionalistas y protestantes fundamentalistas.

Milenarismo. Ya vimos que es fundamental para Joaquín de Fiore sin ser condenado por la Iglesia en el siglo XII. Puede ser aceptado como concorde a la Escritura y el Dogma.

Características del milenio

Reinado eucarístico. Ezequiel dice: *Haré con ellos una alianza de paz, una alianza eterna. Los estableceré, los multiplicaré y pondré entre ellos mi santuario para siempre; tendré mi morada junto a ellos, yo seré su Dios, y ellos serán mi pueblo.*[85]

Mateo añade:

> *Después tomó el cáliz, pronunció la acción de gracias y dijo: «Bebed todos; porque esta es mi sangre de la alianza, que es derramada por muchos para el perdón de los pecados. Y os digo que desde ahora ya no beberé del fruto de la vid hasta el día que beba con vosotros el vino nuevo en el reino de mi Padre».*[86]

Y Lucas dice: *Nadie echa vino nuevo en odres viejos.*[87]

A su vez, el Apocalipsis muestra la Iglesia renovada:

---

[85]   Ez 37, 27-28
[86]   Mt 26, 28.
[87]   Lc 5, 37.

Y vi un cielo nuevo y una tierra nueva, pues el primer cielo y la primera tierra desaparecieron, y el mar ya no existe. Y vi la ciudad santa, la nueva Jerusalén que descendía del cielo, de parte de Dios, preparada como una esposa que se ha adornado para su esposo. Y oí una gran voz desde el trono que decía: «He aquí la morada de Dios entre los hombres, y morará entre ellos, y ellos serán su pueblo, y el "Dios con ellos" será su Dios». [88]

Jesucristo instituyó la Eucaristía para perpetuar su visibilidad ante el hombre. Dios quiere extenderla en el tiempo. Para ello hace del hombre Eucaristía viviente. En la nueva época el cuerpo transformado del hombre podrá ser también «cuerpo eucarístico transubstanciando». [89] El padre Gobbi añade: «Cuando haya instaurado su reino eucarístico, Jesús os conducirá a gozar de esta su habitual presencia que sentiréis de manera nueva y extraordinaria, y os llevará a experimentar un segundo, renovado y más bello Paraíso terrenal».

Las Escrituras son muy claras en cuanto a la segunda venida del Mesías en honor y majestad:

En aquel día levantaré el tabernáculo de David, que cayó; y repararé los portillos de sus muros, y repararé lo que había caído; y lo reedificaré como en los días antiguos. [90] *En aquel día… reuniré aquella que cojeaba; y recogeré a aquella que ya había desechado, y afligido… y reinará el Señor sobre ellos en el monte de Sión, desde ahora y hasta en el siglo… y vendrá el primer imperio, el reino de la hija de Jerusalén.* [91]

---

[88] Apoc 2. 3.
[89] Yagüe, A. (2022). *Guadalupe: Milenario río de luz.* p. 462.
[90] Santiago.
[91] Sofonías y Miqueas.

Isaías dice: *(…) se sentará sobre el solio de David, y sobre su reino; para afianzarlo, y consolidarlo en juicio y en justicia, desde ahora y para siempre… Y le dará el Señor Dios el trono de David su padre.*[92]

Y añade el salmo: *Juró el Señor verdad a David, y no dejará de cumplirla: del fruto de tu vientre pondré sobre tu trono.*[93]

Y Jeremías:

Mirad que vienen los días, dice el Señor, y levantaré para David un pimpollo justo; y reinará rey, que será sabio; y hará el juicio y la justicia en la tierra. En aquellos días se salvará Judá, e Israel habitará confiadamente… y no dirán ya más: Vive el Señor, que sacó a los hijos de Israel de la tierra de Egipto. Sino: Vive el Señor, que sacó y trajo el linaje de la casa de Israel de la tierra del Norte, y de todas las tierras, a las cuales los había yo echado allá; y habitarán en su tierra.[94]

Ezequiel, desde el versículo 20 hasta el fin, donde se leen entre otras estas palabras:

Y morarán sobre la tierra que di a mi siervo Jacob… y David mi siervo será príncipe de ellos perpetuamente. Y haré con ellos alianza de paz, alianza eterna tendrán ellos; los cimentaré, y multiplicaré, y pondré mi santificación en medio de ellos por siempre.

---

92 Isaías.
93 Salmo CXXXI.
94 Jeremías 33.

Y estará mi Palabra, que vio Isaías, hijo de Amós, sobre Judá y Jerusalén. Y en los últimos días estará preparado el monte de la casa del Señor en la cumbre de los montes, y se elevará sobre los collados, y correrán a él todas las gentes. E irán muchos pueblos, y dirán: Venid, y subamos al monte del Señor, y a la casa del Dios de Jacob, y nos enseñará sus caminos, y andaremos en sus senderos; porque de Sión saldrá la ley, y la palabra del Señor de Jerusalén. Y juzgará a las naciones, y convencerá a muchos pueblos; y de sus espadas forjarán arados, y de sus lanzas hoces; no alzará la espada una nación contra otra nación, ni se ensayarán más para la guerra.[95]

La conversión del pueblo judío y la paz se darán entre la segunda venida de Cristo y la definitiva al final del tiempo. Si no fuese así, no sería verdad la Palabra de Dios de las profecías. Concuerdan perfectamente, entre otras innumerables profecías, todo el capítulo LX de Isaías; todo el capítulo V de Baruc; los capítulos XXX y XXXI de Jeremías; el último capítulo de Zacarías, etc.; todo lo cual lo hace servir San Juan en el capítulo XXI de su Apocalipsis.[96]

---

[95] Isaías II.

[96] Lacunza, M. (2022). *La venida del Mesías en gloria y majestad: Tomo II.* Edición de Kindle. p. 494-496.

El Espíritu Santo es enviado
por el Padre y el Hijo

El Espíritu Santo abre las inteligencias y mueve los corazones. Los Apóstoles lo experimentaron al aprender la Palabra de Dios en la Torá. Con Jesús Maestro es mayor la apertura. Con la Resurrección y Pentecostés crece la apertura mental. En los Hechos de los Apóstoles sigue actuando. Pero en la nueva Edad, al estar ligado Satanás y su oscuridad, es posible una mayor iluminación. Además, se realiza una regeneración en la que los fieles adquieren una renovación como Adán y Eva antes del pecado, o más por la gracia de Cristo. Lo mismo ocurre en la afectividad y en la voluntad. Al final de los mil años se da una recapitulación en la que Cristo será todo en todos[97].

El Padre es Amor fontal, el Hijo es la Palabra que sale del Silencio, es la Sabiduría de la Inteligencia divina. Pero el Hijo no es una Sabiduría abstracta y fría, sino un Verbo que respira Amor, que es el Espíritu Santo, el dulcísimo beso de su boca. Ya hemos visto cómo actúa en la edad del Hijo. En la tercera edad actúa esencialmente con el don de entendimiento y sabiduría que perfeccionan la fe, acercándola a la visión, y la caridad. Se le atribuyen otros dones: **inspiraciones, carismas, divinos impulsos, luces, conversiones fervientes, perdón, regeneración, renovación y santificación**. Conduciendo a la Iglesia, que se puede llamar de

---

[97] Ef 11-14.

Juan, sin dejar de ser la Iglesia de Pedro. Se realizan en ella todos los carismas que enseña San Pablo:

Y hay diversidad de carismas, pero un mismo Espíritu; hay diversidad de ministerios, pero un mismo Señor; y hay diversidad de actuaciones, pero un mismo Dios que obra todo en todos. Pero a cada cual se le otorga la manifestación del Espíritu para el bien común. Y así uno recibe del Espíritu el hablar con sabiduría; otro, el hablar con inteligencia, según el mismo Espíritu. Hay quien, por el mismo Espíritu, recibe el don de la fe; y otro, por el mismo Espíritu, don de curar. A este se le ha concedido hacer milagros; a aquel, profetizar. A otro, distinguir los buenos y malos espíritus. A uno, la diversidad de lenguas; a otro, el don de interpretarlas. El mismo y único Espíritu obra todo esto, repartiendo a cada uno en particular como él quiere. Pues, lo mismo que el cuerpo es uno y tiene muchos miembros, y todos los miembros del cuerpo, a pesar de ser muchos, son un solo cuerpo, así es también Cristo. Pues todos nosotros, judíos y griegos, esclavos y libres, hemos sido bautizados en un mismo Espíritu, para formar un solo cuerpo. Y todos hemos bebido de un solo Espíritu.[98]

En la Iglesia del Hijo florecieron muchos carismas no solo entre los primeros cristianos, también en la actualidad, pero en la edad de Espíritu Santo serán más abundantes, pues son dones para el bien de la comunidad.

---

[98] 1 Co 12, 12.

Características de la nueva edad

Esta edad será un tiempo de contemplativos. «No, la vida contemplativa no cesará ni podrá cesar mientras dura la Iglesia. Si la arrojan de los monasterios, se retirará de nuevo a semejanza de la gloriosa mujer apocalíptica, perseguida por el dragón (*cfr.* Apoc 12, 6-14) a los desiertos o las catacumbas, y por de pronto, al íntimo retiro de los corazones, donde verdaderamente está el Reino de Dios, y a donde ningún profano puede penetrar»[99]. En el reinado de Cristo será muy abundante la santidad, siguiendo una vida contemplativa en medio del mundo a través del trabajo.

Sin embargo, al final del milenio sucederá lo que se dice en el Apocalipsis:

Escribe al ángel de la Iglesia en Laodicea: Esto dice el Amén, el testigo fiel y veraz, el principio de la creación de Dios. Conozco tus obras: no eres ni frío ni caliente. ¡Ojalá fueras frío o caliente! Pero porque eres tibio, ni frío ni caliente, estoy a punto de vomitarte de mi boca. Porque dices: «Yo soy rico, me he enriquecido, y no tengo necesidad de nada»; y no sabes que tú eres desgraciado, digno de lástima, pobre, ciego y desnudo. Te aconsejo que me compres oro acrisolado al fuego para que te enriquezcas; y vestiduras blancas para que te vistas y no aparezca la vergüenza de tu desnudez; y colirio para untarte los ojos a fin de que veas. Yo, a cuantos amo, reprendo y corrijo; ten, pues, celo y conviértete. Mira, estoy de pie a la puerta y llamo. Si alguien escucha mi voz y abre la puerta, entraré en su casa y cenaré con él y él conmigo. Al vencedor le concederé sentarse conmigo en mi trono, como yo he vencido y me he

---

[99] Arintero. (1986). *La Evolución mística.* Salamanca. Editorial Satensteban.

sentado con mi Padre en su trono. El que tenga oídos, oiga lo que el Espíritu dice a las iglesias.[100]

La tibieza de esta iglesia puede ser debida al acomodamiento sin lucha por ascender en el amor. En esta edad del Espíritu Santo se cumplen las peticiones del Padrenuestro, repetidas millones de veces por los cristianos.

«Padre nuestro que estás en el cielo, santificado sea tu nombre, venga a nosotros tu reino, hágase tu voluntad en la tierra como en el cielo, danos hoy nuestro pan de cada día, perdona nuestras ofensas, como también nosotros perdonamos a los que nos ofenden, no nos dejes caer en la tentación y líbranos del mal». En la versión de Mateo.[101]

Lo primero y lo último es alabar al Padre como hijos y santificar su nombre, pero a continuación, mirando a la tierra, dice:

«Venga a nosotros tu reino». Y la mayor parte de los Evangelios trata sobre este Reino, que al comienzo es como una semilla y al final un árbol frondoso. Que no se realiza ahora en este mundo, sino en su momento.

Veamos las peticiones:

«Líbranos del mal». Aunque es más correcto decir «líbranos del Malo». Este tema del mal ha sido origen de enigma entre los pensadores y de todos, en algún momento. La solución de Agustín es que el mal es privación del bien debido, así no culpa a Dios, pero llevado al extremo, la privación es nada, y la nada no es, y el sufrimiento sí es muy real. El mal es muy real en la vida de los hombres: el sufrimiento en la enfermedad, la muerte, en las injusticias,

---

[100] Apoc 3, 14-22.
[101] Mt 6, 9-13.

en las guerras. El mal son las Tinieblas. El mal reside en Satanás, libre, inteligente, poderoso y maligno, unido al tercio de los ángeles creados que le siguieron y son los demonios. Múltiples son los hechos visibles que corroboran esta afirmación en las posesiones, infestaciones y mil actividades, además de la experiencia de todos de que algo les tienta y arrastra al pecado. La Revelación es clara en este punto desde la tentación a Adán y Eva[102] y la explicación de su soberbia[103].

En la antigüedad explicaron el mal los dualismos con la existencia de dos dioses, uno bueno y otro malo, pero por definición Dios es ilimitado y no pueden coexistir dos dioses. En la modernidad, la cábala sostiene que el *ein sof* —equivalente a Dios— es bueno y malo, que se relacionan dialécticamente. Hegel toma esta idea de la masonería y de los rosacruces (en concreto, de Böhme) que usaban la cábala y dice que en Dios se da lo positivo, tesis, y lo negativo, antítesis, que se relacionan en un tercero que es la síntesis. Es decir, Dios es más o menos malo. Con esta lógica, que es una parodia de la Trinidad, dice que explica racionalmente todo. Marx toma este esquema de Hegel y dice que hay tres etapas: lucha de clases, dictadura del proletariado y comunismo, que es la etapa feliz. Una nueva parodia más desarrollada a partir de Hegel y lo malo en Dios, al que llaman la materia dialéctica. La multitud de herejías y muertes que ha sembrado y siembra nace de su mal origen.

El mal se da desde Adán y Eva por la acción de Satanás y sus demonios. Esto explica que se dé en todas las generaciones, también en cada uno. La Iglesia aconseja el bautizo de los niños cuanto antes.

---

[102]   Genesis 3.
[103]   Ezequiel 22, 5.

¿Por qué Dios permite la existencia del Diablo y su libertad limitada, pero real, que se advierte especialmente en la Cruz de Cristo? Es un misterio, pero podemos atisbarlo contemplando el mundo espiritual con un fuerte contenido real: intensidad del espíritu. Espíritu puro en Dios, espíritu en los ángeles y espíritu, alma y cuerpo en los hombres. Todo espíritu tiene una fuerte presencia de Dios y siempre es libre. Los hechos justifican esta aseveración. También se puede argumentar por reducción al absurdo por la crítica a todos los sistemas que no siguen esta solución. Pues bien, con la llegada de Cristo en su segunda venida queda anulado el mal, o mejor, es atado Satanás y sus ángeles. Concretando, se eliminará la muerte, las enfermedades, las guerras, las tentaciones. Aunque los hombres sigan siendo libres y puedan pecar, pero la liberación es enorme.

No nos dejes caer en la tentación. En la actual edad son importantes las tentaciones del diablo; en la siguiente, serán las del propio interior, como Adán y Eva antes del pecado.

Perdona nuestras ofensas, como también nosotros perdonamos a los que nos ofenden. No hay paz sin perdón y el perdón es una forma excelsa de amor.

Danos hoy nuestro pan de cada día. En la primera venida, el don principal es la presencia eucarística y la posibilidad de comulgar. En la segunda, será más intensa la presencia eucarística en los fieles, sin que se pueda precisar mucho más.

Hágase tu voluntad en la tierra como en el cielo. Como hizo Jesús en su vida terrena, cumpliendo la voluntad del Padre en obediencia amorosa perfecta. Después, hace posible vivir en la divina Voluntad, como en el siglo XX enseñan algunos místicos, como Luisa Picarreta.

Líbranos del Malo. En el Apocalipsis se profetiza:

Vi también un ángel que bajaba del cielo con la llave del abismo y una cadena grande en la mano. Sujetó al dragón, la antigua serpiente, o sea, el Diablo o Satanás, y lo encadenó por mil años; lo arrojó al abismo, echó la llave y puso un sello encima, para que no extravíe a las naciones antes que se cumplan los mil años. Después tiene que ser desatado por un poco de tiempo.[104]

---

[104]   Apocalipsis 20, 1-4.

Carismas

En la edad del Hijo ya se daban fenómenos concomitantes a la vida contemplativa. Es previsible que se dé con más intensidad en la edad del Espíritu Santo. Como dice Arintero en *La Evolución mística*: «Así, en los mayores raptos que durante la unión se padecen, puede llegar a ver en cierto modo su inefable inmensidad y, en el resplandor de esta gloria, a sí misma se ve ya como divinizada y sin mancha: cosa que la llena de confusión, acordándose de su antigua vileza, miserias y malicia. Pero aunque le parezca imposible que quepa mayor gloria que esta, aun no le es dado; contemplará a Dios como por la espalda; aun no distingue ni puede ver su cara, que es el Verbo de su virtud y sabiduría, ni al Espíritu de amor que exhala su boca: ve tan solo la unidad de naturaleza, pero aún no puede ver la distinción de Personas divinas en que están los principales encantos de la gloria de Dios. Lo ve, en fin, como criatura y sierva, más bien que como hija y esposa que conoce los íntimos secretos de familia, y sabe lo que hay en la casa de Dios».

Se dan también toques divinos, ansias, ímpetus, heridas de amor, raptos y vuelos, visiones exteriores o intelectuales, locuciones. Se activan unos sentidos interiores paralelos a los exteriores con los cuales se siente y gusta lo sobrenatural, como el olor de santidad. En los niveles de desposorio y matrimonio espiritual se dan muchos de estos fenómenos, como la quietud, las revelaciones privadas, conocer a distancia, bilocaciones, etc.[105]

---

[105] Arintero. (1986). *La Evolución mística*. Salamanca. Editorial Satensteban. pp. 470–510

La *Enciclopedia católica*[106] describe los carismas como gracias extraordinarias dadas para el bien de otros. Estos, o la mayoría de ellos, son enumerados por «palabra de sabiduría; a otro, palabra de ciencia según el mismo Espíritu; a otro, fe, en el mismo Espíritu; a otro, carismas de curaciones, en el único Espíritu; a otro, poder de milagros; a otro, profecía; a otro, discernimiento de espíritus; a otro, diversidad de lenguas; a otro, don de interpretarlas». A estos se les añaden los carismas de Apóstoles, profetas, doctores, ayudantes y gobierno. Estos dones extraordinarios fueron predichos por el profeta Joel[107] y Cristo se lo prometió a los creyentes.

En la vida de la Iglesia han sido frecuentísimos los carismas del Espíritu Santo, enriqueciendo la de una manera muy flexible. En la edad del Espíritu Santo seguirán muchos de ellos, pero un modo nuevo es la creatividad de la libertad del Espíritu Santo, que sopla donde quiere, y la libertad de los hijos de Dios. Es de notar que en los últimos años han sido muy frecuentes entre los laicos el recibir visiones y locuciones, así como iniciativas apostólicas muy fructíferas.[108] No podemos concretar más, pues la libertad divina

---

[106] Wilhelm, J. (1908). «Charismata». *The Catholic Encyclopedia*. Vol. 3. New York: Robert Appleton Company. <http://www.newadvent.org/cathen/03588e.htm>. Traducido por Rey Bonachea. L. H. M.

[107] Joel 2, 28.

[108] Congar cita algunos carismas espectaculares de la edad del Hijo. «La oración en lenguas, algo que no pertenece a nuestro espíritu consciente, sino a esta presencia o habitación del Espíritu en nosotros. Milagros y curaciones. Efectivamente, si se producen curaciones físicas, es mayor el número de las espirituales, interiores o, si se quiere, psíquicas. La curación espiritual es el acceso a la verdad de nuestra relación con Dios. Toda la actividad pastoral de la Iglesia, palabra y sacramentos, tiende a lograr tal meta. La curación interior "es una sanación del psiquismo". No afecta inmediatamente a la relación con Dios y la vida teologal, sino a la organización de nuestra inteligencia, de nuestra voluntad, de nuestra memoria y de nuestra afectividad sensible».

El discernimiento. Es un acto complejo, que exige el ejercicio de una plétora de medios humanos y de dones del Espíritu. Aquellos que la teología clásica coloca entre los

llevará a nuevas formas de santidad. En la actualidad se dan los carismas que enumera San Pablo para los primeros cristianos. Yo los he visto en varias ocasiones. Son frecuentes en la Renovación Carismática y en los pentecostales católicos o protestantes. Es muy posible que surjan nuevos.

«Si en el cuerpo humano hay ya tan numerosos órganos y tan innumerables elementos orgánicos o anatómicos porque, con funciones tan variadas, ¿qué deberá suceder en el vastísimo Cuerpo de la Iglesia? En solo el cerebro tenemos muchos millones de células o neuronas, sin que ninguna sobre ni deje de tener su manera de función especial; pues cada ínfimo elemento tiene su peculiar oficio, con algún matiz que le distingue de los otros; y todos son necesarios para que la vida natural pueda mostrarse plenamente, y para que de esa variedad resulte la solidaridad y armonía. Luego, con más razón en el portentoso organismo de la Iglesia, para que la vida divina se manifieste plenamente, es preciso que cada elemento, cada simple fiel, tenga su manera de misión especial a que en todo debe atenerse para ser perfecto en su orden, o según su medida, y contribuir así por su parte a que lo sea todo el Cuerpo Místico».

«En la Iglesia, los miembros que sirven al movimiento están representados por los fieles consagrados a la vida activa; y entre ellos debe haber inferiores y superiores, así como hay en nuestro cuerpo pies y manos. Los órganos sensitivos que sirven a la percepción representan a los fieles de vida contemplativa: los ojos son los grandes doctores, los sabios verdaderamente iluminados, que ven y contemplan la verdad; los maestros ordinarios, encargados de enseñarla, son como la lengua; y los oídos son los discípulos que la

---

de inteligencia, ciencia, consejo y de sabiduría deben entrar en juego si el Espíritu Santo los otorga. Él sopla donde quiere. El de «consejero» es uno de sus títulos.

escuchan. En la Iglesia debe haber maestros y discípulos; de otro modo sería un organismo incompleto, como aquel que todo fuera ojos, sin lugar para el oído. Y si todo se redujera a estos dos órganos, ¿dónde estarían los demás sentidos necesarios, es decir, el olfato, el tacto y el gusto? En la Iglesia hay muchos que son incapaces aun de comprender las palabras de la divina Sabiduría; y, sin embargo, las perciben como de lejos y se sienten atraídos por la suavidad de su fragancia» (Cant 1, 3).[109]

Otros dones profetizados

Ausencia de Satanás y los suyos. La vida contemplativa se dará con las solas iluminaciones del Espíritu Santo. Las guerras, herejías y cismas no tendrán a su principal instigador.

Inmortalidad. No se da ahora, pero no morir en el cielo no parece. Hace falta un tiempo, que es el milenio profetizado.

Es necesario conectar la envidia del diablo con la muerte. La victoria de Cristo sobre el diablo va unida a su victoria sobre la muerte. Es notorio que los que se mueven en círculos más o menos diabólicos sienten un atractivo por la muerte muy grande: cine de terror, disfraces, orgías en cementerios, sacrificios humanos y otras acciones oscuras. La inmortalidad va unida a la regeneración del ser humano, que ya veremos, y a una duración distinta.

Paz. Estos XX siglos han sido de guerras constantes, y ahora con más intensidad, y se pronostica una guerra nuclear. Después de las dos guerras mundiales se crea la Sociedad de Naciones y, en 1948, se establece la Declaración de los Derechos Humanos. No han servido para mucho. La ONU propaga el aborto como

---

[109] Arintero. (1986). *La Evolución mística*. Salamanca. Editorial Satensteban. p.649-652.

derecho y hay muchísimas guerras. La paz es un don de Dios, no solo de diálogo.

Rey descendiente de David ya cumplida, pero se profetiza un hijo varón que tendrá el cetro y será el vicario real de Cristo Rey y una organización monárquica.

Traerá una nueva Ley. Ya cumplida, y se desarrollará más intensamente la ley de la gracia y la libertad.

Prosperidad material. No puede ser en el cielo.

Alcanzará el perdón de los pecados, ya iniciado. Con la Resurrección de Cristo, los creyentes se convierten en hijos de Dios, de Dios nacidos, endiosados. Disfrutan de la libertad de los hijos de Dios en el alma y en el espíritu. Esta nueva condición se extenderá al cuerpo y a la Iglesia en su conjunto.

Portador de un sacrificio nuevo, ya cumplido.

Resurrección, ya iniciada, pero se extenderá con la resurrección de las primicias y, en el juicio final, la resurrección de todos.

Nuevos cielos y nueva tierra. El cielo fue creado por Jesús el Sábado Santo en el descenso al lugar de los muertos llamado Seol. Cristo crea para los justos una nueva vida en Dios que llamamos cielo. Pero falta esa nueva tierra, quizá fruto del progreso de los hombres y mujeres transformados y de los resucitados.

Hombre nuevo. Las revoluciones de los últimos siglos y muchos movimientos religiosos pretenden alcanzar un Hombre nuevo. Pero los fracasos son sonados, incluso rebajando y maltratando a los hombres y mujeres concretos. El Hombre nuevo solo se puede alcanzar por un don gratuito de Dios. La regeneración de Adán ha comenzado en el alma con la Filiación divina, pero requiere tiempo para que alcance el cuerpo y el alma de hombres y mujeres. Eso es lo propio de la edad del Espíritu Santo.

Veámoslos con más detalle.

Regeneración. Este es el gran don de la edad del Espíritu Santo. En la primera epístola a los corintios San Pablo dice: «No todos moriremos, pero todos seremos transformados»[110], después de la gran desolación en la que morirán dos tercios de la humanidad, los que permanezcan vivos serán transformados. Será como volver a la condición de Adán y Eva, pero mejor. Se curarán las heridas del pecado original y de los pecados humanos. Se apartará la oscuridad y la ignorancia de las inteligencias, dándoles mayor agudeza. Se fortalecerá la voluntad con más fortaleza y capacidad de amar. Se ordenarán las pasiones y emociones, dando más intensidad a los actos virtuosos. Los sentidos serán más perfeccionados, sin sorderas, cegueras e insensibilidad del tacto, el gusto y el olfato. El cuerpo sanará de tantas enfermedades como lo atacan y recuperará el modo juvenil, además de la inmortalidad. La comunicación intuitiva crecerá. Es decir, serán el Hombre Nuevo tan deseado por muchos y solo posible a la acción de Dios. La complementariedad de varón y mujer será armoniosa. Pero lo más importante será la inhabitación de la Santísima Trinidad en el espíritu y el alma que comenzó en el Bautismo, crecerá en intensidad, haciendo a los seres humanos hijos de Dios, herederos de la vida eterna y poseedores de la libertad de los hijos de Dios.

Al final del milenio se dará la Recapitulación, por la que Cristo es definitivamente la Cabeza de toda la humanidad en la gloria de Dios Padre. Y la muerte ya no tendrá poder sobre los hombres (Apoc. 20). Se añadirán a los dones del Espíritu Santo los progresos alcanzados por hombres y mujeres transformados o resucitados.

Inspiraciones, apariciones, visiones, locuciones, cambios de corazón y otros fueron frecuentes en la edad del Hijo. En la ac-

---

[110] 1 Co 15, 51.

tualidad se dan en muchos fieles. Yo soy testigo de bastantes. Es de suponer que abunden en la edad del Espíritu Santo.

Santificación. Las virtudes teologales, fe, esperanza y caridad crecen en una auténtica santidad. También se perfeccionan las virtudes humanas, dando gran facilidad a todas las acciones. Los dones del Espíritu Santo crecerán mucho y los frutos serán abundantes.

Resurrección de las primicias. Ya vimos en Apocalipsis 20 que se dará una «primera resurrección». San Pablo habla también de ello (1 Co 15, 49). Parece ser que esas primicias, a las que seguirán muchas en sucesivas oleadas, tienen una misión en la evangelización mundial. Sus características de claridad y agilidad en el desplazamiento espacial y temporal serán, como se lee muchas veces en los Evangelios en Jesús resucitado. En la edad del Hijo han existido muchos contemplativos, algunos han experimentado fenómenos extraordinarios por especial don de Dios. Pero hay dos que seguirán en los resucitados: «el rapto y la bilocación», muy demostrados en algunos como en Padre Pío, la beata Ágreda y Santa Gertrudis, que llevan a un especial dominio sobre el espacio y el tiempo. La resurrección de todos los muertos será al final del tiempo para el juicio final.

Instauración del Reino de Dios. Además de todos esos dones individuales se realizará el Reino tantas veces profetizado. Ya vimos que será un Reino eucarístico en que Cristo estará presente en muchos en una como transubstanciación personal. Todo eso con una nueva organización social. Jesucristo es sacerdote, profeta y rey y tendrá dos vicarios. El vicario sacerdotal será el sucesor de Pedro, el papa. El vicario real será el hijo varón que regirá al mundo con cetro de hierro como es mostrado en Apocalipsis 12, y en otros lugares como Siloh y germen, que en revelaciones privadas se llama Gran monarca. El sacerdocio profético se dará en todos los bautizados.

En Israel fue constante la tendencia a los buenos gobernantes centrados en la monarquía de David, a pesar de los consejos en contra del profeta Samuel. De hecho, la mayoría de los reyes trajeron múltiples desgracias salvo Josías y Ezequías. Desde el exilio de Babilonia se perdió la monarquía.

En la Cristiandad con Teodosio, el Emperador tiene un papel también eclesiástico. Con las invasiones bárbaras desaparece junto a la caída del imperio romano. Clodoveo inaugura un nuevo Reino cristiano entre los francos. Después de subir Carlos Martel al trono por la fuerza, los carolingios intentaron alcanzar una legitimidad religiosa haciendo venir de Bagdad un príncipe descendiente de David, y emparentaron con ellos muchos reyes y príncipes en Francia y España. En toda la Edad Media existen muchos gobernantes cristianos y algunos, reyes y reinas, son canonizados por la Iglesia y venerados hasta hoy como defensores de causas justas. Luis XIV rompe esa continuidad al rechazar consagrarse al Sagrado Corazón como se lo pedía Jesucristo en sus apariciones a Santa Margarita María de Alacoque. En su corte se cometían todo tipo de pecados, incluidos misas negras. Al poco, llegará la revolución francesa, matan a Luis XVI y entronizan a la diosa razón en Notre Dame. La soberanía de la nación pasa de Dios al pueblo, y la decadencia laicista se prolonga hasta nuestros días. Hay intentos de controlar a los gobernantes desde fuera, no como antes desde la Conciencia y la Justicia divina; se inventa la separación de poderes, los contrapesos de parlamentos y otros montajes bastante eficaces, pero el desprestigio de los gobernantes es muy grande, a pesar de todas las astucias. De ahí que Dios quiera instaurar un gran monarca vicario de Cristo Rey. La dinastía de los Borbones en Francia enlaza con la de los Capetos y de los carolingios que intentaron unir su legitimidad a la descendencia de David. Los

Borbones en Francia desaparecen, pero permanecen en España. Podría venir de ellos el gran monarca.

Se darán leyes nuevas según la Ley de Dios. Actualmente hay muchas leyes contra Dios y una soberanía no basada en Dios sino en el pueblo, por lo que no pueden ser seguidas y obedecidas en conciencia.

La economía superará las deformaciones de la actualidad. El dinero se basa en el trabajo y la confianza. Valor de uso y valor de cambio. Para el intercambio se han utilizado piedras, sal, madera, metales de hierro, oro, plata, papeles, papeles firmados, contabilidad en números digitales. Con un problema radical, mucho dinero es pura mentira porque son puramente contables: hacer dinero del dinero (Aristóteles estaría escandalizado), y así estallan burbujas periódicamente y el dinero se convierte en un ídolo, el estiércol del diablo. Los bancos toman crédito de los clientes y lo prestan dos, cinco o cincuenta veces. Es decir, crean dinero que no existe. Lo mismo ocurre con la deuda de los estados, que no existe y crean ilusiones. Pero son aceptados y funcionan sin pensar demasiado, hasta que alguien exija la realidad. Ahora crece la riqueza de los ricos contablemente y aumenta la desigualdad con los pobres por la que claman todos los profetas. El problema es la especulación excesiva que, de vez en cuando, se autodestruye creando miseria. Pero si es mundial, será una enorme catástrofe. En el Reino de Cristo la economía será diferente, sin robos disfrazados como se ve en la actualidad.

El arte es expresión de la belleza que llega a la mente y al corazón. En los últimos tiempos es posible ver el rastro del diablo en muchas actividades que llaman arte, pero es basura. Pinturas repugnantes de ver. Música llena de ruido que impide pensar. Imágenes que llenan de ficción la imaginación. De hecho, las formas artísticas de la edad del Hijo mejores han sido inspiradas por la espiritualidad, especialmente la cristiana.

En algunas épocas se advierten briznas de este Reino y se escriben utopías como la de Santo Tomás Moro, Campanella y otros. Ya más lejos de Dios se organizarán sociedades utópicas sin propiedad, sin familia, sin Dios y suelen finalizar con miseria y muerte. Pero el deseo de un reino justo existe.

El Reino mesiánico será el de Cristo Rey en su segunda venida y como Rey y Juez en el Juicio Final.

Final de la nueva edad

Al final del milenio sucederá la batalla de Harmaggedón, un tiempo breve en que se deja suelto a Satanás.

(…) cuando se cumplan los mil años, Satanás será soltado de la prisión. Y saldrá para engañar a las naciones de los cuatro lados de la tierra, a Gog y Magog, y congregarlos para la batalla; serán innumerables como las arenas del mar. Avanzaron sobre la anchura de la tierra y cercaron el campamento de los santos y la ciudad predilecta, pero bajó fuego del cielo y los devoró. El diablo que los había engañado fue arrojado al lago de fuego y azufre con la bestia y el falso profeta, y serán atormentados día y noche por los siglos de los siglos. Vi un trono blanco y grande, y al que estaba sentado en él. De su presencia huyeron cielo y tierra, y no dejaron rastro. Vi a los muertos, pequeños y grandes, de pie ante el trono. Se abrieron los libros y se abrió otro libro, el de la vida. Los muertos fueron juzgados según sus obras, escritas en los libros. El mar devolvió a sus muertos, Muerte y Abismo devolvieron a sus muertos, y todos fueron juzgados según sus obras. Después, Muerte y Abismo fueron arrojados al lago de fuego —el lago de fuego es la muerte segunda—. Y si alguien no estaba escrito en el libro de la vida fue arrojado al lago de fuego[111].

---

[111] Apoc 22.

María, Reina y Madre de la Iglesia

María es Madre de la Iglesia y esposa del Espíritu Santo. En esta nueva edad es comprensible que tenga un gran papel. El Verbo se encarnó en Jesús, el Espíritu Santo no se encarna en María como dijeron algunos herejes,[112] pero tiene en Ella una presencia muy superior a la de todos los santos de modo que ella es Sede de la Sabiduría. Su maternidad de la Iglesia se manifiesta en conseguir dones jerárquicos (Iglesia de Pedro) y carismáticos (Iglesia de Juan) de una manera nueva a lo dado en la Iglesia del Hijo.

Pablo VI, al final del Concilio Vaticano II, así lo declara: «Y ciertamente que debe encuadrarse en la visión de la Iglesia la contemplación amorosa. Así, pues, para gloria de la Virgen y consuelo nuestro, nos proclamamos a María Santísima Madre de la Iglesia».

Pío XII enseña que «con razón ha creído siempre el pueblo cristiano, aun en los siglos pasados, que Aquella, de la que nació el Hijo del Altísimo, que «reinará eternamente en la casa de Jacob» y [será] «Príncipe de la Paz», «Rey de los reyes y Señor de los señores», por encima de todas las demás criaturas recibió de Dios singularísimos privilegios de gracia. Y considerando luego las íntimas relaciones que unen a la madre con el hijo, reconoció fácilmente en la Madre de Dios una regia preeminencia sobre todos los seres».[113] Cita muchos santos que la proclaman reina de la creación, reina del mundo, y añade: «La Beatísima Virgen ha de ser proclamada reina no tan solo por su divina Maternidad, sino también en razón de la

---

[112]   de Bohemia, G. *Ana Frank.*

[113]   Pío XII. (1954). *Ad caeli reginam.* n.º 4.

parte singular que por voluntad de Dios tuvo en la obra de nuestra eterna salvación».[114] Procuren, pues, todos acercarse ahora con mayor confianza que antes, todos cuantos recurren al trono de la gracia y de la misericordia de nuestra Reina y Madre, para pedir socorro en la adversidad, luz en las tinieblas, consuelo en el dolor y en el llanto, y, lo que más interesa, procuren liberarse de la esclavitud del pecado, a fin de poder presentar un homenaje insustituible, saturado de encendida devoción filial, al cetro real de tan grande Madre.[115] En la edad del Espíritu, esta realeza tendrá un verdadero dominio subordinado al Rey en todo el milenio.

---

[114]   *Ibid.* n.º 14.
[115]   *Ibid.* n.º 20.

La Iglesia de Juan

La Iglesia, durante el milenio, será la Iglesia de Pedro siempre, pero en la edad del Espíritu Santo será más marcada como Iglesia de Juan. En los primeros dos mil años de la Iglesia, el Papado ha sido fundamento de la fe. En el siglo X se da el cisma de Oriente y el siglo hierro del Papado, que influyen en la historia de la Iglesia como una división y un desprestigio. En el siglo XIV se produce el Cisma de Occidente, en el que durante setenta años se dieron dos y hasta tres Papas. Esto fue un escándalo para muchos, y poco después surge el Renacimiento, más centrado en la cultura grecolatina. Le sigue Lutero, que divide de nuevo a la Iglesia y llama Anticristo a los Papas. Más adelante, surgirá la Ilustración, bastante anticristiana, y después el ateísmo, ya opuesto a Dios.[116]

El prestigio de la Iglesia estuvo sobre todo en los monjes y los religiosos, con una actividad contemplativa bastante intensa. A esta se une la actividad civilizadora, formativa y apostólica. Fueron la Iglesia de Juan en la edad del Hijo. En la edad del Espíritu Santo se extenderá a los laicos, al modo como ya se advierte en el siglo XX en multitud de movimientos, fundaciones y nuevos caminos, uniendo trabajo y oración, familia y oración, ciencia y oración, cultura y oración.

---

[116] 1517. Lutero pone sus tesis en Wittenberg. Parte de Europa pierde a la Iglesia. 1717 se funda la masonería especulativa. Parte de Occidente pierde a Cristo. 1917, la revolución comunista en Rusia, el mundo pierde a Dios. El joven Marx, junto a Engels, decía que no alcanzará el final de la revolución hasta que se dé la revolución sexual, que se dio en 1968 y en la actualidad está en su apogeo.

Juan es uno de los Apóstoles que más intimidad tuvo con Jesús, designándose a sí mismo como el «discípulo que el Señor amaba»; durante la última Cena aparecen claras muestras de predilección de Jesús por Juan, apoyó la cabeza en el pecho del Señor y fue el único de los Doce presente al pie de la Cruz de Jesús, experimentando el doloroso consuelo de ser fiel hasta la muerte del Maestro.

Con el tiempo será una de las «columnas» de la Iglesia, como señala San Pablo, y fue el último superviviente del colegio apostólico. Desterrado en la isla de Patmos, tras la Ascensión es significativa su unión con Pedro; con él sube, baja y colabora en diversas tareas. Los Hechos de los Apóstoles dejan de contar cosas suyas después de los primeros meses tras Pentecostés, cuando convive con la Madre de Dios, cumpliendo el encargo del mismo Cristo. No conocemos ninguna narración de su convivencia con María Santísima hasta que esta subió en cuerpo y alma a los cielos. Debió ser muy intensa y en ella el Apóstol bebe en la fuente maternal de Aquella que experimenta como nadie lo divino, como hija de Dios Padre, Madre de Dios Hijo y Esposa de Dios Espíritu Santo. No es de extrañar que el Evangelio de Juan sea el más espiritual; ¿cómo no ver ahí la influencia de la Virgen María?

Sabemos por la Tradición algunos detalles de sus últimos años, que nos confirman su desvelo para que se mantuvieran la pureza de la fe y la fidelidad al mandamiento del amor fraterno. San Jerónimo cuenta que los discípulos le llevaban a las reuniones de los cristianos, pues debido a su ancianidad no podía ir solo, y que constantemente repetía: «Hijitos, amaos los unos a los otros». Ante su insistencia, preguntaron por qué decía siempre lo mismo, y San Juan respondió: «Es el mandamiento del Señor y, si se cumple, él solo basta».

Jesús vive la castidad de un modo célibe y virginal. Muchos de sus familiares se preguntarían con extrañeza por qué no se casaba a una edad en que los demás jóvenes ya lo hacían; además, era bien parecido y buena persona, pensarían. Cuando empezó a predicar, los que le escuchan también se preguntarían: ¿está casado? ¿tiene hijos? Al enterarse de su situación, les sorprende, pues parece muy normal y nada exaltado; además, no desprecia el matrimonio, pues su respeto a la familia y al matrimonio era grande. Por algo actúa así, piensan; además, es sabio, sabe más que nosotros y se mueve a otro nivel, y eso les basta. Juan era amado por su pureza, entre otros motivos.

Es designio divino que la Madre de Cristo sea Virgen y Madre, de modo que conserve la virginidad de alma y cuerpo antes, en y después del parto. Milagro singular que revela el querer divino. José es llamado a la alta tarea de protector de Jesús y María, como padre legal y esposo a los ojos de los hombres, viviendo un matrimonio virginal. Los Apóstoles casados deben ausentarse de sus hogares con consentimiento de sus esposas para dedicarse con cuerpo y alma a su vocación cuando fueron llamados por Jesús. Los que no estaban casados se conservaron célibes. Juan vive el celibato, como Jesús, toda su vida.

Un nuevo camino de amor quedaba abierto en la Iglesia. Pío XII llamará a la virginidad y el celibato apostólico «uno de los tesoros más preciosos que Cristo ha dejado en herencia a la Iglesia».[117]

Según los datos que nos proporcionan San Gregorio de Nisa, el Breviarium sirio de principios del siglo quinto y el Calendario de Cartago, la práctica de celebrar la fiesta de San Juan el Evangelista inmediatamente después de la de San Esteban es antiquísima.

---

[117] Evelyn Underhill (1875–1941). En la primera mitad del siglo XX y en pleno auge de la filosofía analítica y del existencialismo, sus trabajos sobre misticismo cristiano fueron los más leídos en los países de habla inglesa. Según Underhill, Juan era en esencia un místico de una experiencia interior profunda.

En el texto original del Hieronymianum (alrededor del año 600 d. C.), la conmemoración parece haber sido anotada de esta manera: «La Asunción de San Juan el Evangelista en Éfeso y la ordenación al episcopado de Santo Santiago, el hermano de Nuestro Señor y el primer judío que fue ordenado obispo de Jerusalén por los Apóstoles y que obtuvo la corona del martirio en el tiempo de la Pascua». Era de esperarse que en una nota como la anterior se mencionaran juntos a Juan y a Santiago, los hijos de Zebedeo; sin embargo, es evidente que el Santiago a quien se hace referencia es el otro, el hijo de Alfeo.

La frase «asunción de San Juan» resulta interesante puesto que se refiere claramente a la última parte de las apócrifas *Actas de San Juan*. La creencia de que San Juan, durante los últimos días de su vida en Éfeso, desapareció sencillamente, como si hubiese ascendido al cielo en cuerpo y alma, puesto que nunca se encontró su cadáver, una idea que surgió sin duda de la afirmación de que aquel discípulo de Cristo «no moriría», tuvo gran difusión y aceptación a fines del siglo II. Por otra parte, de acuerdo con los griegos, el lugar de su sepultura en Éfeso era bien conocido y aun famoso por los milagros que se obraban allí.

San Juan es sin duda un hombre de extraordinaria profundidad mística. Al amarlo tanto, Jesús nos enseña que esta combinación de virtudes debe ser el ideal del hombre, es decir, el requisito para un hombre plenamente hombre. Por eso el arte tiende a representar a San Juan como una persona suave y, a diferencia de los demás Apóstoles, sin barba. Es necesario recuperar a San Juan como modelo: el hombre capaz de recostar su cabeza sobre el corazón de Jesús, y precisamente por eso ser valiente para estar al pie de la cruz como ningún otro. Por algo Jesús le llamaba «hijo del trueno». Quizás antes para mal, pero una vez transformado en Cristo, para mayor gloria de Dios. El milenio será un tiempo de contemplativos al modo de Juan.

Juan es profeta.

El Apocalipsis es un libro profético que tiene a Juan como autor. Así lo expresa en el capítulo 10.

> *(…) cuando el séptimo ángel empuñe su trompeta y dé su toque, entonces, en esos días, se habrá cumplido el misterio de Dios, según la buena nueva que había anunciado a sus siervos los profetas». Y la voz del cielo que había escuchado se puso a hablarme de nuevo diciendo: «Ve a tomar el librito abierto de la mano del ángel que está de pie sobre el mar y la tierra». Me acerqué al ángel y le pedí que me diera el librito. Él me dice: «Toma y devóralo; te amargará en el vientre, pero en tu boca será dulce como la miel». Tomé el librito de mano del ángel y lo devoré; en mi boca sabía dulce como la miel, pero, cuando lo comí, mi vientre se llenó de amargor. Y me dicen: «Es preciso que profetices de nuevo sobre muchos pueblos, naciones, lenguas y reinos».* [118]

El Apocalipsis se entiende si se conocen a los profetas de Israel, a los que muchas veces transcribe casi literalmente, añadiendo que Cristo vence. El Apocalipsis se convierte en una profecía de consolación y esperanza de la que Juan es testigo privilegiado.

> *Revelación de Jesucristo, que Dios le encargó mostrar a sus siervos acerca de lo que tiene que suceder pronto. La dio a conocer enviando su ángel a su siervo Juan, el cual fue testigo de la palabra de Dios y del testimonio de Jesucristo de todo cuanto vio. Bienaventurado el que lee, y los que escuchan las palabras de esta profecía, y guardan lo que en ella está escrito, porque el tiempo está cerca. Juan a las siete iglesias de Asia.* [119]

---

[118] Apoc 1, 7-11.
[119] Apoc 1, 1-6.

El Evangelio eterno y los sentidos de la Sagrada Escritura

Los antiguos Padres de la Iglesia no estaban limitados por un solo significado del texto, sino que permitieron que el texto bíblico expresara su mensaje de diversas maneras. Estos modos diversos equivalen a los niveles de significado en un texto. A estos niveles de significado los llamamos «sentidos de la Escritura».

Existen dos sentidos básicos de la Escritura: el literal y el espiritual.

El sentido literal se refiere al significado de las palabras en sí mismas. Es «aquello que ha sido expresado directamente por los autores humanos inspirados». Este sentido ha sido descrito de muchas formas: sentido verbal o gramatical, sentido llano, el sentido que estaba en la intención del autor humano, el sentido que quería darle el autor divino, el sentido histórico e, incluso, el sentido obvio. En la base de todas estas descripciones está la idea de que «el sentido literal es el sentido significado por las palabras de la Escritura». El sentido literal se descubre mediante el estudio cuidadoso y atento del texto bíblico, usando todas las herramientas de interpretación disponibles, como ayudas gramaticales, evidencia arqueológica, análisis históricos y literales, estudios sociológicos y antropológicos, y cualquier otra cosa de la que se pueda echar mano para expandir los conocimientos personales sobre el contexto histórico y literario del texto, para así llegar a un mejor entendimiento del sentido literal del texto bíblico. La importancia del sentido literal había sido subrayada tiempo atrás por Santo Tomás de Aquino, quien reconoce que «todos los sentidos se encuentran en uno —el literal— que es el único a partir del cual cualquier otro argumento puede inferirse, y no de aquellos aludidos alegóricamente».

El sentido espiritual surge cuando lo que significan las palabras de un texto, sentido literal, tiene también otro significado que va más allá del literal. De la forma en que se desarrolló dentro del cristianismo, el sentido espiritual es «el expresado por un texto bíblico, cuando se lee a la luz del Espíritu Santo en el contexto del misterio pascual de Cristo y de la nueva vida que proviene de él».

En la época medieval, se distinguían tres sentidos espirituales:

El sentido alegórico se refiere al significado oculto bajo la superficie del texto; los autores de edades anteriores componían sus trabajos en un lenguaje velado. Por medio de la interpretación alegórica, la verdad era descubierta; donde había estado el misterio ahora había revelación.

El sentido tropológico se preocupa por las lecciones morales que pueden derivarse del texto bíblico.

El sentido anagógico representa un cambio de enfoque hacia el futuro, especialmente hacia el final de los tiempos y las últimas cosas.

El sentido pleno es un sentido profundo del texto, querido por Dios, pero no claramente expresado por el autor humano; se encuentra entre el sentido literal y el espiritual. El sentido pleno permite que el sentido literal permanezca, pero sostiene que el texto adquirió uno nuevo.

El catecismo de la Iglesia católica dice que «Para que las Escrituras no queden en letra muerta, es preciso que Cristo, Palabra eterna del Dios vivo, por el Espíritu Santo, nos abra el espíritu a la inteligencia de las mismas verdades» (*cf.* Lc 24, 45).[120] El Espíritu Santo es el que da inteligencia y sabiduría para alcanzar, sobre todo, el sentido pleno. Veamos algunos ejemplos.

La vida oculta de Jesús. Durante muchos siglos poco se iluminó estos treinta años. San Josemaría ve que es luz para descubrir que es el modelo para la santidad en medio del mundo.

También el sentido divino del trabajo. Durante muchos siglos se le vio como tareas de esclavos frente al ocio de los sabios. En ambiente cristiano se le vio como castigo fruto del pecado original. San Josemaría lo ve como bueno; es más, el trabajo es oración.

Otro sentido *plenior* de la vida oculta de Jesús es considerar su celibato como fundamento del celibato de muchos laicos. Mauro Leonardi.[121]

La vida pública manifiesta mejor la vocación sacerdotal y de religiosos y religiosas. Lo mismo cabe decir para la vocación a la virginidad.

La Sagrada Familia. No solo es modelo de toda familia, sino también de la masculinidad y la feminidad. San José es descubierto en el siglo XIX como Patrono de la Iglesia.

Pero cabe decir que está a nivel hipostático con y bajo María.[122] De ahí se puede llegar a que es Inmaculado en su concepción[123] y corredentor. La masculinidad de José refleja la de Dios Padre. Y todo varón participa en la persona del Padre, con su autoridad y creatividad. La feminidad, toda mujer, participa en la persona del Espíritu Santo, dador de vida, vínculo. Mujer y varón participan en

---

[120] CIC n.° 108.

[121] Leonardi, M. (2010). *Como Jesús*. Madrid. Ed. Palabra.

[122] Ferrer, J. *San José*. Ed. Arca de la Alianza.

[123] Maximiliano Kolbe. Citado en Ferrer, J.

la Persona del Hijo con una fraternidad que se hace especial en la amistad peculiar del Matrimonio.

La familia es reflejo de la comunión de las tres Personas divinas. La familia es comunión de amor y de vida, reflejo de la Trinidad. No se explica solamente con el amor de esposo y esposa, sino que debe existir un tercero en el amor, que son los hijos.

Progreso humano. Al no existir la oscuridad del Diablo, ni la ignorancia y la debilidad en los hombres y mujeres resucitados, es previsible un progreso grande, luminoso y humilde, lejos de derivaciones no deseadas.

En la edad del Espíritu Santo se darán muchos otros avances.

La Iglesia siempre es santa por su componente divino, es el cuerpo místico de Cristo, el templo del Espíritu Santo. Pero durante la edad del Hijo es santa con pecadores y necesitada de purificación. Es más, los sacramentos la purifican continuamente. En el final de Apocalipsis se manifiesta como la Esposa digna del Esposo que es Cristo.

Y vi un cielo nuevo y una tierra nueva, pues el primer cielo y la primera tierra desaparecieron, y el mar ya no existe. Y vi la ciudad santa, la nueva Jerusalén que descendía del cielo, de parte de Dios, preparada como una esposa que se ha adornado para su esposo. Y oí una gran voz desde el trono que decía: «He aquí la morada de Dios entre los hombres, y morará entre ellos, y ellos serán su pueblo, y el "Dios con ellos" será su Dios». Y enjugará toda lágrima de sus ojos, y ya no habrá muerte, ni duelo, ni llanto ni dolor, porque lo primero ha desaparecido. Y dijo el que está sentado en el trono: «Mira, hago nuevas todas las cosas». Y dijo: «Escribe: estas palabras son fieles y verdaderas». Y me dijo: «Hecho está. Yo soy el Alfa y la Omega, el principio y el fin. Al que tenga sed yo le daré de la fuente del agua de la vida gratuitamente. El vencedor heredará esto: yo seré Dios para él, y él será para mí hijo. Pero los cobardes, incrédulos, abominables, asesinos, impuros, hechiceros, idólatras y todos los mentirosos tendrán su parte en el lago que arde con fuego y azufre, que es la muerte segunda. Y vino uno de los siete ángeles que tenían las siete copas llenas de las siete últimas plagas, y me habló diciendo: "Mira, te mostraré la novia, la esposa del Cordero". Y me llevó en espíritu a un monte grande y elevado, y me mostró la ciudad santa de Jerusalén que descendía del cielo, de parte de Dios». [124]

La Iglesia, como esposa ya purificada y con una pléyade de hijos santos, está unida al Esposo de una manera plena. San Juan Pablo II hablaba de la primavera de la Iglesia que se da en la edad del Espíritu Santo.

---

[124] Apoc 21, 1-10.

Parusía

El anuncio de la venida de Cristo al final de los tiempos se contiene en todas las manifestaciones de la fe de la Iglesia, con el testimonio de los Padres, la liturgia y la doctrina del magisterio. La ausencia de una reflexión teológica a la altura de su trascendencia constituía un lamentable vacío. Hoy la situación ha cambiado. La renovada atención prestada a la escatología en general, así como la preocupación que suscita cuanto se refiere al futuro, ha reactivado el interés por la parusía. Procede, por consiguiente, considerar las enseñanzas teológicas que se desprenden de la afirmación de fe que venimos estudiando e indagar qué significa dicha afirmación para nosotros, para la comprensión del proceso histórico y para la praxis cristiana.

Parusía y fin de la historia. Los profetas llamaban a este tiempo «el día de Yavé». Los cristianos «el día del Señor» y también la parusía, término que entre los romanos indicaba la venida del emperador.

> *El Señor no retrasa su promesa, como piensan algunos, sino que tiene paciencia con vosotros, porque no quiere que nadie se pierda, sino que todos accedan a la conversión. Pero el Día del Señor llegará como un ladrón. Entonces los cielos desaparecerán estrepitosamente, los elementos se disolverán abrasados y la tierra con cuantas obras hay en ella quedará al descubierto. Puesto que todas estas cosas van a disolverse de este modo, ¡qué santa y piadosa debe ser vuestra conducta, mientras esperáis y apresuráis la llegada del Día de Dios! Ese día los cielos se disolverán incendiados y los elementos se derretirán abrasados. **Pero***

nosotros, según su promesa, esperamos unos cielos nuevos y una tierra nueva en los que habite la justicia.[125]

La primera conclusión que nos impone la fe en la parusía es muy simple: el devenir histórico es un proceso limitado, no indefinido ni interminable. La fe en la creación implica ya un límite temporal en el punto alfa de la historia (un comienzo absoluto); la esperanza en la parusía marca un límite en el punto omega (un término absoluto).

El tiempo de la historia es lineal, con principio y fin. No han faltado las representaciones cíclicas, sean antiguas (Grecia) o modernas; Nietzsche se emociona como si fuese una revelación al pensar que siempre será eterno, pues se repetiría siempre a sí mismo. Engels dice algo parecido.

En el Nuevo Testamento, la palabra parusía suele ir unida a epifanía, apocalipsis, manifestación, pues trae algo nuevo: la revelación de la realeza de Cristo y la consumación de su obra. Es la venida en poder como Señor. También se puede entender como la Pascua de la Creación.

Con todo, a la «espera próxima» de los primeros cristianos ha ido sucediendo paulatinamente una «espera lejana», y la razón es que no se ha sabido transmitir a la comunidad cristiana que la proximidad en cuestión era una situación de inminencia. Las secuelas de este paulatino adormecimiento de la conciencia escatológica han impreso un sesgo negativo a la conducta eclesial. Una Iglesia que ya no se siente —aunque se sepa teóricamente— la comunidad de los que esperan la venida del Señor Jesús y casi sin percibirlo se inclinará a instalarse en el mundo lo más cómodo posible.

---

[125] 2 Pe 3, 5-12.

Solo la memoria inquietante de la inminencia de la parusía puede liberar a la Iglesia para una función liberadora. Solo una Iglesia convencida de la real proximidad del Señor, que proclama de nuevo el maranata con la misma ansiedad expectante de los testigos de la resurrección. Es aquí donde hay que situar el papel de los signos de la parusía. Vivimos ya en un estadio escatológico de la historia de salvación; los presagios de la parusía pertenecen por derecho propio a este estadio. Su incerteza cronológica no los invalida, cumple la función de recordarnos permanentemente la índole última de nuestro tiempo. Eso es lo que confesamos en el credo: la venida de Cristo en gloria al final de los tiempos significa la culminación de su gesta creadora y salvadora; es la pascua que anhela desde siempre.[126]

---

[126] Ruiz de la Peña. (1996). *La Pascua de la creación*. Madrid. Escatología. BAC. pp. 123-146.

Venida final de Cristo en Honor, Majestad, Poder y Gloria

Entonces se parecerá el reino de los Cielos a diez vírgenes que tomaron sus lámparas y salieron al encuentro del esposo. Cinco de ellas eran necias y cinco eran prudentes. Las necias, al tomar las lámparas, no se proveyeron de aceite; en cambio, las prudentes se llevaron alcuzas de aceite con las lámparas. El esposo tardaba, les entró sueño a todas y se durmieron. A medianoche se oyó una voz: «¡Que llega el esposo, salid a su encuentro!». Entonces se despertaron todas aquellas vírgenes y se pusieron a preparar sus lámparas. Y las necias dijeron a las prudentes: «Dadnos de vuestro aceite, que se nos apagan las lámparas». Pero las prudentes contestaron: «Por si acaso no hay bastante para vosotras y nosotras, mejor es que vayáis a la tienda y os lo compréis». Mientras iban a comprarlo, llegó el esposo, y las que estaban preparadas entraron con él al banquete de bodas, y se cerró la puerta. Más tarde llegaron también las otras vírgenes, diciendo: «Señor, señor, ábrenos». Pero él respondió: «En verdad os digo que no os conozco. Por tanto, velad, porque no sabéis el día ni la hora».

Es como un hombre que, al irse de viaje, llamó a sus siervos y los dejó al cargo de sus bienes: a uno le dejó cinco talentos, a otro dos, a otro uno, a cada cual según su capacidad; luego se marchó. El que recibió cinco talentos fue enseguida a negociar con ellos y ganó otros cinco. El que recibió dos hizo lo mismo y ganó otros dos. En cambio, el que recibió uno fue a hacer un hoyo en la tierra y escondió el dinero de su señor. Al cabo de mucho tiempo viene el señor de aquellos siervos y se pone a ajustar las cuentas con ellos. Se acercó el que había recibido cinco talentos y le presentó otros cinco, diciendo: «Señor, cinco talentos me dejaste; mira, he ganado otros cinco». Su señor le dijo: «Bien, siervo bueno y fiel; como has sido fiel en lo poco, te daré un cargo importante; entra en el gozo de tu señor». Se acercó luego el que había recibido dos talentos y dijo: «Señor, dos talentos me dejaste; mira, he ganado otros dos». Su señor le dijo: «¡Bien, siervo bueno y fiel!; como has sido fiel en lo poco, te daré un cargo importante; entra en el gozo de tu señor». Se acercó también el que había recibido un talento y dijo: «Señor, sabía que eres exigente, que siegas donde no siembras y recoges donde no esparces, tuve miedo y fui a esconder tu talento bajo tierra. Aquí tienes lo tuyo». El señor le respondió: «Eres un siervo negligente y holgazán. ¿Con que sabías que siego donde no siembro y recojo donde no esparzo? Pues debías haber puesto mi dinero en el banco, para que, al volver yo, pudiera recoger lo mío con los intereses. Quitadle el talento y dádselo al que tiene diez. Porque al que tiene se le dará y le sobrará, pero al que no tiene, se le quitará hasta lo que tiene. Y a ese siervo inútil echadlo fuera, a las tinieblas; allí será el llanto y el rechinar de dientes.

El Apocalipsis habla del final del tiempo y la superación de toda mentira:

Vi un trono blanco y grande, y al que estaba sentado en él. De su presencia huyeron cielo y tierra, y no dejaron rastro. Vi a los muertos, pequeños y grandes, de pie ante el trono. Se abrieron los libros y se abrió otro libro, el de la vida. Los muertos fueron juzgados según sus obras, escritas en los libros. El mar devolvió a sus muertos, Muerte y Abismo devolvieron a sus muertos, y todos fueron juzgados según sus obras. Después, Muerte y Abismo fueron arrojados al lago de fuego —el lago de fuego es la muerte segunda—. Y si alguien no estaba escrito en el libro de la vida fue arrojado al lago de fuego.[127]

El Evangelio de Mateo recoge las palabras de Jesucristo sobre el final, el juicio y la parusía.

Cuando venga en su gloria el Hijo del hombre, y todos los ángeles con él, se sentará en el trono de su gloria y serán reunidas ante él todas las naciones. Él separará a unos de otros, como un pastor separa las ovejas de las cabras. Y pondrá las ovejas a su derecha y las cabras a su izquierda. Entonces dirá el rey a los de su derecha: «Venid vosotros, benditos de mi Padre; heredad el reino preparado para vosotros desde la creación del mundo. Porque tuve hambre y me disteis de comer, tuve sed y me disteis de beber, fui forastero y me hospedasteis, estuve desnudo y me vestisteis, enfermo y me visitasteis, en la cárcel y vinisteis a verme». Entonces los justos le contestarán: «Señor, ¿cuándo te vimos con hambre y te alimentamos, o con sed y te dimos de beber?; ¿cuándo te vimos forastero y te hospedamos, o desnudo y te vestimos?; ¿cuándo te vimos enfermo o en la cárcel y fuimos a verte?». Y el rey les dirá: «En verdad os digo que cada vez que lo hicisteis con uno de estos, mis hermanos más pequeños, conmigo lo hicisteis». Entonces dirá a los de su izquierda: «Apartaos de mí, malditos, id al fuego eterno preparado para el diablo y sus ángeles. Porque tuve hambre y no me disteis de comer, tuve sed y no me disteis de beber, fui forastero y no me hospedasteis, estuve desnudo y no me vestisteis, enfermo y en la cárcel y no me visitasteis». Entonces también estos contestarán: «Señor, ¿cuándo te vimos con hambre o con sed, o forastero o desnudo, o enfermo o en la cárcel, y no te asistimos?». Él les replicará: «En verdad os digo: lo que no hicisteis con uno de estos,

---

[127] Apoc 20, 11-15.

los más pequeños, tampoco lo hicisteis conmigo». Y estos irán al castigo eterno y los justos a la vida eterna.[128]

En el Apocalipsis se habla de la victoria final después de mostrar tantas luchas entre el Bien y el Mal en estos términos (22, 12-17):

Mira, yo vengo pronto y traeré mi recompensa conmigo para dar a cada uno según sus obras. Yo soy el Alfa y la Omega, el principio y el fin, el primero y el último. Bienaventurados los que lavan sus vestiduras para tener acceso al árbol de la vida y entrar por las puertas en la ciudad. Fuera los perros, los hechiceros, los lujuriosos, los asesinos, los idólatras y todo el que ama y practica la injusticia.

El texto de Mateo 25 es muy claro. Se acaba el tiempo, pero no la duración de las personas. En el cielo viven en Dios, es decir, vida eterna. Pero existe la condenación eterna del infierno.

Estas verdades básicas de la Revelación nos llevan a entender mejor la Libertad divina, angélica y humana. No se puede decir que el infierno está vacío intentando justificar a Dios, pero negando la condenación, contra lo que dice muchas veces la Sagrada Escritura. El ser humano es espíritu, alma y cuerpo. El espíritu es lo más íntimo y personal. El trascendental principal del espíritu es la libertad, que irradia en el alma y sus potencias —inteligencia y voluntad— que son limitadamente libres. El cuerpo es muy poco libre. Con su libertad, el ser humano alcanza el futuro creando algo nuevo; por su presente conecta con la eternidad de Dios. En esa elección puede amar divinamente. Viven en el tiempo, que es la medida del movimiento según el antes y el después. Muy relacionado con la

---

[128]   Mt 25

materia, pero muy instantáneo. El segundo en los relojes nucleares mide 10 000 000 000 partes de un segundo. Este instante es la conexión con la Eternidad divina. Asimismo, los griegos decían que hay otra medida del tiempo que es el Kairós, o tiempo espiritual humano, en el cual, al experimentar gozo, amor o embeleso estético, el tiempo transcurrido parece que no pasa. Es muy frecuente en los enamorados, en los éxtasis estéticos, místicos y otros fenómenos sobrenaturales. Los justos se unen al Espíritu Santo, don del Padre y don del Hijo, y se incorporan a la vida íntima de Dios, que es eterno. No hay tiempo, pero sí duración.

Los primeros condenados son los demonios. Como todos los ángeles, no viven en el tiempo ni en la eternidad de Dios, sino en la eviternidad, que es una duración intermedia entre Dios y los hombres. La eternidad no tiene principio ni fin, ni cambio, aunque posea una vida íntima riquísima. Los ángeles tienen evo, o eviternidad, con principio, sin fin, sin cambios materiales, pues no tienen cuerpo; pero sí tienen cambios espirituales similares al Kairós humano. Aprenden y crecen en conocimiento. También en amor y en emociones. Los ángeles salvados pasan a poseer la vida eterna, que es una duración simultánea que no pasa.

Los ángeles condenados experimentan algo similar, pero desde el odio libre. Ese odio lleva a una duración eterna y sufriente. La apocatástasis, por la que al final se convierten y son salvados, está condenada, aunque Orígenes lo defienda, quizá por confundir la eviternidad con el tiempo.

En el infierno, claramente revelado en la Sagrada Escritura, no está Dios. Los condenados son libres y conservan su espíritu y alma y, al final, el cuerpo. El espíritu en el hombre y en los ángeles no es suprimido ni enviado a la nada porque es un don y su primera manifestación trascendental es la libertad. Fuerza para amar en los justos que, en la vida temporal, alcanza el futuro sin desfuturizarlo, de modo casi divino, y en el cielo ya supera pasado, presente y futuro en la vida eterna.

Lucifer se rebela, expulsa al Espíritu Santo y se queda solo con su amor propio, con odio. Es libre y, en su duración maligna, no quiere ser salvado, odia. Misterio que conviene tener muy en cuenta, sin el cual la vida se convertiría en algo trivial, sin sentido, no deseable, con clara inclinación al suicidio.

Cielo, los ángeles, hombres y mujeres

Jesús dice que en la resurrección ni se casarán ellos ni se casarán ellas, sino que serán como ángeles en el cielo.

Todas las religiones sostienen que, después de la muerte, hay algo, una nueva situación, que los cristianos y otros llaman Cielo. Algunos, como los orientales, llegan a soluciones sorprendentes. Los hinduistas dicen que, después de múltiples reencarnaciones, el espíritu alcanza el nirvana, que en su panteísmo es nada. En el budismo, esa nada es más clara aún: la indiferencia total. Los tibetanos y la mayoría hablan de infiernos sucesivos. Los chinos piensan en un cielo lleno de los muertos inmortales y nada más en el Tao. Los materialistas y los no creyentes no tienen más salida que, después de la muerte, no hay nada. Esto lleva al suicidio, a la desesperación y al absurdo. El cielo del Islam es un banquete continuo; además, hay huríes, vírgenes dispuestas para satisfacer a los machos mártires y terroristas. Repugnante. Algo parecido al milenarismo de Cerinto.

¿Cómo es el Cielo? Interesa muchísimo saber algo o todo sobre esta cuestión, pues es para siempre. Para empezar, sigamos el camino apofático o negativo. No hay demonios, ni pecadores obstinados y condenados. No hay animales, ni plantas, ni piedras, ni dolor, ni muerte, ni aburrimiento, ni desamor, ni odio. Ni pizca de mal. Para empezar, es bueno el dato.

El siguiente paso es el catafático o positivo. La juntura de todos los bienes, dice san Juan de la Cruz. Pero hay que concretar, pues depende de la noción de Dios y del hombre que esté en nuestra cabeza. Hemos visto que Dios es Espíritu puro, Uno, Verdad, Bondad, Vida, Eterno. Ya hemos considerado los cuatro primeros, pero falta que Dios es vida, es decir, actividad perfecta. El Padre es el Amante y el Hijo es el Amado. El Padre y el Hijo espiran un Amor infinito, que es la persona del Espíritu Santo. Entre las Tres personas se da una comunión llamada pericóresis, en que cada uno está dentro de los otros dos, pues son Espíritu, no uno al lado del otro, sino cada uno dentro de todos. Eso se llama comunión perfecta, tanto que son un solo Dios, pero con una vida íntima riquísima de Amor eterno.

Pero pasemos a la eternidad. En la tierra, los hombres vivimos en el tiempo, una duración muy limitada. La presente pasa a una velocidad de vértigo, el pasado solo permanece en la memoria humana y en la memoria de Dios. El futuro tiene límite. Entrar en la vida eterna es vivir en un eterno presente tan intenso que no pasa, pues satisface la inteligencia, la voluntad y el corazón. Los ángeles salvados en el cielo pasan de la eviternidad a la eternidad, semejante a la de los hombres.

Ángeles y hombres tienen inteligencia en su alma y luz transparente en los espíritus. Viven ante la luz de la Inteligencia divina, que les muestra casi todas las ideas. No todas, pues Dios es infinito y su Verdad es contener todas las ideas posibles. Ángeles y hombres quedarían deslumbrados si no fuese porque reciben una gracia de Dios, como unas gafas de sol para no deslumbrarse, y sin curiosidades, pues poseen toda la sabiduría que se pueda desear.

La voluntad de ángeles y hombres se une a la voluntad de las Tres Personas divinas y es elevada a un querer que lleva al amor más pleno, como la voluntad humana de Jesús se unió a la de la divinidad. Sus afectos están llenos del sentir divino, tan claramente revelado en las escrituras. Viven en el amor y el cariño.

Además, conviven con todos los Santos, ángeles y seres humanos, en una comunión y amistad semejantes a la de la Trinidad. Y con los seres queridos en la tierra también se dará una ternura especial, y el hasta luego de la muerte se transforma en el para siempre juntos.

En el Cielo hay niveles, como veíamos en la Jerarquías de los ángeles salvados, aunque no es impensable que algunos suban más alto que otros según su respuesta ante la prueba experimentada en su eviternidad. Ya en el Cielo no parece que aumente su felicidad según la eficacia de sus acciones. Los hombres también tienen su jerarquía, pero no como los ángeles, que cada uno agota la especie; los hombres son todos de la misma especie humana, pero muchísimos individuos que son espíritu y personas. La Iglesia reconoce muchos niveles de santidad: los mártires, las vírgenes, los Apóstoles, los doctores, los consagrados, los padres y los hijos, y utiliza la aureola para expresarlo. Antes del Juicio final solo habrá espíritus y almas, a excepción de Jesús, María y quizá José y Juan, Enoc y Elías, y los resucitados como primicias. En la Resurrección final se añadirán los cuerpos glorificados, con sus características de agilidad, claridad, inmortalidad e impasibilidad, siendo recibidos esos cuerpos con gozo por sus almas, ya que estaban incompletas sin ellos. Luego, en el Cielo debe haber espacio para los cuerpos, además de la situación de los espíritus.

Los hombres seguirán siendo hombres, y las mujeres, mujeres. No tendrán relaciones sexuales, ni hijos. Serán amigos íntimos en su complementariedad, con la alegría que experimentó Adán en su inocencia original al ver a Eva; supongo que ella también se puso contenta, una alegría aumentada por la glorificación de alma y cuerpo. La gloria accidental incluye purificados los gustos y aficiones que vivió en la tierra.

La visión del Infierno de San Juan Bosco

Apareció ante mis ojos una especie de inmensa caverna que se perdía en las profundidades excavadas en las entrañas de los montes. Estas estaban todas llenas de fuego, pero no como el que vemos en la Tierra con sus lenguas de llamas saltarinas, sino de una forma tal que todo lo dejaba incandescente y blanco a causa de la elevada temperatura. Muros, bóvedas, pavimento, hierros, piedras, madera, carbón, todo estaba blanco y brillante. Aquel fuego sobrepasaba en calor millares y millares de veces al fuego de la Tierra.

Y, sin embargo, el fuego no consumía ni reducía a cenizas nada de cuanto tocaba. Simplemente, no puedo describir esta caverna en toda su espantosa realidad.

«Preparado está un Tófet desde hace tiempo, también para el rey; dispuesta, profunda es la hoguera con fuego y leña abundante; el soplo del Señor, como torrente de azufre, la encenderá» (Isa 30, 33).

Mientras miraba atónito a mi alrededor, llegó por un pasaje, con gran violencia, un muchacho. Como ajeno a todo aquello, lanzó un grito agudísimo, como quien está para caer en una marmita de bronce líquido y se precipitó en el centro de la cueva. Al instante, se tornó blanco como toda la caverna y quedó perfectamente inmóvil, mientras por un momento aún resonaba el eco de su aullido agonizante. Horrorizado, contemplé un instante a aquel chico y me pareció uno del Oratorio, uno de mis hijos.

—Pero ¿este no es uno de mis muchachos? —pregunté al guía— ¿No es fulano de tal?

—Sí —me respondió.

—¿Por qué está tan quieto? ¿Por qué incandescente?

Y me dijo:

—Tú elegiste ver —respondió—. Confórmate con eso. Solo sigue observando. Además «Todos serán salados con fuego» (Mc 9, 49).

Apenas había vuelto de nuevo la mirada, cuando otro joven se precipitó a la cueva a una velocidad vertiginosa: este también era uno de los del Oratorio. Tal cual como cayó, así quedó. Él también lanzó un grito desgarrador y su voz se confundió con el último eco del grito del muchacho que le había precedido.

Después de este, llegaron otros con la misma velocidad y su número fue en aumento: todos lanzaban el mismo grito y quedaban inmóviles, incandescentes, como los que les habían precedido. Me percaté de que el primero había quedado con una mano en el aire y un pie igualmente suspendido en alto. El segundo quedó como encorvado hacia la tierra. Unos tenían los pies en alto, otros, el rostro pegado al suelo. Algunos estaban casi suspendidos, sosteniéndose con un solo pie y una sola mano; otros estaban sentados y tirados; los unos, apoyados sobre un lado; los otros, de pie o de rodillas, con las manos entre los cabellos.

Había, en suma, una larga fila de muchachos, como estatuas en distintas posiciones, unas más dolorosas que otras. Aún vinieron otros a aquel horno; unos me eran conocidos y otros, desconocidos. Me acordé entonces de lo que dice la Biblia, que según se cae por vez primera en el Infierno así se permanecerá para siempre: «Caiga un árbol hacia el sur o el norte, el árbol se queda donde caiga» (Ecl 11, 3).

Como aumentaba mi espanto, pregunté al guía:

—¿Pero estos, al correr con tanta velocidad, no se dan cuenta de que vienen a parar aquí?

—Ciertamente saben que van al fuego; fueron advertidos mil veces; pero siguen optando por lanzarse voluntariamente al fuego, pues no detestan el pecado y se resisten a abandonarlo. Más aún, desprecian y rechazan la misericordia de Dios, que incesantemente los llama a penitencia. Así provocada, la Justicia divina los acosa, los persigue y los espolea de modo que no pueden detenerse hasta llegar a este lugar.

—Oh, ¡qué terrible debe ser la desesperación de estos desgraciados al saber que no tienen ya esperanza! —exclamé yo.

La visión del infierno de Santa Teresa de Jesús

Después de mucho tiempo que el Señor me había hecho ya muchas de las mercedes que he dicho y otras muy grandes, estando un día en oración, me hallé en un punto toda, sin saber cómo, que me parecía estar metida en el Infierno. Entendí que quería el Señor que viese el lugar que los demonios allá me tenían aparejado, y yo merecido por mis pecados. Ello fue en brevísimo espacio, mas aunque yo viviese muchos años, me parece imposible olvidárseme.

Parecíame la entrada a manera de un callejón muy largo y estrecho, a manera de horno muy bajo y oscuro y angosto. El suelo me parecía de un agua como lodo muy sucio y de pestilencial olor, y muchas sabandijas malas en él. Al cabo estaba una concavidad metida en una pared, a manera de una alacena, en donde me metieron; era un espacio muy estrecho.

Todo esto era deleitoso a la vista en comparación de lo que allí sentí. Esto que he dicho va mal encarecido.

Lo estoy por decir, me parece que no se pueda ni siquiera intentar describirlo ni se puede entender: sentía en el alma un fuego de tal violencia que yo no sé cómo pueda decir.

Los dolores corporales tan incomportables que, con haberlos pasado en esta vida gravísimos y, según dicen los médicos, los mayores que se pueden acá pasar (porque fue encogérseme todos los nervios cuando me tullí, sin otros muchos de muchas maneras que he tenido, y aun algunos, como he dicho, causados del demonio), no es todo nada en comparación de lo que allí sentí, y ver que habían de ser sin fin y sin jamás cesar.

Esto no es, pues, nada en comparación del agonizar del alma: un apretamiento, un ahogamiento, una aflicción tan sentible y con tan desesperado y afligido descontento, que yo no sé cómo lo encarecer. Porque decir que es un estarse siempre arrancando el alma es poco, porque aún parece que otro os acaba la vida; mas aquí el alma misma es la que se despedaza. El caso es que yo no sé cómo encarezca aquel fuego interior y aquel desesperamiento, sobre tan gravísimos tormentos y dolores. No veía yo quién me los daba, mas sentíame quemar y desmenuzar; y, lo repito, este fuego interior y esta desesperación son los mayores tormentos de todos.

Estando en tan pestilencial lugar, tan sin poder esperar consuelo, no hay sentarse ni echarse, ni hay lugar, aunque me pusieron en este como agujero hecho en la pared. Porque estas paredes, que son espantosas a la vista, aprietan ellas mismas, y todo ahoga. No hay luz, sino todo tinieblas oscurísimas. Yo no entiendo cómo puede ser esto, que, con no haber luz, lo que a la vista ha de dar pena todo se ve.

No quiso el Señor entonces que viese más de todo el Infierno. Después he visto otra visión de cosas espantosas, de algunos vicios el castigo. Cuanto a la vista, muy más espantosos me parecieron, mas como no sentía la pena, no me hicieron tanto temor.

En esta última visión quiso el Señor que verdaderamente yo sintiese aquellos tormentos y aflicción en el espíritu, como si el cuerpo lo estuviera padeciendo. Yo no sé cómo ello fue, más bien entendí ser gran merced y que quiso el Señor que yo viese por vista de ojos de dónde me había librado su misericordia. Porque no es nada oírlo decir, ni haber yo otras veces pensado en diferentes tormentos (aunque pocas, que por temor no se llevaba bien mi alma), ni que los demonios atenazan, ni otros diferentes tormentos que he leído.

Pero no es nada con esta pena, porque es otra cosa. En fin, como de dibujo a la verdad, y el quemarse acá es muy poco en comparación de este fuego de allá.

Yo quedé tan espantada, y aún lo estoy ahora escribiéndolo, con que hace casi seis años, y es así que me parece el calor natural me falta de temor aquí adonde estoy. Y así no me acuerdo de vez que tengo trabajo ni dolores, que no me parece nonada todo lo que acá se puede pasar, y así me parece en parte que nos quejamos sin propósito.

Y así torno a decir que fue una de las mayores mercedes que el Señor me ha hecho, porque me ha aprovechado muy mucho, así para perder el miedo a las tribulaciones y contradicciones de esta vida, como para esforzarme a padecerlas y dar gracias al Señor que me libró, a lo que ahora me parece, de males tan perpetuos y terribles.

Después, acá, como digo, todo me parece fácil en comparación de un momento que se haya de sufrir lo que yo en él allí padecí. Espántame cómo, habiendo leído muchas veces libros adonde se da algo a entender las penas del Infierno, cómo no las temía ni tenía en lo que son. ¿Dónde estaba? ¿Cómo me podía dar cosa descanso de lo que me acarreaba ir a tan mal lugar?

¡Seáis bendito, Dios mío, por siempre! Y ¡cómo se ha parecido que me queríais Vos mucho más a mí que yo me quiero! ¡Qué de veces, Señor, me librasteis de cárcel tan tenebrosa, y cómo me tornaba yo a meter en ella contra vuestra voluntad!

De aquí también gané la grandísima pena que me da las muchas almas que se condenan (especialmente de aquellos que han dejado la Iglesia, porque eran ya por el bautismo miembros de la Iglesia), y los ímpetus grandes de aprovechar almas, que me parece, cierto, a mí que, por librar una sola de tan gravísimos tormentos, pasaría yo muchas muertes muy de buena gana.

Miro que, si vemos acá una persona que bien queremos, en especial con un gran trabajo o dolor, parece que nuestro mismo natural nos convida a compasión y, si es grande, nos aprieta a nosotros. Pues ver a un alma para sin fin en el sumo trabajo de los trabajos, ¿quién lo ha de poder sufrir?

No hay corazón que lo lleve sin gran pena. Pues acá, con saber que, en fin, se acabará con la vida y que ya tiene término, aun nos mueve a tanta compasión; estotro que no le tiene no sé cómo podemos sosegar viendo tantas almas como lleva cada día el demonio consigo.

Esto también me hace desear que, en cosa que tanto importa, no nos contentemos con menos de hacer todo lo que pudiéremos de nuestra parte. No dejemos nada, y plega al Señor sea servido de darnos gracia para ello.

Cuando yo considero que, aunque era tan malísima, traía algún cuidado de servir a Dios y no hacía algunas cosas que veo que, como quien no hace nada, se las tragan en el mundo y, en fin, pasaba grandes enfermedades y con mucha paciencia, que me la daba el Señor; no era inclinada a murmurar, ni a decir mal de nadie, ni me parece que podía querer mal a nadie, ni era codiciosa, ni envidia jamás me acuerdo tener de manera que fuese ofensa grave del Señor, y otras algunas cosas, que, aunque era tan ruin, traía temor de Dios lo más continuo.

Y veo adónde me tenían ya los demonios aposentada, y es verdad que, según mis culpas, aun me parece que merecía más castigo. Mas, con todo, digo que era terrible tormento, y que es peligrosa cosa contentarnos.

Ni traer sosiego ni contento el alma que anda cayendo a cada paso en pecado mortal; sino que, por amor de Dios, nos quitemos de las ocasiones, que el Señor nos ayudará como ha hecho a mí. Plega a Su Majestad que no me deje de su mano para que yo torne a caer, que ya tengo visto adónde he de ir a parar. No lo permita el Señor, por quien Su Majestad es, amén.

Andando yo, después de haber visto esto y otras grandes cosas y secretos que el Señor, por quien es, me quiso mostrar de la gloria que se dará a los buenos y pena a los malos, deseando modo y manera en que pudiese hacer penitencia de tanto mal y merecer algo para ganar tanto bien, deseaba huir de gentes y acabar ya de en todo en todo apartarme del mundo. No sosegaba mi espíritu, mas no desasosiego inquieto, sino sabroso.

Bien se veía que era de Dios, y que le había dado Su Majestad al alma calor para digerir otros manjares más gruesos de los que comía. Pensaba qué podría hacer por Dios. Y pensé que lo primero era seguir el llamamiento que Su Majestad me había hecho a religión, guardando mi Regla con la mayor perfección que pudiese.[129]

Podemos añadir la visión en Fátima a los tres pastorcillos: Santa Juana Menéndez, San Pío de Pietrelcina, Santa Faustina Kowalska, Santa Hildegarda de Bingen, San Brígida de Suecia, Anna Katharina Emmerick y María Valtorta. Lo han visto y lo cuentan.

---

[129] Thigpen, P. (2023). *Santos que vieron el Infierno. Bibliotheca Homo Legens.*

La gloria accidental en el Cielo

«*¿Qué hay más allá de este aquí?*». Los deleites del Más Allá.

Doy gracias a Dios por su maravillosa Providencia, que ha tenido a bien que llegara hasta mí este modesto pero precioso librito. Su autor fue el doctor Ricardo Pérez Hernández, fallecido en la Ciudad de México el 15 de febrero de 1978 (seis meses después de publicarlo); era casado y sin hijos. Vivía en calle de Canela, n.º 62, Tlalpan, México 22, Distrito Federal. Saboreándolo, me he permitido añadir algunas notas al pie de la página.

Quisiera advertir al lector que no conviene detenerse en la apariencia de una pequeña novela de ciencia ficción como género literario en que encuadrarlo, aunque mejor podría definirse de «cosmología-ficción». En realidad, nos ofrece, apoyándose sorprendentemente en la teoría de la Relatividad, una visión nueva del mundo, en sí misma coherente, consoladora, optimista, bella, que, si bien en un primer momento puede dejarnos más bien perplejos, ello es debido a que jamás ningún mortal ha tenido la posibilidad de contemplar la realidad desde otro punto de vista que no fuera el subjetivo de la atadura de la conciencia con el momento presente. Se trata de una intuición indemostrada e indemostrable a la evidencia de los sentidos, de pocos genios de la humanidad, como por ejemplo Platón con el «mito de la caverna». Por tanto, para nosotros, hombres mortales, nunca pasará de ser tan solo una bella hipótesis.

El autor es consciente de ello y la presenta con modestia al buen sentido del lector. Pero tiene a su favor una sana lógica interna y una correcta sintonía con la Verdad revelada, que la Iglesia custodia y profesa. Es natural que queden no pocos aspectos (dentro del tema del libro) que todavía haya que aclarar mejor a la luz de la Fe de la Iglesia, la cual sigue siendo siempre el supremo criterio de discernimiento. Pero hay armonía, y este librito ayuda a comprender mejor y con mucha mayor luz tantas verdades de la Fe, sobre todo las que se refieren a «los Novísimos».

El lector debería saber percibir la verdadera tesis cosmológica del libro (el valor de cada acto de existencia de cada ser creado, en su correspondiente «espacio-tiempo», y su conservación para siempre, real y definitiva), en apoyo de la Fe y de la maravillosa Esperanza cristiana, sin distraerse en detalles pintorescos o presuntamente científicos, que a veces pueden ser discutibles y que no pasan de ser como un «envoltorio». En realidad, el autor sería una joven que actualmente ya no vive nuestra vida mortal, sino la vida gloriosa del Cielo. Ella es quien, según el autor, explica el tema del libro. Y aquí surge la acostumbrada primera dificultad: ¿pero es posible? ¿De verdad no se trata de una fantasía del autor o de un artificio literario? Digamos que sin duda es posible; pero, a fin de cuentas, que haya sido una verdadera «comunicación» con una persona del más allá o que no haya sido, a nosotros poco o nada nos interesa; que cada quien tenga en cuenta únicamente el contenido.

¡Ojalá Dios hiciera que todos los que lo lean pudieran sacar, como fruto, por lo menos una fe más viva y un deseo más ardiente del Cielo, ¡un amor más sincero al Señor y «una convicción más profunda y operativa» de su Amor!

P. Pablo Martín

Los deleîtes del más allá

Todo sucedió en la ardiente tarde de un domingo de verano. Después de comer, satisfecho y acalorado, quise reposar y divertirme, viendo un programa de dibujos animados por televisión. Me preparé una taza de café sin cafeína, me arrellané en mi viejo sillón y encendí un cigarrillo. Si no me divertía, era seguro que me quedaría dormido. En una mesita metálica de estorbo, varias veces rota y otras tantas vueltas a soldar, puse, a mi izquierda, la taza de café y la cajetilla de cigarros; a mi derecha, sobre el amplio brazo del sillón, coloqué el cenicero con el cigarrillo. Sin ánimo de criticar, sino con afán de divertirme, me dejé llevar dócilmente por el clásico argumento: el muñeco bueno sería exaltado por su valor o su virtud; y el malo, abatido o castigado sin piedad.

De repente se quedó fija la imagen en el televisor. Y no escuchaba ningún ruido, ni aun el de los vehículos que, con el escape abierto, circulan continuamente por el inmediato Viaducto Tlalpan Sur.

Pensé en una descompostura del aparato de televisión. Ya me disponía a levantarme, cuando noté algo sorprendente: la columna de humo de mi cigarrillo permanecía paralizada, como una blanca filigrana incapaz de terminar su lógico desarrollo. Soplé sobre la voluta y ni siquiera se movió. Empezó a preocuparme la sensación de que algún poder extraño, insospechado, se ejercía sobre mí.

Reinaba una quietud completa. Jamás había escuchado un silencio tan rotundo. Ni siquiera percibía, por más que aguzaba el oído, el trasteo de la cocinera que poco antes me molestaba. Un frío intenso, al que siempre he sido muy sensible, había paralizado todas mis coyunturas. Pero no se trataba del frío invernal que conocía bien, sino de otro distinto y doloroso. Creí ser víctima de una pesadilla, de la que me urgía despertar. Pensé que me había acomodado mal en el sillón y que, por eso, padecía semejante sueño. Intenté de nuevo levantarme, pero mi cuerpo parecía de plomo. A duras penas pude mover mis manos adheridas a los brazos del sillón por una fuerza misteriosa. «Debo estar enfermo —me dije—. ¿Pero de qué, si hace un instante me sentía bien?».

Mi preocupación se transformó en asombro y luego en miedo. No podía entender lo que estaba sucediendo. Comenzaba a desesperarme de temor y de frío, cuando oí, en medio de aquel gran silencio, una voz femenina, muy agradable, que me llamaba por mi nombre desde la reja del zaguán. Con difícil esfuerzo, impulsado a un tiempo por el miedo y el deseo de compañía, me apresuré a atenderla. No sé cómo me levanté del sillón. Ni aprecié en esos momentos que los goznes de la puerta de la estancia, así como mis propios pasos, no producían su peculiar ruido natural. Crucé trastabillando el pequeño patio que separa la estancia de la reja del zaguán. Los pies me pesaban como dos bloques de acero.

Me encontré frente a la reja con una bellísima muchacha de unos veinte años, alta, muy bien formada; de ojos café claro, hermosísimos y expresivos, grandes y dulces, infantilmente limpios, los que irradiaban una inmensa felicidad. Sus labios eran pequeños y delgados, bien dibujados y muy rojos, pero sin pintura alguna. Sus mejillas, tersas y ligeramente sonrosadas, daban lugar a dos atractivos hoyuelos al reír.

Contemplé extasiado su belleza. Cuando bajó sus ojos ante mi insistente mirada, observé el limpísimo cutis de su rostro. Su expresión me pareció serena en su alegría; pero con una singular serenidad que sobrepasaba la tierna juventud de su semblante. Vestía como lo acostumbran en la actualidad las muchachas de clase media. Creo que su vestido, fino y sencillo, era de color crema. No le vi ninguna alhaja; ni las necesitaba, porque su belleza resplandecía por sí sola. El mirarla me tonificó. Se me olvidaron mis preocupaciones anteriores. Era la mujer más agraciada que he visto en mi vida. Poseía ese tipo de hermosura que siempre me ha cautivado. No podía dejar de admirarla. Sin embargo, mi costumbre de cumplir con las convenciones sociales no me permitió seguirla observando. Pero estaba seguro de descubrir en ella otros muchos encantos: fineza en su actitud, sutiles rasgos de mayor belleza, afinidad de ideales…; en fin, algo más de lo que absorbía en mis primeras miradas y que, al irlos descubriendo, harían revivir en mí ese maravilloso sentimiento de amor que no experimentaba desde hacía muchos años. De momento, decidí poner en juego todas mis pobres armas psicológicas para investigar los matices de su atrayente personalidad. ¡Cuánto deploro no haberlo conseguido! Porque mi encantadora visitante estaba mucho más allá de mi alcance.

Ella me saludó como si me conociera bien:

—Vengo a visitarte desde muy lejos. Soy de San Luis Potosí. Pero tú ya no me recuerdas.

En ese instante no comprendí la trascendencia de sus palabras. La ciudad de San Luis Potosí no está «muy lejos». Se me ocurrió que ella era la nieta de algún amigo mío. Pero, ¿de quién, si hace más de treinta años que no voy a esa ciudad? Su hermosura, además de ser cautivante para mí, poseía un cierto parecido que se me hacía familiar. Me inspiraba una simpatía, una afinidad, más allá del conocido atractivo que el arquetipo de mi mujer ideal siempre ha ejercido sobre mí. Esta maravillosa mujer parecía traer a mi memoria algo…, algo especial que, por lo pronto, no atinaba a recordar.

—Nos conocimos en San Luis Potosí —añadió sonriendo—, en casa de las señoritas Campos.

Por más esfuerzos que hacía mi memoria, no acertaba. Las señoritas Campos eran para mí un recuerdo de más de cuarenta años atrás.

—Pasa, por favor —le dije—. Y me apresuré a abrir la reja, preguntándome quién sería aquella visitante.

Cuanto más la veía, tanto más me cautivaba. Solo ese tremendo frío insoportable…

Al pasar delante de mí, pude contemplar su pelo suelto, largo, casi hasta la cintura; muy delgado, dócil y castaño con muchos hilos dorados, cuyo brillo acentuaba los destellos de sus ojos. Me pareció algo húmedo, con olor a limpio; pero no pude percibir ningún olor. Hasta después supe el porqué. Cuando atravesó el patio, tropezó al pisar uno de los escalones. Me apresuré a ayudarla. Mis dedos apenas rozaron su antebrazo ligeramente apiñonado y con finísimos vellos dorados. El leve roce de su piel tuvo un efecto mágico sobre mí: me produjo una agradabilísima sensación de calor y vitalidad. Posteriormente, quedaría maravillado al conocer la causa.

Entramos en la pequeña estancia. Y mientras ella paseaba su vista sobre los escasos y anticuados adornos de la sala, aproveché para contemplarla mejor. Volví a sentir aquella vieja sensación, casi olvidada, de mi niñez: una especie de placentera opresión en no sé qué parte de mi pecho, la cual me anunciaba la presencia de la mujer amada, mediante una agradable dificultad para respirar.

Esto era para reírse. ¡Un pobre anciano enamorado! O como para entristecerse: ¡enamorarse al cuarto para las doce…! Sin embargo, yo me alegré. Ella se mostraba amable, cariñosa, comprensiva. Probablemente ya había notado, por la sutil perspicacia de la adolescencia, el profundo interés que me inspiraba. Y quizá por ese sentimiento de generosa compasión de muchacha bella, consciente del poder que le otorgaba su hermosura, me obsequiaba una limosna de afectuosa amabilidad. Tal vez debí rebelarme ante su dádiva compasiva. Pero no. Acepté con gusto el regalo de su mirada dulce y agradecí su cordialidad, como se siente gratitud por los sencillos placeres de la vida, como se disfruta de la vista de un hermoso paisaje, del trinar de los pájaros o de la caricia de una tibia mañana. Será que en la vejez aceptada, al irse consumiendo la vida, se va borrando el orgullo.

—«Recuerdo —me dijo— que te agradó sobremanera una melodía que canté en casa de las señoritas Campos, hace ya muchos años».

¡Muchos años! Los jóvenes, pensé, cuentan los meses como si fuesen años. No podían ser tantos para una joven de veinte. Probablemente me está confundiendo con otra persona. Pero no importa. ¡Bendita equivocación que me permite disfrutar de su presencia!

—«Verás —prosiguió—, canté esa canción hace… cuarenta y ocho años».

¡Qué pena! ¡Lástima de tan hermosa muchacha! Si yo pudiera ayudarla… Ojalá se trate de un trastorno mental pasajero. Mi amor por ella me exigía justificarla. Después de todo, ¿quién es completamente normal en este mundo? Se dice en psiquiatría que la frontera entre la normalidad y la locura no es una línea nítida, sino una zona bien amplia, la cual se delimita, en mucho margen, por el sentir de la sociedad. Solo se encierra a un loco cuando se comporta de un modo antisocial. Por lo pronto, decidí seguirle la corriente. Empezaba a contarle algo adecuado, pero me interrumpió.

—«No, no estoy loca —aseveró con una franca sonrisa que me permitió admirar sus dientes limpios, simétricos, naturales—. Me evocaste en tu juventud con el sobrenombre de Pajarera. Porque esa fue la melodía que canté, hace cuarenta y ocho años, en casa de las señoritas Campos».

La canción de *La pajarera*… ¡Sí, claro que lo recuerdo! Una romántica melodía de antaño, ligada a mis remembranzas estudiantiles con fuertes cargas afectivas. Siempre que la oigo, algo íntimo se remueve en mí y me trae a la memoria agradables e ingenuas emociones. En los «gallos» que llevaba con mis amigos, pagaba aparte, con tal de oír mi canción e impregnarme más hondamente con el hechizo de sus notas. Recuerdo que, siendo niño, me encontré de pie cerca de un piano vertical en casa de las señoritas Campos. Una señora lo tocaba. Y una bellísima joven, como doce años mayor que yo, cantaba junto a mí la canción de *La pajarera*. Solo que ahora, no sé cómo, los detalles borrosos de ese infantil recuerdo empezaban a clarificarse; resurgían, como cuando se le quita la pátina a un viejo bronce. Actualmente contemplo en esa imagen, con toda claridad, a la hermosa muchacha que, al cantar, conmocionaba mi ser y hacía brotar en mi corazón el primer sentimiento de amor pasional de mi vida. Y la mujer de mi recuerdo era muy parecida a la que ahora me visitaba.

No cabía duda de que esa joven, a quien yo evocaba con el apodo de Pajarera, siempre la he buscado en todas las mujeres de mi existencia. Ella fue la primera pasión de mi niñez, la placentera evocación de mi juventud y el gran amor ideal de mi vida. Claro está que mi memoria no había soportado el paso de los años, y los rasgos fisonómicos se habían empañado. Sin embargo, en el fondo de mí mismo se ha de haber conservado indeleble la imagen de mi primer amor, como un arquetipo al que debía conformarse toda mujer a quien yo amara intensamente. Después, quedé estupefacto al saber la verdadera causa.

¡Clarificar un recuerdo! ¡Volver casi a vivirlo! Me pareció una experiencia fascinante. Por supuesto, no podía sospechar las maravillosas vivencias que me esperaban en esa maravillosa entrevista.

Solo deploraba que esto me aconteciera al final de mi vida. ¡Qué alegría revivir el más grato recuerdo de amor ingenuo de toda la existencia!

Pronto mi gozo se tornó en inquietud. ¿No estaría solo imaginando? Después de todo, ¿quién es realmente esta bella mujer? Porque es indudable que se trata de dos personas diferentes, aunque muy parecidas. No pueden ser la misma, toda vez que las separan más de cuarenta y cinco años.

—«Supongo —le pregunté— que tú eres nieta de aquella hermosa joven que conocí en casa de las señoritas Campos. ¿No es verdad?».

—«No. Yo soy la misma muchacha que cantó en tu infancia».

«Eso no puede ser —dije para mis adentros—. Probablemente me encuentro enfermo y estoy sestando un agradable ensueño. Siendo así, ¿no sería mejor dejarme llevar por él, en vez de destruirlo con mis insistentes cavilaciones? Es preferible fomentar esta fascinante ilusión. Ya despertaré y entonces tal vez olvide este prodigio».

Sin embargo, ¿cómo se realizó la clarificación de mi recuerdo? Probablemente forma parte de la trama de este sueño, y en ese caso no hubo tal clarificación. O bien, en esta siesta, mi memoria retrógrada de anciano logró sacar a flote, en mi fantasía, a la antigua imagen original. Estaba en esas reflexiones, cuando ella me insistió:

—«Te aseguro que no estás soñando. Yo soy esa misma mujer de tu recuerdo».

Su tono de voz era convincente, y un no sé qué me impulsaba a creerla. En ese momento, yo no me explicaba cómo ella podía adivinar mi pensamiento. Hasta después lo supe.

—«Ahora el loco soy yo —le dije—, porque no entiendo nada de nada».

—«No te preocupes. Todo esto te lo voy a explicar, si me prometes que no vas a inquietarte más. Cálmate, por favor. Si no, tendré que ausentarme».

—«No, eso no. Perdóname y explícate».

Nunca pregunté el nombre de la joven de mis recuerdos infantiles. Me hubieran llovido burlas, recriminaciones y «sanos consejos». Comprendí por intuición que debía guardar en secreto lo referente a mi primer amor. En aquel entonces, declarar abiertamente que un niño de ocho años se había enamorado, hubiera sido casi un sacrilegio.

—«Le has pedido al Altísimo desde hace mucho tiempo —me recordó—, que durante tu vida mortal, te diese a conocer cómo es la vida futura. ¿No es así?».

—«En efecto. Se lo he pedido desde hace más de veinte años. Pero entonces… ¿quieres decir que yo… estoy muerto? ¡Significa que…!».

—«¡Cálmate, por favor! —me interrumpió—. No te has muerto todavía. Y yo he venido a platicarte un poco sobre cómo es la vida eterna. Te hago esta entrevista con ánimo de lograr para ti una mayor humildad, un anhelo entrañable de la vida futura, un acicate para que ejercites la auténtica caridad cristiana y un mejor conocimiento del Amor que te profesa nuestro Dios».

¡Creí que estaba muerto y yo no lo sabía! ¡Qué serio debe ser el paso por la muerte, cuando la sola sospecha de haberlo dado infunde tanto pavor!

—«No he venido a inquietarte —reiteró—, sino a traerte paz, con objeto de que el Señor, por mediación mía, te ayude a transformar algunas verdades que te ha enseñado la Fe, en convicciones profundas y operativas. Algunas de estas nociones las conoces superficialmente, las crees y las profesas con sinceridad, pero las has penetrado muy poco. Es que te deslumbra el actual progreso científico —añadió—, y a su lado, lo que enseña la religión te parece insustancial y anticuado. Sin embargo, ciencia y Fe tienen el mismo origen divino. No hay, ni puede haber, contradicción entre ellas. Por eso, he venido a aclararte cómo se coordina admirablemente la Palabra divina con algunos postulados actuales de la sincera ciencia humana. Para los mortales —agregó— no existe misterio alguno en el mundo físico que no apunte hacia otro misterio más hondo y trascendente. Comprendo que si tú eres para ti mismo un gran enigma, es lógico que se te dificulte entender las nociones celestes que te voy a explicar. Porque vas a representar el papel de actor y el de espectador. Eres parte del mundo que hoy vas a explorar. Tendrás que cooperar con ahínco. Mas recuerda que el hombre actúa, no tanto por la evidencia de las verdades que conoce, sino por las convicciones que ama. Por otra parte —siguió diciendo—, la divina Pedagogía es lenta. Va de acuerdo con la pequeñez humana y es progresiva, porque depende, en cierto modo, de la perfección cultural del hombre, alcanzada por su propio esfuerzo y con la ayuda del Altísimo».

Algo se calmó mi temor; no tanto por las reflexiones que ella me hacía, sino por su belleza encantadora.

—«En el proceso de formación de tus convicciones profundas y operativas —prosiguió la bella muchacha—, yo seré simplemente un pobre y débil instrumento del Todopoderoso, Quien, sin embargo, no desea coaccionarte, sino respetar la libertad moral que Él mismo te otorgó. Por tanto, si lo prefieres, me iré inmediatamente, sin que nadie se moleste o se sienta por eso. ¿Deseas que me vaya?».

—«No, no. Quédate, por favor. Perdona mi confusión. Continúa».

Su voz me sonaba categórica y no podía imaginar la manera en que nos estábamos comunicando. Parecía muy segura de sí misma y su belleza me cautivaba más y más. En todo caso, pensé, quedo muy conforme con disfrutar solamente de su presencia y hermosa figura. Aunque… pudiera ser una impostora. Pero entonces, ¿cómo me da antiguos detalles de fechas y personas? El frío extraño me atormentaba de nuevo. Mis articulaciones estaban congeladas y no podía mover ni un dedo. La atractiva adolescente se había sentado cerca de mí, en el sofá que forma escuadra con mi sillón. Nos separaban los brazos de los asientos y la mesita metálica en donde se encontraban la taza de café y la cajetilla de cigarros. Como si adivinara que me estaba muriendo de frío, la bella muchacha se inclinó hacia mí y rozó levemente con las yemas de los dedos de su mano derecha el dorso de mi mano izquierda, que yacía helada sobre el brazo del sillón. Bastó ese simple roce para que me comunicara calor vital y tranquilidad.

—«Supongo —me dijo con cierto matiz bromista— que ya te habrás dado cuenta de que estás platicando con una muerta».

¿Una muerta? ¡Cómo iba a estar muerta si la veía tan hermosa y lozana! Los muertos tienen un aspecto horrible. He visto morir a varias personas y nunca he notado, al contemplar el rostro de un cadáver, ni siquiera la sonrisa de paz que algunos deudos aseguran haberles visto. También podría tratarse de un fantasma… Pero los espectros de ultratumba, que en realidad solo existen en las mentes excitadas por fotonovelas de misterio, consejas y películas escalofriantes, siempre los presentan repulsivos. Por supuesto, no podía aceptar que ella fuera un fantasma. Tampoco me parecía un cadáver. ¿Qué sería, pues, mi preciosa compañera? No me causaba el menor miedo; al contrario, mucha felicidad. Ella me encantaba, pero yo sentía perplejidad ante lo enigmático de su presencia.

—«Sí —afirmó—, soy una muerta. O mejor dicho, lo fui, ya que actualmente soy una bienaventurada. ¿De veras, no tienes miedo de seguir platicando conmigo?».

—«No, claro que no. Al contrario, sabiendo que eres una glorificada, quisiera hacerte muchas preguntas».

—«Házmelas. Precisamente para eso estoy contigo. Te las responderé hasta donde pueda. Porque debo advertirte que no soy una bienafortunada importante. Soy muy inferior. Después te explicaré el por qué».

Me resistía a reconocer que estaba platicando nada menos que con una bellísima habitante del Cielo. Pero ella lo decía, y su hermosura me había hechizado. Le hubiera creído todo lo creíble.

—«Si en verdad eres la misma joven que conocí de niño, deberás saber, ahora que estás glorificada, lo mucho que significas para mí».

—«Lo sé. Pero mientras fui viadora nada conocí del niño que junto a mí se derretía de amor mientras yo cantaba La Pajarera. No obstante, una vez glorificada, nuestro Dios me habló del primer amor que yo te había inspirado. Comprendí, cuando supe la voluntad admirable del Señor, que Él nos ha destinado para que tú y yo realicemos en el Cielo un amor asombroso, que no pudimos disfrutar en la tierra. Tú eras un niño de ocho años, y yo, una joven casadera. Nuestro amor en cuanto viadores quedaba frustrado».

—«¿Por qué dices "nuestro amor"? Mi amor por ti era y es evidente. Pero ¿tu amor por mí…?».

—«Nada sucede al acaso. La Inteligencia Infinita lo tiene todo minuciosamente planeado, dentro de la voluntad libre del hombre. Su divina Providencia lo ocasiona o lo permite. Todo amor honesto de la tierra jamás se frustra en la vida eterna. Todo amor virtuoso forzosamente es recíproco y si no se realiza en este mundo, se consumará de un modo inefable en el cielo. Porque desde la eternidad fue querido y proyectado por el Altísimo».

—«¿Te refieres a los amores fracasados de este mundo?».

—«Sí, a todos los amores lícitos. El Señor coloca en esos amantes los vínculos de atracción y de complementación recíprocos. Para que se busquen y se encuentren, si no en esta vida, seguramente en la otra. Para que se amen, se deseen, se gocen y se posean al inefable y fructífero modo celestial de la Patria. Por supuesto, como veremos más adelante, no se trata de placeres conyugales, toda vez que en el Cielo no hay matrimonio; ni los bienaventurados nos satisfaríamos con deleites tan breves y pequeños. Ese inaudito amor humano celestial es la realización plena y gozosísima del amor de caridad, que luego te describiré. Claro que, a causa del pecado del mundo —añadió—, muchas veces no se notan o no se pueden cumplir en esta vida los lazos de complementación amorosa programados por el Creador. Porque dichos vínculos se han opacado, se han desvirtuado; casi han perdido su brillo de atracción, debido a las taras hereditarias, lacras de enfermedades, costumbres inadecuadas, pobreza, incultura, etc. Todo lo cual es consecuencia del pecado. O bien, como en nuestro caso, son amores imposibles en la tierra, pero que se cumplirán cabalmente en el Cielo. Después te explicaré por qué los permite el Altísimo. No obstante —puntualizó—, existen y perdurarán eternamente esas vinculaciones de amor, establecidas por el Señor. Te diré más: para fundar el lazo recíproco de amor celeste, es suficiente la existencia de atracción amorosa en uno solo de los amantes honestos de la tierra. Puesto que el amor lícito que empieza en este mundo, siempre es correspondido e infrustrable en el Cielo, ya que no se opone a la divina Voluntad».

¡Acababa de oír algo grandioso! Mi bella visitante me ama y, algún día, «inefable y plenamente», se realizará nuestro amor. Mi gozo no cabía en mí. Me parecía que todos los amores de mi vida se fusionaban en el de mi amada muerta; que todos ellos retornaban al molde que les dio origen, para darle más vida al arquetipo. ¡Cuánta felicidad me aguarda en mi futura Patria! Noté en mi amada compañera, a pesar de su pudorosa indiferencia, una emoción semejante a la mía, la cual se transparentaba a través del rubor de sus mejillas y de los destellos que abrillantaban la expresión de su mirada. Ella volvió a tocarme levemente, tal vez para evitar que me enfermase de alegría.

Sin embargo, no podía yo reflexionar con calma en medio de aquellas emociones: la belleza de mi visitante, el saber que era una encantadora bienaventurada, su indecible amor por mí, su recuerdo vuelto a vivir, mi incertidumbre entre el sueño y la vigilia, y el misterio de las parálisis: la de la imagen en el televisor, la del humo del cigarro y la mía propia.

—«¿Qué más quieres saber?», me preguntó.

Me tranquilicé lo más que pude e intenté formularle otra pregunta. De tantas que a este respecto se me han ocurrido, no recordé ninguna. ¡Qué inoportuno aturdimiento! Apenas atiné a decirle:

«¿Qué es lo que hacen los bienaventurados en el Cielo?».

—«Amar a nuestro Dios, disfrutar de Su Amor y Su Poder, amar a todos los seres del Universo y gozar con ellos hasta el límite del grado de gloria obtenido en esta tierra. Más adelante procuraré demostrarte la deleitosa compenetración físico-espiritual entre los glorificados afines, la que supera inmensamente en intensidad, duración, calidad y modo al mejor placer terreno. Debes saber —explicó— que la eterna Bienaventuranza comprende dos aspectos: el gozo directo con el Creador y el disfrute de los bienes creados. A la visión y posesión por amor directamente de nuestro Dios se le llama gloria esencial, porque es la mejor. Los placeres y gozos que en el Cielo nos proporciona el Universo creado corresponden a la gloria accidental. En esta entrevista solo hablaremos de la gloria accidental, que es la menor. Dejaremos pendiente la gloria esencial para otra ocasión».

—«¿Cómo es el Cielo?».

—«El Cielo es la Bienaventuranza, es decir, la plena Felicidad y el gozo con alabanzas. No se trata de un recinto especial, como una gran catedral o un enorme estadio. No, el Cielo consiste en la Dicha inmensa de los bienaventurados. El Cielo es todo el Cosmos, estructurado admirablemente por nuestro Dios para proporcionarnos una infinidad de vivísimos gozos y placeres. Por ejemplo, en este momento mi Cielo es la sala de tu casa porque aquí y ahora estoy disfrutando de la gloria que me otorgó el Altísimo. La felicidad celestial la llevo conmigo en dondequiera que me encuentre. Como puedes ver, en la Patria todo es amor y gozo. Y algo semejante debería suceder entre los mortales».

—«¿Y por qué no?».

—«Por causa del pecado: el original, primero, y luego, el actual personal que se le suma, entrelaza y complica hasta formar el tremendo pecado del mundo. El mal moral ha trastornado todos los planes divinos. No digo que los haya nulificado, sino que los complica y retarda, y convierte en dolor lo que debería ser gozo».

—«¿Cuál es tu nombre?», le pregunté con curiosidad.

—«Mi nombre en la tierra ya no tiene importancia. Mi nombre nuevo en el Cielo es confidencial. Porque has de saber que al glorificarnos, nuestro Dios revela a cada bienaventurado, secretamente, su nombre nuevo, esto es, el nombre que expresa con exactitud el modo de ser preciso e individual de cada quien. El nombre nuevo explica claramente la personalidad singular y la función particular de felicidad que habrá de gozar cada uno en el cielo. Es la definición exacta de todo lo glorificado. Es la revelación luminosa de su vocación terrena y celeste. No te imaginas el júbilo y gratitud con que el bienaventurado recibe su nombre nuevo; conoce, entonces, la esencia de su personalidad y ve que se ajusta exactamente a su eterna vocación de gozo y placeres. El nombre nuevo —agregó— es un secreto, porque se refiere, sobre todo, a la gloria esencial que se va a disfrutar directamente con nuestro Dios. Porque atañe a las sutiles características o matices peculiares de amor, con los que se amarán eternamente al Altísimo y el recién bienaventurado. Incluye el principal gozo que dicho bienaventurado recibirá del Universo todo, así como el que otorgará, en reciprocidad, al resto del Cosmos. También es un secreto en esta vida, por causa del pecado que todo lo obscurece».

—«¿No quisieras revelarme tu nombre nuevo?».

—«¡Imposible! Te mataría de dicha. Cualquier noción estrictamente celestial causa un gozo incompatible con la vida terrena. Sin embargo, podrías llamarme Tiernamada. Creo que es la palabra de este mundo que más se aproxima a mi nombre nuevo, ya que poseo una remotísima participación de la ternura divina».

Tiernamada volvió a rozar con sus dedos el dorso de mi mano izquierda, casi paralizada sobre el brazo del sillón. Me vivificó inmediatamente. Y esto me hizo amarla más. Fue como descubrir en ella una prodigiosa habilidad técnica que, si bien yo no entendía, me unificaba aún más con la hermosa habitante del Cielo.

—«Quisiera coordinar tus conocimientos respecto a la dimensión tiempo», propuso Tiernamada.

Por lo pronto, no entendí por qué decía «coordinar conocimientos», en vez de explicármelos. Luego supe el asombroso porqué.

—«El viador —afirmó— posee un poco de fuerza para influir sobre las tres dimensiones del espacio: longitud, anchura y espesor.

Modifica las cosas, las comprime, las dilata y, en cierto modo, disminuye las distancias mediante los rápidos vehículos de transporte. Pero tratándose del tiempo o cuarta dimensión, el peregrino es incapaz de alterarla y se ha adaptado a su impotencia. No obstante —continuó—, modernos estudios por vía matemática, no experimentalmente, señalan la posibilidad de visitar el pasado o el futuro. Claro que esto ha dado pábulo a la literatura de ciencia-ficción. Más en el fondo hay mucho de verdad. Si una nave espacial saliera de la Tierra y viajase a la velocidad de la luz, directamente a la constelación de Andrómeda, un mes de ida y otro de regreso, el hipotético astronauta envejecería dos meses y así lo marcaría su cronómetro. Transcurrirían unos sesenta años en la Tierra. O sea que, a su regreso, el viajero se encontraría con sus bisnietos. Naturalmente —afirmó—, lo anterior es irrealizable durante la vida mortal. Pero algo de ello se verifica con la mayor facilidad en el Cielo. Observa que el tiempo mide los actos sucesivos del movimiento; más el tiempo se encuentra también en el ser de las cosas.

Los cuerpos son movimiento. Por esto, si el movimiento se acelera o se retarda exageradamente, el tiempo cambia su frecuencia y sobrepasa las clásicas nociones terrenas, muy subjetivas, del presente, pasado y futuro».

En esta primera explicación, no entendí eso de que el tiempo está en el ser de las cosas. Después me lo demostró objetivamente.

—«Me parecen muy reales las ideas del pasado, presente y futuro», le argumenté, muy seguro del testimonio de mis sentidos y del consenso de la humanidad.

—«Son categorías necesarias durante el estado de peregrinación en este mundo, pero carecen de trascendencia en la Patria. Luego te diré por qué. Los sabios de la Tierra vislumbran ya estas verdades y afirman que el hombre, durante su paso por este planeta, ordena de un modo egocéntrico los sucesos en su mente, de acuerdo con su personal sentido del pasado, presente y futuro. Sin embargo, excepto en la conciencia del viador, el Universo, el mundo objetivo de la realidad, no acaece, no se aniquila, no sucede; simplemente existe».

—«¿Y esa es la verdad?».

—«Sí. Así lo vemos desde el plano de conciencia de la vida celestial. También los científicos mortales se dan cuenta de ello, al comprobar que los astronautas, cuando viajan a una velocidad mayor que la de rotación de la Tierra, envejecen una millonésima de segundo menos que el resto de la humanidad. Muy pronto te haré una demostración».

—«Sin embargo —protesté—, el tiempo es algo fugitivo, huidizo; se nos escapa como una corriente de agua entre los dedos. Cuando empezamos a pensar en el instante actual… ¡ya es pasado!».

—«Esto se debe al testimonio de tus sentidos, exclusivo del estado de viador en que te encuentras aquí en la Tierra».

—«Perdóname, pero el tiempo transcurre inexorablemente. Lo único que vale de él es el momento actual, porque el pasado ya sucedió y se acabó. Estoy seguro de que el tiempo pasa sobre la humanidad como una nube en el firmamento. Para que todo mundo sepa la fecha en que nació, en la que vive y le suceden sus acontecimientos, y en la que los deudos se aseguran de la defunción».

—«Créeme —insistió amablemente—. Estás equivocado y te lo voy a probar cuando observes, hoy mismo, la majestad de la quinta dimensión. Tu error podría compararse con la antigua idea falsa de que la Tierra permanecía inmóvil, como centro del Cosmos, y que era el Sol el que giraba alrededor de ella… Los mortales se inclinan al pesimismo —sentenció—. Son muy susceptibles al poderío de lo egocéntrico, por razón del pecado original. Esa maldita lacra, que heredamos de nuestros primeros padres, es la causa remota de todos los males y limitaciones que aquejan a la humanidad, impidiéndole tomar conciencia de su verdadera ubicación en el Cosmos».

«Parece que exagera», pensé. Y con trabajos por la extraña pesantez que me agobiaba, observé mi reloj. Fue inútil. El segundero estaba parado.

—«No estamos en el ritmo temporal del reloj y del calendario», dijo sencillamente, y yo me alarmé.

—«No te preocupes —me animó—. Nuestra entrevista no podría efectuarse al compás del reloj. Después te diré por qué. Es como si el tiempo normal de la Tierra se hubiese detenido para nosotros. Nos hemos ubicado en una frecuencia temporal muy lenta. Porque has de saber que el tiempo tiene muchas frecuencias, así como longitudes y amplitudes en sus ondas. Claro es que solo conocías el ritmo temporal de la Tierra, el del reloj. Sin embargo, considera que un segundo es divisible hasta el infinito matemático. ¿No se te ha ocurrido pensar en lo que sucede durante una de esas fracciones infinitesimales del tiempo? ¡Acontecen muchas cosas!».

—«No me doy cuenta de ello».

—«La idea era falsa en el sistema tolemaico, porque suponía la Tierra inmóvil, sin movimiento de traslación, pero igualmente se equivoca el sistema de Copérnico-Galileo. Véase al respecto la obra de Fernand Crombet, *¿Galileo tenía razón o no?*, también en animación PowerPoint en esta misma página web».

—«Considera simplemente que tu vida no se interrumpe en este lapso, que por ser brevísimo, carece de trascendencia. Lo que pasa es que tú, igual que todos los mortales, vives con tu conciencia atada fuertemente al instante actual».

—«¿Por qué vivo con esa ligadura?».

—«Te decía que la razón de todos los males de la Tierra es el maldito pecado. No obstante, en el actual régimen de la Fe y en el estado de peregrinación por este mundo, nuestro Dios ha dispuesto, movido por el inmenso Amor que profesa a la humanidad, que el peregrino transcurra con gran rapidez durante la prueba que es la vida mortal. Por ello el hombre transita por la Tierra como si viajara en un avión supersónico. Además, el Señor ha ligado la conciencia del viajero con el momento presente, para disminuir y abreviar las penalidades terrenas a sus amadas criaturas humanas. Y solo les permite contemplar el Universo desde la ventanilla del velocísimo instante actual».

—«No me siento amarrado…».

—«Es que no habías reflexionado en eso. Por otra parte, la adaptación al ambiente es tan poderosa que la costumbre de vivir sujeto al momento presente ya no te llama la atención. Sucede lo mismo con tu vinculación a la superficie de la Tierra por la fuerza de gravedad y con la imperceptibilidad de lo que ocurre en una fracción infinitesimal del tiempo. Precisamente, la atadura con el instante actual es lo que te obliga a recurrir a las nociones subjetivas, pero necesarias para los viajeros, de lo pasado, presente y futuro».

—«¿Y tú ya rompiste esa traba?».

—«Sí, gracias al Señor. Quedó rota con mi buena muerte. En cuanto a ti, la sujeción forzosa con el momento presente se ha suspendido mientras dure nuestra conversación, por un favor singular que te hace el Altísimo».

Mi desconcierto era tal que, en vez de dar gracias por tan espléndido regalo, sentí una fuerte aversión por los grilletes que aprisionaban a mi conciencia con el instante actual. Pero Tiernamada reaccionó inmediatamente:

—«¡Qué bueno es el Creador al darnos el obsequio del tiempo! Para los viajeros, es como un disolvente en que se diluyen paulatinamente los gozos y sufrimientos de la vida mortal».

—«Debe ser un solvente muy frío, porque no ha alcanzado a diluir todos mis males».

—«¡Eres el pesimismo en dos pies! Mira. Si en un solo acto de existencia fueses capaz de gozar la suma de tus momentos felices, o la de tus tribulaciones, es seguro que, incapaz de soportar tanta dicha o semejante dolor, morirías en ese instante. Es verdad que el momento presente es el carcelero de tu conciencia, pero también es tu aliado. Porque te da la oportunidad, al llenarlo de amor de caridad, de colaborar con nuestro Dios y obtener la estupenda gloria futura que Él quiere para ti. La ligadura de tu conciencia con el instante actual te brinda la oportunidad de recapacitar y pedir perdón. Si no fuese por ella, tu vida sería un continuo presente. Te convenceré de esto un poco más adelante».

—«Pues bien —prosiguió—, nos encontramos en un paratiempo. Es decir, es una onda temporal muy lenta con relación al tiempo normal de la Tierra. Pero de frecuencia rapidísima, toda vez que efectuaremos muchas cosas en un lapso muy breve. Desde que la imagen quedó fija en el televisor, el tiempo ordinario de la Tierra casi no ha transcurrido. Estamos viviendo en el ritmo de milmillonésimas de picosegundo. Un picosegundo equivale a 10^{-12} de segundo. Es decir, cuando debía haber transcurrido una media hora desde que conversamos, apenas han pasado unas cuantas milésimas de picosegundo. Me cuesta trabajo traducir mi pensamiento en el lenguaje de la física y de las matemáticas terrenas. No olvides que soy una bienaventurada muy última. Pero calculo que esta larga entrevista, con los paseos a través del tiempo y otras cosas que vamos a realizar, no durará más de una milésima de segundo. Aunque quizá tomemos unos diez minutos del tiempo pasado».

Lo de estar viviendo en un paratiempo infinitesimal me parecía increíble. Pero me entusiasmaba la maravillosa entrevista con

Tiernamada, los paseos a través del tiempo y esas otras cosas que íbamos a efectuar.

—«Dices que nos encontramos en otra frecuencia temporal —le objeté—, y yo no he sentido el cambio…».

—«¡Claro que te has dado cuenta! Por eso sientes tanto frío y casi no puedes moverte. Mi cuerpo glorificado, en cambio, no resiente esas modificaciones de las ondas temporales cuando visito el pasado o viajo por los espacios siderales. Al contrario, todo ello me causa sensaciones muy agradables. Son prodigiosas las cualidades de los organismos humanos bienaventurados».

Se me ocurrió levantar mi mano derecha a como a un centímetro del brazo del sillón, y tuve que desplegar un esfuerzo como para levantar veinte kilogramos.

—«¿No podrías disminuirme esta pesantez, así como casi me has quitado el frío?».

—«No, no es prudente. Muy pronto lo vas a comprobar. Pero volvamos a platicar de las ondas temporales. Nuestra desaceleración, respecto al tiempo normal de la Tierra, hace que para nosotros no se mueva la imagen del televisor, que no se oiga ningún ruido y que no acabe de difundirse la columna de humo de tu cigarro. Ahora ya sabes por qué no oíste el ruido de tus pasos ni el de los goznes de la puerta de la estancia ni el trasteo de la cocinera».

—«Decías —le argumenté a Tiernamada— que estamos viviendo al compás de milmillonésimas de picosegundo. Siendo así, nos encontramos en un movimiento cuya frecuencia debe ser millones de veces inferior al movimiento de rotación de la Tierra. Y esto significa que nos encontramos muy cerca de la inmovilidad absoluta… ¡Quizá nos aproximamos a la nada…!».

—«No te inquietes. Estamos muy lejos de la inmovilidad absoluta. Recuerda el ejemplo clásico de la teoría de la relatividad.

Si un automóvil circula en carretera a cien kilómetros por hora, ¿cuál es la velocidad absoluta de dicho vehículo? Claro está que su velocidad relativa, con relación a la carretera que se supone inmóvil, es de cien kilómetros por hora. Mas para calcular la velocidad absoluta, habría que sumar algebraicamente, a los cien kilómetros, la velocidad de rotación de la Tierra, más su velocidad de traslación alrededor del Sol, más la velocidad de traslación del sistema solar hacia la constelación de Hércules, más la velocidad de traslación de toda nuestra galaxia hacia otras constelaciones, más la inmensa celeridad de la expansión de todo el Universo… El resultado —concluyó muy alegre— sería que el automóvil, con relación a la inmovilidad absoluta, y no con relación a la carretera que arbitrariamente hemos considerado inmóvil, circularía a millares y millares de kilómetros por segundo terrestre».

—«¡Y yo había pensado que estábamos próximos al reposo absoluto! Nunca imaginé que la Tierra se moviese tan rápidamente».

—«Te aseguro —afirmó para confortarme— que a pesar de la gran lentitud de este paratiempo, estamos muy lejos de la inmovilidad completa; la cual, por otra parte, no es tan temible: la inmovilidad no es lo mismo que la nada. Tranquilízate, no te ocurrirá ningún mal. Nuestro Dios permitió este paratiempo contigo. ¿Acaso no tienes confianza en la divina Sabiduría?».

—«Sí, por supuesto que sí —le respondí, más por compromiso que por convicción—. No obstante, si nos movemos más lentamente que la Tierra, ¿por qué permanecemos en nuestros lugares, como si nos moviéramos a la misma velocidad que el planeta?».

—«Más adelante vislumbrarás la explicación. Por lo pronto, te contestaré con un ejemplo. La luz que entra por la ventana se mueve a 300 000 kilómetros por segundo, y, sin embargo, el haz de rayos luminosos se contempla fijo. Lo mismo sucede con la Tierra, que está rotando y parece inmóvil. ¡Las apariencias engañan! En tu propio cuerpo, los electrones de tus átomos vibran a una velocidad cercana a la de la luz, y ni siquiera te das cuenta de ello. Son muy limitados los sentidos corporales —comentó—. La Tierra, por ejemplo, se traslada alrededor del Sol a la velocidad de unos 108.000 kilómetros por hora, y ningún mortal siente tan excesivo movimiento. Por tanto, si te atuvieras al testimonio exclusivo de los sentidos, caerías fácilmente en el error. De veras —insistió—, no te pasará nada malo. Al contrario, así te podré explicar mejor y efectuaremos varios experimentos que te enfermarían o hasta te matarían, si tus funciones vitales estuviesen actualmente en ejercicio». ¡Otra sorpresa más! ¡Mis procesos vitales estaban suspendidos!

—«¿Quieres decir que no tengo signos de vida? ¡Entonces, estoy muerto!».

Me alegraré de llegar a esta conclusión. Porque después de columbar el Cielo futuro a través de la belleza de Tiernamada, empezaban a estorbarme los apegos mundanos a esta vida mortal.

—«Mientras te encuentres en este paratiempo, tu organismo no manifiesta los signos vitales que se estudian en medicina, por la sencilla razón de que no transcurres en el tiempo ordinario de la Tierra, gracias al cual se realiza la fisiología humana».

A pesar de la semiparálisis y de la rara sensación de frío, me sentía vivir como siempre. Sin embargo, me observé mejor y... ¡no respiraba!

—«No te alarmes —me dijo inmediatamente—, no te pasará nada malo. En los paratiempos muy lentos, las funciones biológicas se efectúan de manera distinta que la de los viadores. Mientras vivas en este paratiempo, no latirá tu corazón, ni circulará tu sangre, ni respirarás. Ahora entiendes por qué no se movió la columna de humo de tu cigarro, cuando creíste soplar sobre ella».

Me apresuré a tomarme el pulso y… ¡nada!

—«No logro entender cómo permanezco vivo, ¡o quizás ya no…! Ni menos cómo es factible que piense, si carezco de signos vitales…».

—«Esto último te demostrará que el hombre no piensa con el cerebro, por más que este intervenga en el pensamiento, sino, sobre todo, con el alma espiritual. La biología cósmica tiene leyes distintas de la terrena, de acuerdo con la onda temporal en que se ubique el ser vivo. La vida humana en cualquier lugar y tiempo del Universo se sostiene mediante las energías. Solo que en la frecuencia del tiempo normal terrestre, la energía se toma de los alimentos y del oxígeno del aire. Mientras que en los paratiempos lentos la energía se adquiere directamente del medio: de la materia-energía del ambiente y del medio biológico interno. Si estuviésemos en la frecuencia normal del tiempo de la Tierra, tanto tú como yo necesitaríamos respiración y alimentación».

—«Entonces, ¿mi organismo está efectuando la asimilación y la desasimilación en este paratiempo?».

—«Claro que sí. Adquiere la energía vital de tu medio biológico interno. Pero la excreción es casi nula. Si permanecieras el equivalente a diez años en este paratiempo, apenas excretarías unas gotas de sudor. Lo mismo pasa conmigo, pero en un grado sumamente perfecto. Esto se debe a que casi no se forman desechos químicos, sino que se aprovecha totalmente la energía extraída de los átomos. Recuerda que el átomo es un gran almacén de energía».

—«¡Vaya! Ahora resulta que estoy funcionando como un reactor atómico».

—«Funcionas mucho mejor, porque utilizas unos pocos átomos, pero los desintegras, en modo total y no parcialmente, como sucede en las pilas nucleares. Lástima que no te sea dable disfrutar el deleite que causa, en el Cielo, la realización de las funciones biológicas regidas por el alma. Aquí en la Tierra, apenas se siente un ligero bienestar cuando todo el organismo funciona bien. Más en la gloria, eso mismo causa inmensos placeres que aumentan nuestra felicidad accidental».

—¡Cuántas maravillas del Universo desconozco! —pensé—. Qué pequeño es el caudal de la ciencia a pesar de acercarnos al siglo XXI. Nadie imaginaría que el cuerpo humano fuese capaz de causar tanta felicidad y de fisionar los átomos.

—«Tiernamada, ¿cómo puedo desintegrar átomos si no me doy cuenta de ello, ni sabría cuáles fisionar?».

—«Tu conciencia no lo sabe, claro está. Pero tu alma espiritual, sí. Y lo sabe muy bien y lo puede ejecutar perfectamente. Así como conoce y coordina la digestión, filtración, regulación, comunicación, etc., sin que la conciencia se dé cuenta de ello. Si tu conciencia psicológica tuviese que controlar todas las funciones de tu organismo, no te alcanzaría el tiempo para dirigir bien una sola de ellas. Por ejemplo, si tu entendimiento y voluntad tuviesen que regular los movimientos del corazón, ni siquiera conseguirías dormir ni atender ningún otro asunto, por estar pendiente de acelerarlos o retardarlos según conviniese. Nuestro Dios le ha quitado a tu conciencia todos esos tediosos problemas, para que dediques el entendimiento y la voluntad a cumplir Sus designios sobre ti, a amarlo y servirlo mediante la Fe y las obras de auténtico amor de caridad. El alma sabe muy bien cómo regir cada función biológica y cómo coordinarlas todas, inclusive las psicológicas, como las costumbres que mecanizan la conducta. Sabe también vivir en el Cielo y en cualquier frecuencia ondulatoria del tiempo, así como viajar a velocidades fantásticas, atravesar las paredes, dominar las fuerzas de la Naturaleza, etc. El mortal posee en germen lo que ha de disfrutar en la gloria venidera».

—«Si mi alma sabe cómo fisionar átomos, ¿por qué no lo hace de una vez? Me evitaría el trabajo diario, los fastidios del Metro y hasta las indigestiones».

—«Lo sabe hacer, pero no lo ejecuta por mandato divino. Porque apenas está mereciendo, con sus buenas obras, la gloria eterna. Porque a causa del pecado original, todo ser humano debe alimentarse mediante el trabajo honrado y soportar cristianamente las pruebas que le envíe nuestro Dios. Además, tu alma nunca antes se había ubicado en un paratiempo».

—«Le bastó situarse en él para aprender».

—«No aprender, sino ejercitar lo que de antemano sabía, desde que la creó el Señor. El alma humana es sapientísima. Efectúa lo principal: el pensamiento y el amor, y le alcanza el tiempo terrestre para ganarse con honradez la vida, educarse, cumplir con todos sus deberes, divertirse sanamente y descansar».

—«Sin duda que el alma es un gran misterio».

—«Sí. Es un enigma para los viadores, pero no para los bienaventurados. Durante la vida mortal, el alma trabaja día y noche en silencio y no molesta ni distrae la actividad de la conciencia, tanto en la vigilia como en el sueño. Solo cuando se le presenta algún problema grave, insoluble para ella que no tiene aún los poderes de la glorificación, avisa a la conciencia por medio de malestares o dolores, para que intervenga el entendimiento y resuelva la dificultad».

—«Tiernamada, si carezco de signos vitales en este paratiempo, ¿cómo es que puedo moverme, aunque con trabajo?».

—«Es muy sencillo. Todo movimiento material requiere energía. Los peregrinos mortales la obtienen de sus alimentos, después de muchos trabajos fisiológicos de digestión, absorción, circulación, asimilación, desasimilación, etc. Tú, en este paratiempo, adquieres la energía del plasma sanguíneo y de la linfa de tu organismo. Para ello, nuestro Dios te ayuda mediante el roce de mis dedos sobre tu mano. Los bienaventurados, en cambio, tomamos la energía directamente del medio en que nos encontramos: luz, calor, electricidad, fuerzas gravitacionales y otras energías que te mencionaré después. Y también, con frecuencia, comemos exquisitos alimentos, aunque esto no se necesite en el Cielo».

Por lo pronto, no entendí cómo los bienaventurados tomaban la energía. Poco después me di cuenta de su inmenso poder sobre la materia y las fuerzas naturales. Creo que comencé a entrever la maldición divina sobre la humanidad pecadora: «Comerás el pan mediante el sudor de tu rostro…». Estoy tan acostumbrado a trabajar, que mi ocupación me parecía normal, natural. Pero empezaba a presentir que el cansancio del deber cotidiano es algo que Dios no quería para el hombre. Columbré que la fatiga del trabajo humano, la enfermedad y la muerte se deben, no a la voluntad divina, sino al pecado de la humanidad. Y me considero muy culpable de cooperar con mi aportación de maldad al pecado del mundo.

Tiernamada y yo continuábamos sentados en la estancia de mi humilde casa. De cuando en cuando miraba yo la inmóvil voluta del cigarro y la imagen fija del televisor, testigos de la fabulosa experiencia que estaba viviendo.

—«¿Así que también hay cocineras en el Cielo?», le pregunté a Tiernamada.

—«Sí, contamos en la Patria con grandes santas expertas en aderezar platillos exquisitos, sin que les cueste el menor esfuerzo».

—«Pero si en la Gloria eterna nadie trabaja, ¿dónde consiguen la carne, las legumbres, la fruta?».

—«Todo alimento, por complicado que parezca, en último término está formado de átomos, y estos, de energía. Pues bien, los átomos y la energía nos obedecen ciegamente, al grado de que con solo nuestro querer logramos fácilmente combinarlos, transmutarlos, fisionarlos y convertirlos en manjares vistosos y suculentos. Más aún —prosiguió—, la materia-energía está ansiosa de servirnos de alimento, de incorporarse a nuestro cuerpo bienaventurado y de participar de nuestra gloria accidental. Es que todos los seres nos hallamos vinculados por los lazos de amor universal; nos completamos unos con otros, nos deseamos y nos poseemos a la inefable manera celeste. No es panteísmo; se trata de interrelaciones. Los átomos, movidos por el amor universal, están suspirando y como con dolores de parto, mientras les otorgamos felicidad a su modo. Ya verás en el Cielo que todo ser es capaz de conocimiento y amor, aunque sea rudimentariamente».

—«¡Grandioso! Ustedes, los bienaventurados, consiguen por sí mismos y sin esfuerzo, mucho más que nuestro mejor laboratorio de energía nuclear».

Me había olvidado de mis deberes de anfitrión. Pero al hablar de alimentos, recordé que debía ofrecer siquiera un refresco a mi amada visitante.

—«¿Te gustaría tomar una taza de café?».

—«No, gracias. Mejor, si te parece, te prepararé una pequeña golosina celestial».

Tomó mi cajetilla de cigarros. Le quitó la envoltura de celofán, la arrugó entre sus dedos hasta formar una pequeña bola y me la ofreció con una sonrisa radiante.

—«Pruébala. Estoy segura de que te gustará».

En efecto. ¡Qué golosina tan exquisita! Jamás había gustado algo tan sabroso. Como un frágil polvorón, se deshizo en mi boca. Su sabor agradabilísimo era único. No alcancé a reconocer el predominio de ninguno de los sabores fundamentales: dulce, salado, amargo y ácido. Y a pesar de que he probado chocolates suizos y norteamericanos, así como mazapanes y canelones de almendra, esta celestial golosina los superaba con creces.

—«Está exquisita. ¿Cómo la hiciste?».

—«Transformé las moléculas de celofán en otras sustancias químicas, desconocidas en la Tierra, las cuales excitan armónicamente todas las papilas gustativas. No parcialmente, como los clásicos postres terrenales. Lástima que esta misma golosina no la puedas probar en el tiempo normal de la Tierra».

—«¿Por qué no?».

—«Porque te morirías de gusto. Disfrutarías de un placer incomparable con la vida mortal. En realidad, has probado menos que a medias esta inferior golosina. Porque percibiste su sabor por medio de la infraenergía, de la que te hablaré después, ya que nos ubicamos en un paratiempo muy lento, en el que no es posible la transmisión de la impresión gustativa mediante impulsos nerviosos».

—«Pues me pareció deliciosa. Tú debes ser una magnífica cocinera celestial».

—«No. Esta golosina la puede preparar cualquier bienaventurado. Diría que en el Cielo corresponde al pinole de la Tierra. Ya conocerás a muchas santas cocineras que, por su gran gloria, preparan manjares de veras suculentos. En los peregrinos de este mundo, el sentido del gusto se encuentra muy atrofiado a causa de tanto mal moral. Por el contrario, en los bienaventurados es agudísimo y perfecto. No te imaginas cómo tratamos de congraciarnos con esas santas reposteras».

—«Yo creía que en el Cielo, ante la Visión Beatífica, los glorificados se olvidarían de lo demás: placeres de los sentidos, goces estéticos de las bellas artes, otros amores y amistades…».

—«Es verdad que nuestra gloria esencial, es decir, la Visión Beatífica y la Posesión Amorosa con nuestro Dios bastaría para hacernos completamente felices. Pero Él, por amarnos muchísimo, ha dispuesto que además gocemos de nuestra gloria accidental: infinito número de amores humanos, angélicos, estéticos, científicos y otros más, desconocidos en esta tierra. Aparte de incalculables placeres de la vista, oído, olfato, gusto y, sobre todo, del tacto, que, como veremos después, no se limita a las papilas táctiles de la piel, como sucede aquí, sino que abarca todas las células del organismo, las cuales gozan y nos hacen gozar lo indecible en nuestras compenetraciones amorosas, al estilo jubiloso del Cielo, con toda la Creación».

—¡Fascinante! ¡Disfrutar sin trabajos! Deleitarse sin esfuerzos. Saborear exquisitos manjares sin pagar por ellos. Oler perfumes delicados. Contemplar bellezas como la de mi amada visitante y poseerlas amorosamente, al fruitivo modo celestial, por medio de la inefable compenetración con ellas. Más adelante columbré la maravilla de esa interpenetración físico-espiritual entre los bien-aventurados, de acuerdo con los designios divinos. No pude menos que darle gracias a Dios por haberme llamado a la existencia. Por regalarme la naturaleza humana y no la material pura, la vegetal o la animal. Por redimirme. Por crearme en el siglo XX y no en la época cavernaria. Por perdonarme mis iniquidades. Por su generosa Providencia durante mi vida. Por tenerme tanta paciencia. Por su esplendidez en el presente y por la futura que empezaba a vislumbrar.

Pero volviendo a la deliciosa golosina, le dije a mi compañera:

—«Supongo que ya no te gustará nuestro pozole, ni el mole de guajolote, ni las frutas cubiertas».

—«Por supuesto que nos siguen gustando y los comemos con mucho agrado. Pero muy bien hechos, sin ninguna imperfección culinaria. Lo mismo digo de los refrescos, vinos y licores del Cielo, que superan a los mejores de este mundo. Y sin necesidad de mercados, ni de regatear precios, ni de asfixiantes cocinas, ni de platos que lavar. No te extrañes por lo que te digo —aclaró—. Recuerda que nuestro Señor Jesucristo, nuestra Causa Ejemplar, comió con los Apóstoles poco después de su Resurrección.

—«¡Qué bien! ¡Ya tengo deseos de estar en la Gloria!».

—«Colabora, pues, con tu Redentor. Alcanza con tus buenas obras de cristiano la Bienaventuranza que Él te tiene preparada. Cuando la hayas obtenido, ¡verás qué banquetes nos daremos!».

—«¿Cuándo será ese cuándo...?».

—«Perdóname —le objeté a Tiernamada—, te estoy oyendo claramente y el sonido se propaga a unos 340 metros por segundo. Por tanto, en esta conversación aquí en la sala han transcurrido por lo menos varios minutos y no milésimas de picosegundo».

—«No te alarmes por lo que voy a decirte —me anunció—. En realidad, no nos estamos comunicando mediante palabras audibles, sino por medio de ideas».

¡Otra sorpresa! ¡No estábamos hablando! Era increíble. Pero tuve que darle la razón. Porque si nos encontrábamos en una frecuencia temporal de milmillonésimas de picosegundo, era lógico que no se transmitiese el sonido de las palabras.

—«¿Acaso nos estamos comunicando por telepatía?».

—«Algo más. Mi alma está en contacto espiritual con la tuya. De esta manera, conozco tus pensamientos. Reviso y utilizo tu archivo de memoria intelectual y tu almacén de memoria sensitiva cerebral. Mi alma, por sus poderes de glorificada, está asociando tus ideas, de un modo distinto y más eficaz del que acostumbras. Aparentemente te hablas a ti mismo. Pero yo intervengo y acomodo tus conceptos e imágenes para expresarte mejor el mensaje particular que te envía nuestro Dios y que motiva mi actual visita».

—«¿Así que esto no es un diálogo, sino un monólogo?».

—«Estamos en comunicación, mas no conversamos como se acostumbra en este mundo. Platicamos casi de la misma manera que empleamos los bienaventurados. Pero con la diferencia de que no te infundo mis propias ideas, sino que concierto las tuyas para que me entiendas mejor, aunque te parezca un monólogo. Después notarás la importancia de asociar debidamente las ideas en la conciencia. Es el primer paso para que se formen las convicciones profundas, arraigadas y operativas».

Ella tenía razón. En esto consiste la verdadera educación. No basta atiborrarse de conocimientos hasta ser una enciclopedia ambulante. Es preciso ordenar y aprovechar, como es debido, unas pocas ideas básicas, fundamentales para vivir cristianamente la vida terrena y necesarias para lograr el Cielo. ¿Pero cómo alcanzar todo esto?

Tiernamada vio la pregunta en mi mente y la contestó:

—«Solo con la ayuda del Señor. Pero Él está ansioso de otorgarla a todo aquel que se la pida cristianamente».

—«¿Así como nosotros, platican los bienaventurados?».

—«No exactamente, pero casi. En el Cielo conversamos, infundiéndonos directamente nuestras ideas e imágenes. Sin embargo, también hablamos en muchos idiomas y dialectos».

¡Disfrutar en la gloria el placer del lenguaje! Hablar lo justo, sin errores ni vicios de dicción. Decir exactamente los pensamientos sin dudas, sin ambages, sin malicia, sin peligro. Con la seguridad de ser no solamente escuchado, sino entendido. En este mundo hay que pensar muy bien lo que se dice, ya que resultaría fatal decir lo que se piensa.

—«¿Por qué no me infundes tus ideas, en vez de acomodar las mías?».

—«Porque ningún mortal logra soportar tanto gozo. Te morirías de placer. No te imaginas el deleite que significa recibir una idea infusa. Equivale a la interpenetración espiritual, al beso entre dos almas».

—«Ahora entiendo cómo adivinas mis pensamientos. Sin embargo, mueves los labios al comunicarte espiritualmente conmigo. Si no hablamos con palabras, ¿por qué percibo esos movimientos tuyos?».

—«Para no desconcertarte. Ya que en este mundo no es factible el beso entre dos almas, pronuncio las palabras que corresponden a las ideas que aclaro, coordino y hago pasar a tu conciencia. Las expreso vocalmente con mucho amor, puesto que son para ti, aunque sean inaudibles. ¡Lástima que no deba comunicártela alguna idea mía!».

—«Haz la prueba, por favor».

—«No. Cualquier concepto estrictamente celestial que te infundiese, operaría como una convicción irresistible y, o te morirías de gozo o casi perderías la libertad humana y, por tanto, la capacidad de colaboración con el designio del Señor sobre ti. Hagamos mejor otra prueba. Cuando me hables, tócate los labios y te darás cuenta de que no los mueves, toda vez que te estás comunicando espiritualmente conmigo».

—«Debo parecerte un cadáver sentado —le dije, al tiempo que con grandes esfuerzos ponía los dedos sobre mis labios inmóviles—. Si nunca he sabido comunicarme así, espiritualmente, con nadie, ¿cómo es que hoy platico sin palabras contigo?».

—«No es lo mismo saber que practicar lo que se sabe. Tu conciencia lo ignora, porque nunca lo había experimentado. Pero tu alma espiritual bien que lo conoce; igual que sabe gobernar todo tu organismo y dirigir las funciones biológicas, mientras tu conciencia duerme plácidamente o se ocupa en otros asuntos».

De veras que sí. Recordé que, en una infección grave, el alma sabe muy bien cómo aumentar las defensas naturales, aunque no haya estudiado medicina. Era admirable la conversación con mi amiga glorificada, porque a pesar de desarrollarse en milmillonésimas de picosegundo, Tiernamada me dejaba pensar con calma y dirigía mis reflexiones con toda oportunidad. ¡Si pudiésemos platicar así los mortales en la tierra…!

—«¿No te parece magnífica la Providencia de Dios en los regalos y ayudas para sus amados hijos humanos?» —me preguntó Tiernamada, con sus dos atractivos hoyuelos en las mejillas, los que de antemano me tenían convencido.

—«La verdad es que no esperaba todo esto».

—«La acción sobrenatural de nuestro Dios en los mortales es casi siempre inesperada. Algunos la llaman sorpresa, casualidad, destino… Pero en realidad, esas expresiones son los nombres laicos de la divina Providencia».

—«¿Por qué llamas "sobrenatural" a esa acción divina?».

—«Porque es algo que se encuentra muy por encima de lo que el mortal conoce ordinariamente. Se trata de una moción superior a lo que, para el viador, es natural, común y corriente. Esto no significa que lo sobrenatural sea raro. Al contrario, es muy frecuente en los verdaderos cristianos».

—«Pero no se nota…».

—«Es que tú la rechazas de antemano; a priori la juzgas imposible. Y el Señor te busca ansiosamente, pero se hace de rogar. La causa es el pavoroso pecado del mundo: el desprecio, la indiferencia, el olvido de que hay un Dios Todopoderoso que nos ama entrañablemente. ¡Si yo pudiera cooperar a que el Altísimo y tú se diesen la mano…! ¡Si yo lograra intervenir para que Él y tú se estrechasen en inefable abrazo de amor de caridad, sería la más dichosa de las pequeñas bienaventuradas!».

—«Entonces, ¿esta maravillosa entrevista es como una lotería que me saqué?».

—«Sí, algo así. Y no te imaginas su cuantía, toda vez que se refiere a la riqueza de ideas-convicciones profundas y operativas que te obsequia nuestro Dios. Si la sabes aprovechar bien antes de tu muerte, te valdrán una gloria más importante que la ganancia de muchos billones de dólares. Aunque debería decir, en vez de dólares, derechos especiales de giro. Porque observo en tu memoria sensitiva que ha bajado actualmente la cotización del dólar».

—«Por lo visto, ya tienes bien explorada mi alma y mi cerebro. ¿Acaso estás percibiendo todos mis pensamientos y recuerdos? —le pregunté, con cierto temor.

—«No. Solo advierto lo que libremente quieres que conozca. Y no te inquietes, porque el Señor es celoso guardián del decoro y privacidad de cada uno de sus amados hijos humanos. Por supuesto, Él conoce todo, absolutamente todo. Pero a nadie lastima ni atemoriza. Su minuciosa Providencia se ejerce también en el Cielo. Él está muy pendiente de que los bienaventurados no cometamos el menor error o indiscreción cuando nos comunicamos entre nosotros, ya sea por interpenetración o mediante el lenguaje».

—«¿Cuál forma de conversación te agrada más?».

—«Preferimos el diálogo espiritual, sin palabras pronunciadas. Así nos entendemos mejor. El lenguaje terrenal es bello, agradable y meritorio, pero, a veces, algo incierto. Y resultaría insuficiente para expresar el cúmulo de nuevas ideas celestiales. Además, como existen en la gloria todos los idiomas de la tierra, nos sería difícil, sobre todo para los glorificados inferiores, como yo, dominar tantos lenguajes. Te platicaré —añadió— uno de nuestros juegos celestiales con los bienaventurados prominentes. Les preguntamos por una noción elevada. Ellos nos contestan con exquisita precisión en algunos de los idiomas que sabemos. Nos asombramos de su explicación y creemos haberla entendido muy bien. Pero luego, ellos se compenetran con nosotros, en la agradabilísima interpretación intelectual, y mediante la deliciosa unión sin confusión de alma con alma, quedamos extáticos al saborear directamente, sin palabras, la misma noción que antes creíamos haber entendido».

—«¿Quieres decir que el mejor lenguaje no consigue la perfecta comunicación?».

—«En efecto, no puede, ni siquiera en la Gloria. El que habla necesita seleccionar sus pensamientos y expresarlos con claridad al que escucha. El oyente, partiendo de las palabras que percibe, intenta evocar lo mismo que su interlocutor. Pero no lo conseguirá del todo, mientras sus almas no se compenetren. Ellos se entienden, claro está, mas no se identifican plenamente. Por tanto, el lenguaje sugiere, explica, pero raras veces define y comunica con exactitud».

—«¡Es admirable el beso espiritual en el Cielo! ¡Lamento no sentir fruitivamente el que me estás dando! De veras que el Universo es complicado y grandioso».

—«La Creación es infinita en sus cinco dimensiones: las tres del espacio, el tiempo y la eternidad creada, que veremos después».

—«¿Por qué los viadores ignoramos esas verdades? ¿No sería mejor que Dios nos permitiera conocer todas sus maravillas creadas, así como lo consiente para las verdades científicas sencillas? ¿Por qué su divina Revelación no abarca la descripción de los paratiempos, la de la inefable comunión en espíritu entre los bienafortunados y la de las exquisitas golosinas de la vida futura?».

—«Porque nuestro Dios ha revelado lo necesario para que todo hombre de buena voluntad alcance su Vida eterna, que es lo verdaderamente valioso y necesario. Es lenta la pedagogía de la Palabra Revelada, debida al maldito pecado, a la rudeza humana causada por tanta soberbia, egoísmo, engaño, erotismo…».

—«¿Tan funesto es el pecado?».

—«Tanto que si el hombre hubiese sido menos pecador, habríamos aprovechado más la Revelación. Y la humanidad, en medio de las penalidades indispensables para la prueba que es la vida mortal en el régimen de la Fe, vislumbraría mejor la estupenda Felicidad que le espera en el cielo y trataría de conseguirla mediante el cumplimiento fiel y perseverante de los Mandamientos y Consejos del Señor».

—«Considera —prosiguió— que nadie da algo, ni en la tierra ni en el Cielo, sino en la medida que sabe cómo será recibido el regalo que otorga. Y es muy triste observar que la humanidad, el mundo en general, nunca ha querido prepararse para conocer y gustar un poco más de la divina Revelación. El mundo, en cuanto tal, se ha atenido a disfrutar, sana o pecaminosamente, el placer o gozo que le proporcionan de inmediato los sentidos corporales. Tributa culto de latría al becerro de oro del bienestar temporal. Poco ha buscado directamente al Señor por sí mismo, por amor a Él. Ha pretendido recibir sin dar nada. Se ha imbuido de soberbia y egoísmo y solo recurre a nuestro Dios para exigirle cuentas… Por supuesto —recalcó—, no afirmo lo anterior como un reproche para los demás. Tanto tú como yo hemos sido soberbios, egoístas, sensuales, pecadores al fin… ¡Ah! Pero si la humanidad tomara en serio a nuestro Dios, estoy segura, en nombre del Amor con que la ama el Altísimo, que el breve paso por la tierra le parecería más llevadero, más lógico, más sencillo y más fructífero. No me refiero a ganancias en pesos y centavos, claro está, sino en Paz presente y en gloria futura».

—«¿Qué es la Paz cristiana?».

—«La Paz del Señor es la más grande felicidad terrena a la que puede aspirar un viador. No es el mero equilibrio de fuerzas opuestas, ni la ausencia de guerras, ni la quietud de la pereza, ni el silencio de los oprimidos, ni la tranquilidad del cínico. Tampoco es la euforia inestable de ese nuevo humanismo cristiano y filantró-pico, pero sin verdadero amor de caridad. La Paz del Señor —dijo Tiernamada— es la tranquilidad nacida del orden auténticamente cristiano. Es la calma espiritual y profunda que brota del deber cumplido, no por el humanismo que hace a un lado al Altísimo, sino por amor a nuestro Dios. La Paz es el silencio interior y muy alegre de quién reposa, activo y confiado, en la Palabra divina. Pero sin recortes ni tergiversaciones dogmáticas. No faltaba más, que la Paz cristiana fuese como esa cama premonitoria que precede a las tormentas. En el actual régimen de la Fe —siguió diciendo—, el Creador anhela el progreso humano, pero solo el que se alcanza mediante el amor de caridad. Y no el seudoprogreso, logrado por el humanismo puro. El progreso cristiano consiste en el esfuerzo continuo de cada uno de ustedes y de todos, por cumplir cabal-mente la Ley de Nuestro Señor Jesucristo. No le tengas tanto miedo al dolor, a la enfermedad y a la muerte. Es muy breve la estancia del peregrino en este mundo. Recuerda que cuando el hombre se desdiviniza por el pecado, inmediatamente se animaliza por la concupiscencia. Cuando se pierde la Fe en nuestro Dios, se empieza a creer en tonterías».

—«Tiernamada, le das mucha importancia a la caridad. Y actualmente la limosna se considera casi un insulto. A lo más, y a regañadientes, se acepta la justa cooperación».

—«¡No confundas el primer mandamiento de la Ley de nuestro Dios con el simple humanismo! No me estoy refiriendo a la limosna material ni a la pura filantropía. Hablo de la caridad cristiana. La caridad es el amor que se adhiere primero al Altísimo y después, con Él, a nuestros semejantes. El amor de caridad es el que se practica, estando en Gracia de nuestro Dios y para agradarle. No hay que confundir la caridad con el sentimiento de compasión. El sentir lástima del prójimo es apenas la invitación para ayudarle cristianamente. Pero esta ayuda, para que de veras sea cristiana, debe inspirarse y fundamentarse en el amor al Todopoderoso. Si no es así, la dádiva, por muy importante que sea, carece de valor sobrenatural. Por tanto, la cooperación económica sin caridad es "címbalo que retiñe". La filantropía sin caridad produce la ingratitud y la decepción. Y el humanismo sin caridad desemboca en el fracaso social. La caridad es el amor que rige en el Cielo y el único que puede salvar al mundo».

—«¿Por qué no se habla del primer mandamiento de la Ley de Dios?».

—«Por la soberbia humana, que intenta reducir el cristianismo a una religión de club, complaciente, superficial y dulzona, en la que se soslaya la Justicia divina, se minimiza el pecado y se quiere olvidar la existencia del demonio y del infierno. Y se estruja, se mutila y se tergiversa el Evangelio, con ánimo de no contrariar la concupiscencia del creyente y de hacer acomodadiza la Revelación divina… El cristianismo auténtico —añadió— considera al hombre actual con sus defectos y cualidades, con sus inquietudes e interrogantes. Pero le responde a sus preguntas a la luz del Evangelio íntegro, sin recortes convenencieros, con todas las sublimes y drásticas exigencias de la divina Voluntad, con sobrenatural amor de caridad, y no con un amor bonachón, interesado y exclusivamente filantrópico. Buena cuenta se dan los viadores —agregó— de la imperiosa necesidad de llevar todos una vida virtuosa, en beneficio de la sociedad. Pero equivocan el camino. Porque la probidad, por sí sola, no alcanza a nuestro Dios. Ni el afán desesperado de salud y bienestar terrenos es el recto camino que conduce al Cielo. Por eso no motivan con ímpetu vehemente los argumentos humanísticos y filantrópicos. Les falta fuerza para llegar al meollo de la voluntad. Carecen de eficacia para forjar la convicción profunda y operativa. Hipnotizan, pero no convencen. Y claro está, la juventud se desanima y se desvía. ¡Hacen falta ideales vigorosos que levanten el corazón! Y estos no se encuentran en el mundo; los regala solamente el Señor. Es inútil buscarlos en razones terrenas. Pero quien se arrima en espíritu y en verdad a nuestro Dios, los obtiene en abundancia».

—«¿Por qué vale tanto el amor de caridad?».

—«Porque cuando la limosna es material, cuando el dar por compasión o miedo, el humanismo y la filantropía se practican con la intención de obedecer la Ley del Señor o de agradarle o de manifestarle el amor preferente, se transmutan en amor de caridad, el único amor fecundo y liberador. Puesto que, entonces, al vincularse el amor humano con el amor divino, ya no es el hombre solo, sino el Altísimo el que le da el apasionamiento, la eficacia y el triunfo. Es importantísimo el propósito con que se hacen las obras. Y no se insiste en que la intención es lo que especifica y valoriza el acto humano».

—«Dicen que el verdadero amor es recíproco. ¿Cómo es el Amor de Dios para nosotros?».

—«El Creador está, fíjate bien, profundamente enamorado de cada uno de sus hijos humanos adoptivos. Él no ama globalmente al género humano, así como el hortelano quiere a toda su huerta. No, Él ama a cada uno de nosotros con un Amor supremo, que sobrepasa infinitamente al mejor amor creado. El Señor te ama a ti, singularmente, con vehemencia, con energía, con inefable necesidad amorosa, con inmenso cariño, con ternura indescriptible y con otras mil cualidades que ni en el Cielo ni en la tierra se pueden explicar».

—«¡Fascinante! —exclamé para mis adentros—. Jamás me habían expuesto así la Religión».

Quizás empezaba a formarse en mí la convicción profunda y operativa de mi situación de viador contingente y muy limitado.

Pero al mismo tiempo, tal vez como contrapeso, parecía que se formaba esta otra convicción: Dios me ama. Y no me ama en el bloque de la masa humana. Me conoce en lo personal y me ama individualmente. No soy un simple número de catálogo en la Creación. ¡Qué maravilla! Jamás hubiera sospechado que mi débil y precaria ancianidad inspirara amor. ¡Y nada menos que el amor divino! Posteriormente, cuando Tiernamada se fue y medité en su mensaje, me sentí agobiado por el peso del Amor de Dios, tan rotundamente inmerecido por mi parte. Sentí que mi pequeñez se engrandecía. Que yo valía más que el anciano basurero donde se arrojan la indiferencia y los desprecios. Porque Alguien, el Mejor, me ama. Fue como una transfusión de Esperanza en mi futura Felicidad celestial. Bien entendía que esa Esperanza no era de mi fabricación. Que no se trataba del optimismo terreno, fundado en la probabilidad de conseguir presto algún bien mundano. Sin duda alguna, era uno de los regalos celestiales que me había traído mi bella glorificada. Por de pronto, en ese paratiempo en que me encontraba, consideré que el amor divino, a pesar de su grandiosa intensidad, no es celoso y egoísta como nosotros, ya que ha dispuesto un inefable amor, a la manera celestial, entre mi hermosa compañera y yo. Sentí, entonces, una profunda gratitud, ya no tanto hacia Tiernamada, sino hacia el Creador de Tiernamada.

—«De la gratitud brota el amor —me sorprendió mi querida muerta en mis pensamientos—. ¡Alégrate, porque empiezas a sentir tu amor a nuestro Dios!».

—«¡Ya estoy confirmado en Gracia! —grité para mi interior—. ¡Soy un "candidato descubierto" para la gloria futura! ¡Ya tengo el pasaporte al Cielo! ¡He sentido el amor de Dios! Sabía que apenas grandes santos, como Santa Teresa de Jesús o San Juan de la Cruz, sintieron su amor a Dios».

—«No te hagas ilusiones —me previno—. Sentir por un instante de paratiempo el amor a nuestro Dios no es tener el boleto para ingresar al Cielo. Muchos mortales perciben, por lo menos en algunos momentos de su vida, el sentimiento de su amor al Creador. No lo experimentan por largo rato, porque morirían de felicidad. Por otra parte, no es necesario sentirlo continuamente, ya que el amor al Altísimo se ejercita, amando con caridad al prójimo».

—«Pero es muy agradable sentirlo, aunque sea por una milmillonésima de picosegundo. Sin embargo, dicen que el amor a Dios no se puede sentir...».

—«El pequeño amor a nuestro Dios, en efecto, no se siente; solo se practica con el amor de caridad a los hermanos; no por su linda cara ni por lástima, ni por temor a las represalias, sino por obediencia al Altísimo. Mas el grande e intenso amor ¡claro que se siente!, ¡y en qué forma!, y aun desde esta vida mortal».

—«¿Por qué no se habla de un amor sensible a Dios?».

—«Por la misma razón que ya te mencioné: el pecado. Porque el peregrino vive en un ambiente de maldad. Y así, es claro que no puede entrever, ni menos saborear, el amor de Dios. Ni muchos predicadores se atreven a mencionarlo, por no provocar la burla de los oyentes. Por otro lado —dijo Tiernamada—, piensa que si el Señor hubiese permitido al hombre mortal que dominara la materia, la energía, la eternidad creada, los tiempos y paratiempos, es seguro que los pecados hubieran aumentado en especie, número y malicia. Y es que la humanidad en general, a pesar de la Revelación y de la Redención, sigue siendo tremendamente egoísta y orgullosa. Comprende, pues —concluyó—, a la divina Providencia, que ha preferido limitar el radio de acción de sus amados hijos humanos adoptivos y los ha colocado dentro de los barandales de este mundo, los que impiden travesear por terrenos altamente peligrosos. Esta es la causa de las limitaciones individuales, sociales, políticas, científicas, tecnológicas y artísticas».

—«No obstante, algunos científicos ya se salieron del huacal y llegaron a la Luna. Otros, mantienen espantada a la humanidad con sus travesuras atómicas».

—«Sí —me respondió, siguiendo la broma—. Pero todos ellos, gateando, no podrán llegar muy lejos. Nuestro Padre Celestial los cuida amorosamente desde arriba, y, si ellos se alejaran demasiado, los tomaría cariñosamente en brazos y los devolvería a sus primitivas andaderas. Él les permite travesear, y a veces peligrosamente, por respeto a la libertad humana que les otorgó».

—«¿Podría el viador salirse lícitamente de las limitaciones de ese barandal providencial?».

—«Claro que sí. Muchos lo consiguen, si eso les sirve para alcanzar el Cielo. Bastaría que el cristiano mortal, estando en gracia del Altísimo, se lo pidiera al Señor con auténtica humildad, sinceridad y perseverancia, no por egoísmo ni curiosidad malsana; que hiciera su oración impetratoria en espíritu y en verdad, con la confianza filial de que nuestro Padre le atenderá eficazmente. Tú mismo eres testigo de ello en este paratiempo».

—«Sí, pero Dios tardó más de veinte años en atender mi petición de conocer algo de la vida futura».

—«Mas al fin lo conseguiste. ¿No te alegras de ello? ¿Le das más importancia al tiempo transcurrido? ¿Habrías preferido que el Señor te atendiera inmediatamente a pesar de tus pecados de entonces, los que no te hubieran permitido recibir la acción divina? Nuestro Dios —añadió para convencerme— es lento en actuar, pero no por su Voluntad, sino por la pereza moral del viador. A pesar de todo, no podrás negar que Él te ama, y muchísimo, ya que, a la postre, te cumplió tu capricho. ¡Que si hubieses adelantado en perfección cristiana, desde hace mucho tiempo sabrías todo esto que te digo hoy! ¡Y si tú —prosiguió—, sin ser un perfecto cristiano, estás logrando una singular ayuda divina, ¡cuánto más conseguirán, si se lo proponen, quienes aman de veras a su Creador! Y créeme que en realidad lo alcanzan. No te imaginas las ayudas y regalos de nuestro Dios para quienes, en esta vida, lo sirven y lo aman de veras. Numerosos mortales que toman en serio al Señor obtienen de los regalos más valiosos que los que estás recibiendo. De esto se publica muy poco, ya que se trata de obsequios privados, o el beneficiario no acierta a explicarlos. Si sufre mucho la humanidad actual —reiteró—, es porque la soberbia no le deja pedir el remedio al Altísimo. Los regalos divinos, materiales y espirituales, están condicionados a la obediencia de la Ley de nuestro Dios. Y el hombre no quiere combatir la concupiscencia que lo arrastra al pecado; ni procede con lógica: si cree en el Todopoderoso, ¿por qué no le pide su ayuda con verdad, humildad y perseverancia? El mundo padece más de la cuenta por su deliberada rebeldía contra la voluntad del Señor. Se quieren resolver los problemas por medios mundanos, con exclusión absoluta del Creador. La religión se reduce a la psicoterapia periódica de aspirinas, para calmar momentáneamente el egoísmo. Y, claro está, rechazando el amor divino, se retrae por elemental delicadeza y fracasan las mejores planificaciones».

—«No obstante, en los templos reza mucha gente».

—«Sí, pero esa oración suele ser rutinaria, tibia, pálida, temerosa, apocada, casi desprovista de fe y de caridad. Una súplica de ese estilo no la atienden ni los líderes; ni los mendigos competentes la emplean».

—«Es que se requiere un gran milagro para convertir y aliviar a la sociedad».

—«¡Pues pidan el milagro! Ustedes no lo pueden hacer, por más que se sugestionen. La falla no está en el Omnipotente. Está en ustedes, orgullosos e incrédulos, que no quieren caer de rodillas y tender sus débiles manos hacia el Padre que está en el Cielo. En vez de amarse con amor de caridad —continuó—, tal como lo manda el Señor, se empecinan en odiarse, franca o disimuladamente. Y cuando creen que se aman, como no lo hacen con amor de caridad, su afecto se estaciona en un combate egoísta: cada quien toma lo que puede desde su trinchera. Naturalmente, nuestro Dios no les ayuda, y las funestas consecuencias de hacer a un lado al Creador llueven como pesado granizo sobre todos ustedes. Un milagro personal —concluyó— requiere una petición individual. Un milagro nacional necesita la impetración de todo el pueblo. Si los creyentes de la nación: católicos y protestantes, cristianos y no cristianos, se unieran en apremiante súplica, respaldada por obras de amor de caridad —no de humanismo puro—, se asombrarían del maravilloso resultado. La historia de Israel es testigo de la Omnipotencia del Altísimo».

—«Ahora —propuso Tiernamada—, te invito a que visitemos a San Luis Potosí».

¡Un viaje con mi primer amor! De momento, me entusiasmé. Pero luego comprendí que ese viaje, para un anciano achacoso como yo, era casi imposible.

—«Ya verás que no es tan complicado —me dijo, insistiéndome con su bella mirada—. Llegaremos a San Luis en menos de una milmillonésima de picosegundo. Todo el paseo no durará más de siete diezmilésimas de segundo. En vez de objetar, aprovecha la oportunidad que te brinda el Señor, de viajar a una celeridad mayor que la de la luz, siendo aún mortal».

Pensé en los problemas de viajar con la rapidez de la luz. Si a una velocidad de trescientos kilómetros por segundo, la fisiología humana ignora lo que le pasaría al organismo, ¿qué sucedería a más de trescientos mil kilómetros por segundo? Las predicciones de las modernas teorías relativistas son aterradoras. A una velocidad mayor que la de la luz, la materia aumentaría su masa o tal vez se desintegraría. Se derrumban las clásicas leyes de la física, cuyo límite máximo es precisamente la velocidad de la luz. Las líneas rectas se vuelven curvas. En fin… A pesar de los malos augurios, Tiernamada se veía tan hermosa, tan radiante y tan optimista, que dejó de preocuparme lo que pudiera suceder.

—«¡Vamos a donde quieras, mi bella muerta! —exclamé en mi interior—. Que si muero en el camino, menos te perderé, porque seremos dos los muertos».

Ella volvió a rozar con sus dedos el dorso de mi mano. Y no supe qué sucedió, ni sentí nada. Cuando me di cuenta, estaba de pie junto a Tiernamada en la acera de una angosta calle de provincia.

—«¡Ya estamos en San Luis Potosí! —me aseguró con su juvenil sonrisa».

—«¡Es un milagro!».

—«No. Es muy sencillo. Los mortales lo llamarían milagro, porque supera las técnicas de la ciencia actual. En cambio, para los bienaventurados no tiene nada de prodigioso. Es un viaje celeste muy natural y muy frecuente. Ya verás en la Patria que el menor de los glorificados puede viajar, por su propio poder, a una velocidad equivalente a la de la luz, elevada a la potencia de un millar».

—«¡Es fabuloso…!».

—«Al contrario, es poca cosa. Algunos grandes Santos viajan con mayor rapidez. Cuando ellos nos invitan, los glorificados inferiores gozamos con creces. Te diré que la celeridad de los viajes, así como otros muchos deleites de la gloria accidental, dependen del grado de felicidad obtenido por la libre colaboración de la voluntad humana con la Voluntad divina, efectuada por el viador en estado de gracia durante la vida mortal. Como ves, nuestro Dios nos glorifica con justicia y munificencia».

—«Es fascinante viajar a grandes velocidades. Bueno, me refiero a las de este mundo, es decir, a centenares de kilómetros por hora. Pero ¿cómo es que no sentí el vértigo de la rapidez, sino que de buenas a primeras me encuentro aquí?».

—«En primer lugar, porque en este paratiempo te asiste una ayuda especial del Señor. Si hubieses sentido la placentera emoción de este vértigo, ya te habrías muerto de gozo. En segundo lugar, porque la distancia fue mínima. Las rapidísimas celeridades a las que me refería corresponden a distancias de trillones de años luz, elevados a la potencia de trillones».

—«¡De veras que está atrasada la Astronomía! —me dije—. Nunca he leído que existiera una distancia equivalente a un trillón de años luz. Me hubiera gustado sentir el deleitable vértigo de la velocidad de la luz, aunque fuese en la corta distancia de nuestro viaje. Pero me conformaba muy ampliamente con lo que me concedía mi amada muerta».

—«A ti —me prescribió— te hace falta divisar la inmensidad que disfrutarás en la Patria. Te recomiendo que en una noche serena te acuestes en un lugar muy alto, donde no estorben árboles ni edificios, y contemples por un largo rato el río de diamantes, musical y silencioso, del firmamento. Admirarás y sentirás la nostalgia del infinito».

—«¿En dónde estamos? —me preguntó Tiernamada».

Mis recuerdos eran borrosos. Pero rememoré esa calle pavimentada con piedra bola. Vi, un poco más allá, la pequeña Plaza de Liñán. Sí. Estábamos en la calle de la Independencia. Serían como las cinco de la tarde. Advertí mi vestido: llevaba pantuflas, el cuello desabrochado y mi saco de casa, rojizo y muy raído. No sé por qué se me ocurrió pensar en cómo se vestirían los bienaventurados. El vestido de Tiernamada, sencillo y elegante, era moderno y de buena calidad. Pero, ¿y el de los glorificados de otras épocas? Imaginé que usarían túnicas y mantos, como en el tiempo de Nuestro Señor Jesucristo. O bien que, con sus formidables poderes, se vestirían como les viniera en gana.

—«¿No te agrada mi vestido? —me preguntó con acento de preocupación».

—«Es muy bello. Aunque te verías bien con cualquier atuendo».

—«No te asombres por lo que voy a decirte. Los bienaventurados no usamos ningún vestido. No lo necesitamos. Ni para protegernos de las inclemencias del tiempo, las que no nos afectan sino para gozarlas. Ni para cubrir defectos físicos, que no existen en el Cielo. Ni por rubor, ya que en la Gloria no hay malicia; todos somos impecables. Verás. Para visitarte, yo misma ordené a los átomos que se combinaran y se organizaran para formar mi vestido, y ellos me obedecieron gustosos, a su modo, claro está. Pero quizá me equivoqué y me resultó una vestidura ridícula».

¡Claro está! Mi concupiscencia de mortal exaltó mi imaginación y… no sé cómo decir que me enamoré mucho más de mi amada muerta. Ella, de por sí tan hermosa y amable, aun vestida a nuestro modo mundano, me parecía más bella que la mejor actriz de cine o que la ideal Helena de Troya. Algunas transeúntes enlutadas, con la falda muy larga y sus rostros casi cubiertos por sendos chales oscuros, permanecían de pie, inmóviles, en la estrecha acera de losas muy desgastadas.

Tiernamada me adivinó la pregunta y la contestó:

—«No estamos en el transcurso normal del tiempo terrestre. Nos ubicamos en el tiempo pasado. Nos encontramos en el 21 de octubre de 1923».

¡Qué maravilla! ¡Yo, visitando el pasado! Me parecía increíble, pero tenía enfrente la evidencia.

—«Tampoco nos colocamos —prosiguió— en el transcurso normal del tiempo pasado. Nos hemos situado en un paratiempo más lento del que utilizábamos en México. Nos movemos al ritmo de billonésimas de picosegundo. Observa a esas señoras enlutadas. Caminan según el compás del tiempo ordinario de esa fecha. Sin embargo, para nosotros no se mueven, porque su andar es demasiado lento en comparación con el ritmo de nuestro paratiempo. Te explicaré un poco más —añadió—. En estos momentos, tú y yo transcurrimos en una onda temporal muy lenta con relación al movimiento de la Tierra. Dicha onda, sin embargo, es rapidísima para las transeúntes enlutadas. Es que ellas marchan al ritmo del reloj y del calendario. En cambio, nosotros nos movemos al compás de billonésimas de picosegundo. Posteriormente lo entenderás mejor. No —añadió al observar mi pensamiento—, no quieras aplicar las clásicas ecuaciones del movimiento ondulatorio a las ondas temporales. No coinciden. Esas fórmulas solo se cumplen en el momento presente del tiempo normal de la Tierra. Les falta tomar en cuenta el parámetro de la quinta dimensión, que veremos después. Con esta nueva coordenada, vislumbrarás cómo es posible que aumente la frecuencia, sin modificación de la longitud y amplitud de las ondas. También columbrarás la coexistencia de diversos trenes de ondas temporales. El tiempo está muy relacionado con el movimiento ondulatorio —aclaró—. Existen muchas variedades del tiempo, que corresponden a numerosas ondas temporales, semejantes a las ondas sonoras y luminosas. Para los mortales, rige la frecuencia rapidísima del reloj. Los viadores saltan de un segundo a otro como si calzaran "las botas de siete leguas". Mas no logran brincar del lunes al miércoles, ni del día de hoy al de ayer. Viven con su conciencia atada al instante actual, sin posibilidad de retroceder al pasado ni avanzar con más rapidez hacia el futuro. Y así sucede hasta que la buena muerte, la muerte en el Señor, rompa esa rígida ligadura y se obtenga la liberación. Mientras tanto, ustedes apenas se asoman al pasado mediante los centros cerebrales de la memoria, que son como las ventanas por donde miran borrosamente su historia. Las viandantes no pueden vernos —afirmó—, toda vez que las imágenes nuestras, en sus retinas, permanecen solo unas millonésimas de picosegundo. Naturalmente, la agudeza visual humana no permite percibir imágenes en tan corta duración. Ni las transeúntes alcanzan a mover los ojos hacia donde estamos».

Imaginé que la misteriosa frecuencia del tiempo normal de la Tierra es una angosta vereda por la que transitamos los mortales. Pero con abismos insondables a cada lado. Y que si no caemos en el voladero sin fondo, es por la cuidadosa Providencia divina. Pensé en lo terrible de una caída en el abismo infinito del tiempo. Si Dios no nos atendiera, nos quedaríamos, quién sabe hasta cuándo, en una de esas misteriosas frecuencias temporales, como el paratiempo en que me encontraba. No cabe duda de que la cuarta dimensión es un complicado laberinto. ¡Qué bien hace Dios al impedirnos pasear por cuenta nuestra en los paratiempos! ¡Nos perderíamos! Porque si manejando las tres dimensiones del espacio nos complicamos la vida, ¡cuánto más nos enredaríamos si viajásemos a través de las incontables ondas temporales! ¡Maravilloso, en verdad, el complicado tiempo! Pero más asombrosa aún, la majestad de la quinta dimensión, que luego vislumbraría.

Pronto corroboré lo dicho por Tiernamada. La transeúnte más próxima tenía el pie levantado como para dar un paso, pero no acababa de darlo. Se me ocurrió que así como esas enlutadas no podían vernos, quizás otros visitantes, en paratiempos más lentos, nos observarían sin que Tiernamada y yo nos diéramos cuenta. Porque no era lógico suponer que nosotros fuésemos los únicos viajeros a través del tiempo en esos precisos momentos. Pero en tal caso, el mundo parecería un teatro y los mortales, los comediantes, solo que sin aplausos ni abucheos. No se lo pregunté, porque su sonrisa me avisó que había conocido mi pensamiento.

—«Por supuesto que sí —aseguró—. Innumerables bienaventurados, viajeros a través del tiempo, contemplan los sucesos diarios de esta tierra oscurecida por el pecado. Y no creas que prefieren observar los acontecimientos que los mortales califican de muy relevantes, sino los que en verdad lo son: actos de amor de caridad, penalidades sufridas con cristiana fortaleza, culto sincero a nuestro Dios, paz de los viajeros santos, buenas obras practicadas sin ruido ni vanidades. En fin, todo lo que de veras es grato al Señor y que, precisamente por eso, tiene valor de vida eterna. Muchos ángeles —siguió diciendo—, y de los más importantes, así como numerosos glorificados humanos, están pendientes de las libres decisiones de los peregrinos mortales. Se regocijan cuando presencian el fiel cumplimiento de la Ley del Señor y se deprimen, sin sufrir —ya que en la Patria se sienten las emociones, pero sin dolor alguno—, cuando se produce una deficiencia moral grave. Y no te imaginas cómo corre la voz en el Cielo. El más pequeño viador que sea fiel cristiano empieza a ser famoso en la Gloria».

—«Entonces —le dije con optimismo—, no existe la soledad humana. ¿No es verdad?».

—«En efecto. Ningún mortal se encuentra absolutamente solo. Desde luego, nuestro Dios está siempre con él. Además, suelen estar presentes varios ángeles y humanos glorificados. Por supuesto, ellos nunca interfieren directamente en el devenir histórico y libre de la humanidad viadora. Pero sí le ruegan al Señor por ella. El universo de los bienafortunados está muy interesado en los mortales, para hacer imposible el olvidarlos».

—«¿Por qué tanto interés?».

—«Porque todo viador es, o puede ser, un hijo adoptivo del Altísimo, mediante su Gracia, y, por ello, un manantial de gloria para Él. Pero como la Gloria divina reverbera en los bienaventurados, ya que el Altísimo nos participa de la alabanza universal que recibe, es lógico que los Santos del Cielo estén muy pendientes de todo lo que pudiera aumentar el celeste regocijo. Considera, pues, cuando creas estar solo, que muchos ojos intelectuales te contemplan amorosamente y desean con fervor que actúes en ese momento de acuerdo con la Ley del Señor. La gloria que tú alcances repercutirá en los demás bienafortunados».

—«¿Sucede lo mismo con todos los mortales de la tierra?».

—«Mientras más cristianamente humilde es el viador, mayor número de espectadores tiene. Porque es mayor la probabilidad de darle alabanzas de gloria a nuestro Dios, mediante las obras de amor de caridad y, por ello, a todos los bienafortunados. Te diré que la gloria accidental, esto es, la felicidad que en el Cielo causan las creaturas —no el Creador mismo— se parece al ambiente de la tierra. Si alguien lo contamina, todos lo resienten. Pero si alguno lo purifica y enriquece, todos se benefician».

Por unos instantes de paratiempo, medité en que debo tener mucho cuidado con mi conducta privada, puesto que algún bienaventurado podría observarla. Lo que no consideré es que Dios me mira continuamente. Tiernamada y yo permanecíamos de pie en la estrecha acera poniente de la calle de la Independencia, en el San Luis Potosí de 1923.

—«¿Quieres asomarte a la casa de las señoritas Campos? —propuso mi amada muerta».

Estábamos frente a la casa de esas señoritas. Era una casita pobre en un barrio humilde de San Luis, pero con humos de habitantes siquiera un poco pudientes: dos ventanas enrejadas a la calle, correspondientes a la pequeña sala, abiertas de par en par, con vulgares y estropeados visillos, y viejas cortinas recogidas para que, desde afuera, los transeúntes disfrutaran un poco de música casera. Miré por la ventana y contemplé un espectáculo que me desconcertó: ¡ya lo había vivido hace muchos años! Vi como a diez personas, la mayoría mujeres, sentadas e inmóviles alrededor de la estancia, todas vestidas de oscuro y muy recatadas. Las observé mejor y ¡sí!, reconocí a las señoritas Campos, discretamente emperifolladas. Me extrañó, porque sé que en la actualidad no queda ninguna de ellas. Después, cuando Tiernamada me explicó la majestuosa quinta dimensión, vislumbré el prodigio.

¡Qué maravilla! Ahí estaba mi abuela paterna, muerta hace treinta años. ¡Imposible entender lo que estaba sucediendo! Era una fusión misteriosa del pasado y del presente. Pero el pasado resultaba muy actual. Volvía yo no solamente a recordar, sino a presenciar lo que había vivido muchos años atrás. Lo pasado era tan real, que me resistía a aceptarlo como ya sucedido. Solo el recinto lo hallaba más estrecho. No podía suponer una ilusión, puesto que la realidad era demasiado objetiva. No miraba el retrato de mi abuela paterna, sino a ella misma, viva y corpórea, pero inmóvil. También se encontraban, como estatuas inconmovibles, mis tías paternas, desaparecidas desde hace muchos años. ¡Qué alegría volver a verlas y a saludarlas!

—«No te hagas ilusiones —pronosticó Tiernamada—. Solamente podrás mirarlas, no tocarlas, porque ya están glorificadas y su contacto te mataría de felicidad».

—«Pero tú me has tocado, y en vez de matarme me fortaleces».

—«Es que ellas no te acariciarían con prudencia. Al reconocerte, te abrazarían llenas de gozo, y ese contacto te mataría de dicha sin remedio. Por lo mismo, también nuestro Dios, cuando acaricia el alma de un mortal, lo hace muy leve y fugazmente. Claro es que el Señor quisiera reiterar la caricia, pero el denso smog del pecado se lo impide».

—«¿A qué se debe que ninguna de ellas se mueva?».

—«A la lentitud de nuestro paratiempo, con relación al compás del tiempo ordinario de la tierra. Y al ritmo rapidísimo en que tú y yo nos movemos. No te extrañes de que coincidan dos ritmos temporales muy distintos. Si en una alberca tranquila arrojas dos piedras, una en cada extremo de ella, se formarán trenes de ondas diferentes, inclusive opuestos, pero coexistentes. Pues bien, las personas que están en la sala viven en ondas de tiempo distintas de las nuestras».

¡Mi abuela paterna y mis tías! Tan humildes y corteses. Tan cariñosas que fueron conmigo. Iba a decir pobrecitas. Pero no, toda vez que ya están glorificadas. Más bien, pobre de mí que soy aún viador.

—«¿Quién es ese niño que está muy asombrado junto al piano? —me preguntó Tiernamada, con cierto matiz humorístico».

Era un niño de ocho años, gordo, que, en efecto, tenía cara de asustado. Lo miré mejor, y… ¡era yo mismo! ¡Sí, yo mismo en mi infancia! Ahora el más espantado resulté yo, anciano. Pero eso no podía ser… Era absurdo… Seguramente se trataba de una extraña alucinación, causada por las maravillas que me sucedían en ese paratiempo. Mi lógica me aseguraba la imposibilidad real de lo que veía. No. Sencillamente no podía entender que yo, el viejo, mirara por la ventana nada menos que a mí mismo, al niño, de pie y al lado del piano. A pesar de tantos prodigios, no podía soportar este último, que superaba la capacidad de mi entendimiento.

—«No te asombres —intentó tranquilizarme Tiernamada, muy conmovida—. Ese niño eres tú. Recuerda que estamos visitando el pasado. Eres tú mismo hace cuarenta y ocho años».

—«Lo siento, pero no puedo creerte. Yo estoy aquí, en la calle, y ese niño está en la sala cerca del piano. Es verdad que en mis recuerdos se parece mucho a mí, pero nada más… nada más…».

—«No, mi amor, ese niño y tú sois la misma persona. La misma alma espiritual anima a ese niño y te anima a ti actualmente».

La ternura de mi bella amiga había derrumbado todos mis argumentos. ¡La dulzura quebranta peñas! Aunque mi entendimiento dudaba, mi corazón se había convencido. Ese niño y yo éramos la mismísima persona. Sin embargo, ¿cómo era posible que una sola alma alentara a dos cuerpos diferentes? El de mi niñez y el actual no se parecen en nada. Son esencialmente distintos no solo en edad, peso y estatura, sino en las facciones y en la materia misma. Es cierto que yo viví, hace mucho tiempo, una situación semejante aquí, en casa de las señoritas Campos. Que estuve de pie, próximo al piano, y que me enamoré de la espléndida muchacha cuando ella, junto a mí, cantó *La pajarera* en aquel entonces inolvidable. Lo que sucede ahora, pensé, es una extraña coincidencia de circunstancias.

Como quiera que fuese, una energía desconocida me empujaba hacia el niño. Creí que Tiernamada trataba de representar, como en el cine, el suceso ocurrido hace cuarenta y ocho años. Le agradecí de corazón su amorosa tentativa y hasta pensé seguirle el juego y continuar con ella esa como ilusión de amor.

Fue hasta un poco después, cuando mi amada muerta me permitió columbrar el portento de la quinta dimensión, que resolví el enigma de mis dos cuerpos en existencia simultánea.

—«Para entrever mejor el intrincado Universo —expuso Tiernamada—, son insuficientes las cuatro dimensiones que conoces:

longitud, anchura, espesor y tiempo. Con ellas solas, te enfrentas a problemas incompatibles con la divina Sabiduría y con tu propia inteligencia. Por eso, no entiendes la presencia de tu cuerpo de niño en este paratiempo del pasado. Ni alcanzas a explicarte cómo es posible que el Altísimo, enamorado de sus creaturas, permita el deterioro o destrucción de ellas. Además, siempre te ha parecido un derroche absurdo, un despilfarro, la aniquilación de la belleza, del amor, de las obras del trabajo humano, de tus seres queridos, de los complicados organismos vivos y de las cosas en general. Y tienes toda la razón. Las cuatro clásicas dimensiones —reiteró— no alcanzan a descifrar el enigma de la Creación, el sentido de la vida y del amor, el misterio del desgaste y acabamiento de las cosas, el porqué de las catástrofes y de las cadenas alimenticias, la tragedia de la muerte y los asuntos escatológicos del Más Allá. Todo esto lo vas a vislumbrar al través de la quinta dimensión o eternidad creada. Barruntarás la asombrosa lógica de la Creación. Por ello, nuestro Dios ha permitido que hoy entreveas, objetivamente, ese novedoso parámetro del Cosmos. Tal es la razón de nuestro viaje al pasado. La eternidad creada o quinta dimensión —agregó— aclara y fundamenta los demás ejes de coordenadas del Universo. Es el parámetro que, junto con la longitud, anchura, espesor y tiempo, causa la persistencia definitiva y sin término de todo ser, desde el inicio de su existencia como tal. Pero de todo el ser completo, con inclusión de lo que le ha sucedido en el transcurso del tiempo y con todas sus etapas evolutivas. La eternidad creada es como el almacén mejor ordenado, que conserva perpetua y realmente toda la historia del Universo».

—«Me parece imposible lo que dices…».

—«Te estoy exponiendo la verdad. Pero la rechazas de antemano, como la pelota en un juego de *ping-pong*. No cierres a priori tu inteligencia a las nuevas ideas científicas, con tal de que no se opongan a la divina Revelación. Te recomiendo que las estudies primero. La existencia de un ser —prosiguió—, de ti mismo, por ejemplo, podría compararse con un gran paquete de barajas perfectas y cronológicamente acomodadas. Cada naipe equivaldría a cada acto de existencia, a cada suceso, a cada momento del pasado histórico de ese ser. Sin embargo, el observador, hombre mortal con su conciencia ligada al transcurso del instante actual, solo miraría la última carta, la que correspondería en exclusiva al momento presente. Pero detrás, en el almacén del tiempo pasado, se encontrarían las demás barajas en riguroso orden. Ellas representarían la historia eterna, real y viviente de dicho ser».

—«¡Es lástima que yo no pueda barajar mis cartas de existencia!».

—«Lo harás cuando alcances la Bienaventuranza. Por ahora, contemplas el naipe que corresponde a tus ocho años de edad».

—«No sé… Me resisto a creer en esa eternidad creada…».

—«Te ayudaré con otro símil. Para calcular la posición de un convoy de ferrocarril, bastan la distancia y el tiempo. No hace falta conocer la altitud, como sucede en la ubicación de un aeroplano. Mientras la locomotora no se convierta en avión, bastará con las coordenadas de la distancia y el tiempo para calcular la situación del tren. Sin embargo —prosiguió con celestial paciencia—, sería un grave error negar la existencia de la altura sobre el nivel del mar, tan solo porque el conductor del ferrocarril no la utiliza en el cálculo de su posición. Pues bien, para vivir la vida mortal, te son suficientes cuatro coordenadas: las tres del espacio —largo, ancho y grueso— y la cuarta dimensión o tiempo. El hombre mortal —puntualizó— no emplea en la práctica la quinta dimensión. Porque vive con la conciencia atada al momento presente, como la locomotora a los rieles. Y está incapacitado, por el castigo divino al pecado original y por el vigente régimen de la Fe, para utilizar libremente la quinta dimensión o eternidad creada. Apenas la vislumbra, pero ya la desea, sin que acierte a entenderla bien».

—«Yo no comprendo ni deseo esa quinta dimensión…».

—«¡Claro que sí! El hambre de eternidad se manifiesta por doquier: el vigoroso instinto de conservación, los juramentos de amor perenne, el anhelo de estabilidad del hogar, la firmeza arquitectónica de los monumentos a los grandes ideales, la tendencia a retener la buena fama y la riqueza, la evocación de los recuerdos gratos, el mantenimiento de los afectos, el coleccionismo, el odio al oscuro agujero de la muerte… demuestran el amor y la necesidad de la quinta dimensión y son pruebas indirectas de la existencia real de la eternidad creada. Después de la buena muerte —concluyó—, el hombre glorificado recupera la libertad física, el imperio sobre la Naturaleza, que perdió a causa del pecado del mundo. Y entonces sucede como si, de pronto, la máquina de ferrocarril adquiriera las características del avión. El bienaventurado entiende la eternidad creada, la vive en toda su plenitud y ejerce dominio sobre ella. Y goza lo indecible al sentirse eterno y al contemplar eternos a sus semejantes, a sus cosas amadas y al Universo todo. La quinta dimensión no vendrá hasta después de los tiempos. La eternidad creada ya está, aquí y ahora, en el presente actual».

—«No cabe en mi inteligencia la eternidad de los seres».

—«Es que tú —me explicó— separas en tu mente el tiempo del espacio. Consideras que el tiempo transcurre, pero el espacio no. Y estás equivocado. Te aclararé lo que es el espacio-tiempo. En el Universo objetivo de la realidad, el tiempo y el espacio son inseparables. El tiempo no solo es el parámetro que mide el movimiento de los seres. La verdad es que el tiempo está realmente en las cosas; no existe separado de ellas. Porque los cuerpos están hechos de materia y energía en movimiento. Y el movimiento necesita, por fuerza, del tiempo. Todo acto de existencia —reiteró—: un cambio de forma, un fenómeno físico, dar un paso, una reacción química, cualquier mutación, sucede en determinado espacio-tiempo indisoluble, inseparable. No creas que el tiempo pasa y el espacio permanece inmutable. No, seguramente que no. Eso es una ilusión de los sentidos. La gran realidad objetiva es que el tiempo transcurre junto con el espacio que corresponde a dicho acto de existencia. Cuando el reloj indica el paso de un segundo, no solo circuló el tiempo; transcurrió también el espacio material correspondiente. El espacio-tiempo del instante actual —afirmó— es la única oportunidad de realizar cambios. Es el punto álgido. Es el único sitio terreno del amor, del deseo, del gozo, del dolor y de la muerte. Pero el fenómeno, una vez efectuado, persiste inmutable, con su materia, energía y espacio-tiempo, en la gran bodega de la quinta dimensión. Puesto que ya cruzó el peligroso escenario del momento presente. El instante actual es la fábrica de actos de existencia, buenos o malos, que en la vida futura servirán para mejor Bienaventuranza, o para mayor oprobio. Desde el Cielo —prosiguió— contemplarás los monumentos de la antigüedad, desde su erección hasta su derrumbe. Porque la existencia se conserva incólume en los incontables espacio-tiempos transcurridos y almacenados en la quinta dimensión. Es un grave error suponer que el devenir se aniquila. Te ayudaré con otra parábola —agregó resignada—. Así como la máquina de coser va bordando y las puntadas se conservan minuciosamente ordenadas sobre la tela, así el hombre, al pasar por la aguja del momento presente, borda, sobre la tela de su voluntad y con el hilo de la Ley del Señor y Su designio sobre el viador, la costura de su existencia. El sube y baja de la aguja representa el instante actual. La puntada significa, en el momento en que se efectúa, el acto de existencia; y ya realizada, el espacio-tiempo guarda la acción ejecutada. La cual se añade justamente a las demás para formar la labor. Esta viene siendo el hombre entero y toda su historia. La belleza del bordado resulta de la libre colaboración virtuosa, en amor de caridad, de la tela de la voluntad humana con el hilo de la Voluntad divina. Y el dejado se conserva, para siempre, en el estuche inviolable de la quinta dimensión».

—«Sin embargo, Tiernamada, cuando una cosa se transforma, deja de ser lo que era. Se convierte en otra cosa».

—«¡Ahí está el error! Te engañan los sentidos. Ellos te presentan las transformaciones, destrucciones y muerte de los seres como hechos definitivos e irreversibles, porque te los presentan desde la perspectiva del instante actual. No te dejan ver que el espacio material transcurre junto con el tiempo. Caes en la trampa que te ponen la atadura de tu conciencia con el momento presente, la sugestión colectiva de los esquemas mentales, erróneos pero muy arraigados, y tu atávica ignorancia. Confundes, infantilmente, el pasado que ya no te es factible mirar, con el presente que estás observando. Y es que, siendo viador, no puedes detenerte en la carrera de los espacio-tiempos. Sigues siempre al galope, montado y bien amarrado en el veloz caballo del tiempo normal de la tierra, sin posibilidad, siquiera, de volver la cara y contemplar, a tus anchas, el majestuoso horizonte de la perduración de todos los espacio-tiempos de las cosas, el que acabas de dejar atrás. Y claro está —afirmó—, concluyes que el pasado remoto se acabó porque ya no lo miras, y que el pasado inmediato se fusiona con el instante actual. Por eso te resistes a aceptar la existencia perenne de tu cuerpo infantil. Confundes el organismo que posees en el momento presente, con la ininterrumpida serie de fases de desarrollo biológico desde tu concepción. Ellas engloban, en minucioso orden cronológico, la incontable cantidad de actos de existencia correspondientes a los espacio-tiempos que te ha tocado vivir. Y todo ello pervive, sin fin, en la imponente realidad objetiva de la quinta dimensión».

—«Es inconcebible que mis sentidos se equivoquen a tal grado».

—«Así sucede, por causa del pecado. Ya podrás entrever la trascendencia del mal moral. Es fácil el engaño sensorial en los viadores. Por ejemplo, en la estación del ferrocarril, a veces, un tren comienza a moverse con tanta suavidad que no se siente. Si miras a través de la ventanilla y observas otro convoy en la vía contigua, no logras saber cuál tren está detenido y cuál en movimiento. Te haría falta un punto de referencia, un poste, por ejemplo. Infortunadamente, no hay un punto de relación para convencerte de que el devenir no se aniquila; se conserva en los seres, aunque te parezca que sucede lo contrario. Pero ya lo verás en el Cielo —me dijo con radiante alegría—. Observarás la historia del Universo como si esta fuese un enorme álbum de fotografías. Podrás contemplarlas en cualquier orden, ya no cronológicamente, tal como sucedieron, sino primero las últimas y luego las primeras. O compararlas indistintamente a tu gusto. Solo que en la quinta dimensión no se miran retratos; se contempla la realidad misma, siempre perenne. En el Cielo, no existe la traba de la conciencia con el momento actual, ni la necesidad de las clásicas nociones, puramente subjetivas, del presente, pasado y futuro. Estos se entretejen, según nuestra voluntad, y nos sirven de medios para aumentar nuestros goces. En la equivocación de los sentidos aquí en la tierra —reafirmó—, pasa lo que con la visión binocular. Cada uno de tus ojos forma en su retina la imagen de un mismo objeto. Deberías ver dos objetos, correspondientes a las dos imágenes. No obstante, miras uno solo. Pero bastaría una ligera presión sobre uno de tus globos oculares para que observaras inmediatamente las dos imágenes del mismo objeto. De manera análoga —continuó—, apenas contemplas lo que acontece en el momento presente. Porque tu conciencia, como te decía, se encuentra bien atada al transcurso del instante actual. Y juzgas, indebidamente, que eso constituye todo lo verdadero, cuando solo te señala la pequeña verdad del momento presente. No confundas la fugaz evidencia, pequeña e incompleta, que los sentidos te proporcionan en el momento presente, con la gran realidad, perenne y objetiva, de la eternidad creada o quinta dimensión. Es deplorable que no logres verificar la existencia del eterno almacén de todos los seres. En tu estado de viador, la máxima demostración posible es lo que contemplas en este paratiempo. Pues bien —finalizó—, para adquirir la certeza moral (no la evidencia absoluta, imposible para los viadores), no funciona la ligera presión sobre uno de los globos oculares. Pero sí puede servir una prudente presión sobre la buena voluntad, para que medites sin prejuicios en la existencia y trascendencia de la quinta dimensión».

—«Con todo, si un vaso se rompe, se acabó como vaso».

—«No. Porque el rompimiento tuvo lugar en determinado momento, pero no en el momento anterior ni en todo el tiempo en que el vaso fue vaso. Este se quebró en el espacio-tiempo de su último acto de existencia. Mas conserva intactos, en la quinta dimensión, todos los espacio-tiempos correspondientes a sus actos de existencia: cambios de lugar, de color, de contenido, de desgaste, de uso…; desde que lo fabricaron hasta un momento antes de que se rompiera».

—«Tiernamada, ¿cómo evitar el infausto engaño de los sentidos?».

—«Muy sencillo. Permanece siempre cerca del Altísimo en su Gracia, en espíritu y en verdad. Si el engaño sensorial perjudicara tu salvación eterna, ten la seguridad de que Él lo remediaría. Pero si continuaras en el engaño, puedes estar cierto de que esa verdad no te hace falta para alcanzar la Bienaventuranza. La entenderás después en el Cielo. Claro que estás obligado a poner aquí, de tu parte, todo lo más que puedas para salir del error».

—«¿Por qué le llamas eternidad creada a esa misteriosa quinta dimensión?»

—«Para diferenciarla de la Eternidad Absoluta del Altísimo. Comprenderás que la eternidad creada no puede ser la posesión total, simultánea y perfecta de una vida sin término. Esto corresponde a la Eternidad Inmutable, exclusiva de nuestro Dios. Los seres creados tenemos muchas limitaciones. Perduraremos para siempre, más nuestra existencia tuvo un comienzo e innumerables cambios. Nehemías proclama estas nociones: «Levantaos, bendecid al Señor, vuestro Dios, desde la eternidad (creada) a la Eternidad (Absoluta). Tampoco la eternidad creada —explicó— es lo contrario de la temporalidad, puesto que el tiempo y la quinta dimensión son parámetros coexistentes. Persistiremos sin fin, desde que comenzó nuestra existencia. Pero siempre nos ubicaremos en alguna frecuencia temporal. Nuestro organismo glorificado no puede vivir en la intemporalidad. Perpetuamente estaremos pasando del deseo a la inmediata posesión del bien amado, de la potencia al acto. Solo el Creador es Acto Puro. En el Cielo, somos libres para elegir entre dos bienes, pero no entre el bien y el mal, toda vez que nuestra voluntad persiste abrazada al Bien Infinito. Como sabes, la materia y la energía no pueden existir sin la cuarta dimensión o tiempo».

Tiernamada y yo continuábamos de pie, frente a la ventana de la casa de las señoritas Campos. Un silencio de paz dominaba en el ambiente. Yo curioseaba mi cuerpo infantil, sin acabar de entender el prodigio.

—«El organismo humano —aseveró ella—, visto desde la perspectiva del momento actual, no desde la quinta dimensión, se renueva sin cesar. Por la asimilación, incorpora continuamente materia nueva que adquiere vida. Y por la desasimilación elimina materia que poco antes vivía. Los cuerpos humanos cambian constantemente, de tal manera que cada siete u ocho años, más o menos, se renuevan casi todas las moléculas químicas del viador. Considera, entonces —añadió—, que tú mismo, en el transcurso de tu vida, has cambiado unas siete u ocho veces de cuerpo material. Sin embargo, tu alma espiritual, libre e inmortal sigue siendo la misma. Pues bien, para que admires mejor la grandeza de tu alma eterna, observa que tu espíritu, al darte testimonio de tu incesante yo personal, continúa siendo tu única alma indivisible, irremplazable, sin partes componentes. Ella es la forma substancial de tu organismo total, es decir, de todos tus cuerpos materiales desde el estadio de célula huevo. Pero no supongas —continuó— que lo que le ha acontecido a tu cuerpo integral, por el hecho de haber sucedido, se haya esfumado, se haya acabado definitivamente. No creas que tus cambios corporales, por pertenecer al tiempo pasado, hayan sido aniquilados. No, porque en la realidad objetiva no han sucedido; están sucediendo, están existiendo en el ámbito de la eternidad creada o quinta dimensión».

—«De modo que yo poseo una sola alma espiritual, pero con siete u ocho cuerpos distintos…».

—«En la eterna realidad objetiva, tienes un solo cuerpo integral, el cual ha ido adoptando diversas facciones, estaturas, complexiones, materias y energías. Pero tus siete cuerpos permanecen intactos, para siempre, en el pasado del tiempo terrestre o quinta dimensión».

—«¡Es maravilloso…!».

—«Si tus siete cuerpos se observaran desde el plano de la eternidad creada, se miraría un solo organismo total, así como los siete colores se unifican para dar el color blanco mediante el disco de Newton. Pero si te observaras a través del prisma del tiempo, tu único cuerpo integral, a la manera de un haz de luz blanca, se refractaría, para dar los siete colores de tus siete cuerpos distintos y la gama interminable de matices, correspondientes a tus actos de existencia y a los espacio-tiempos que los conservan».

—«¿Cómo es posible que no sea consciente de poseer siete u ocho cuerpos materiales diferentes?».

—«En parte, sí te das cuenta. Te recuerdas niño, adolescente, joven y adulto. Has percibido tus cambios fisonómicos, de peso, de estatura… Y en parte, no, puesto que tu conciencia está encadenada al presente momento existencial. En este paratiempo, por encontrarnos visitando el pasado, contemplas tu cuerpo de niño, existente y vivo, como vivo y existente estás todo tú, en el almacén de la quinta dimensión».

—«Quisiera entender bien todo esto».

—«Ya lo comprenderás cuando lo vivas en el Cielo. De momento, no olvides que todo ser, por el solo hecho de ser, es uno, es verdadero, es bueno y es bello. Se trata de los cuatro clásicos y grandes valores. Pues bien, ahora añádele el quinto valor: todo ser es eterno».

—«¡Esta sí es una novedad que me has revelado!».

—«Efectivamente decimos "por los siglos de los siglos", en lugar de decir "por la eternidad"».

—«No. Ya la sabías. Estoy leyendo en tu mente las leyes fundamentales de la ciencia que aprendiste: "Nada se aniquila, nada se crea, todo se transforma". Solamente te faltaba aclarar que las transformaciones se realizan en el momento presente, pero que, una vez efectuadas, perduran, sin fin, en la eternidad creada. Como ves, la ley de la conservación de la materia-energía te está develando el misterio de la quinta dimensión. En este paratiempo —expresó— observas tu cuerpo de niño inmovilizado pero viviente. Lo que no soportarías como viador, sería mirar tus cuerpos, o mejor dicho, tu cuerpo integral, moviéndose en el curso normal del tiempo terrestre. ¿Te imaginas contemplar tus siete cuerpos en plena actuación? ¿Observarte a ti mismo en una superintrospección a la vez subjetiva y objetiva?».

—«Sería fascinante contemplar mis cuerpos actuando todos a la vez. ¿No podría verlos?».

—«Ten paciencia. Solo quienes estamos glorificados, libres de la atadura de la conciencia con el momento actual, logramos disfrutar de esas maravillas. Los diversos estadios de desarrollo corporal, en cualquier espacio-tiempo de sus fases evolutivas, terrenas y celestes, pueden ser glorificados por el alma en un momento dado. Es divertidísimo gozar con ellos en el Cielo. Yo apenas lo puedo hacer en siete estadios, por mi pequeño grado de gloria. Y logro vivir y sentirme bebé, niña, adolescente, novia, recién casada, madre y abuela. Pero me es factible hacer otras muchas combinaciones».

Cambiamos nuestras fases corporales, como ustedes se mudan de ropa. Disponemos de muchísimos aspectos físicos en la Patria. Tú podrás ser y sentirte joven en la gloria. No serás como un eterno retrato.

—«En otra oportunidad —prosiguió—, cuando te describa un poco de la sexta dimensión, vislumbrarás el prodigio que realizan los glorificados muy prominentes: logran vestirse con todas sus etapas corporales a la vez, en el mismo acto de conciencia. Participan, analógicamente, de la Ubicuidad divina. Pero un bienafortunado inferior dispone de pocas envolturas corporales al mismo tiempo.

Por ello, haz el propósito de alcanzar, con tus buenas obras terrenas, un alto grado de gloria futura».

—«Es portentoso el organismo humano integral, pero ya glorificado, porque en esta vida no contamos ni con una muda corporal de repuesto. Sin embargo, ¿no hay confusión psicológica en esa vivencia múltiple?».

—«No, puesto que es enorme la capacidad intelectual del bien-afortunado. La luz de la gloria (*lumen gloriae*) y el dominio sobre la sexta dimensión nos dan aptitud para disfrutar de mil maravillas simultáneamente. Tampoco se estorban los espacio-tiempos de las fases de desarrollo corporal, en los actos celestes. Por ejemplo, así como al platicar, tu conciencia atiende a la conversación y se olvida de los dedos meñiques, así el bienaventurado, al disfrutar una vivencia celeste de amor de juventud, no es consciente de su etapa de niñez. Mas todas las fases de desarrollo del cuerpo perviven íntegras en el estupendo archivo del tiempo pasado. Y pueden actuar en muy diversas ondas temporales, porque una vez fabricado el acto de existencia, es factible ubicarlo en otros tiempos y paratiempos. En conclusión —señaló—, cualquier cambio del hombre, cualquier fenómeno físico, químico, biológico, social, político, religioso, etc., pervive, sin fin, en el imponente archivo del tiempo pasado o quinta dimensión. Todo se conserva, hasta el más leve movimiento. Mas no te imagines la quinta dimensión —me dijo al observar mi mente— como una estantería de biblioteca ni como un museo, donde tus cuerpos y lo que les acaece en el momento presente, se conservarán en recipientes con antibióticos. No, el Cosmos funciona como almacén viviente y perdurable. El Universo consiste en la existencia perpetua de todas las criaturas, absolutamente todas. Ten presente que el espacio circula junto con el tiempo».

—«Sin embargo —protesté—, gracias a la asimilación se incorpora materia nueva al organismo, la cual reemplaza a la materia desasimilada. Esta última se desecha como una excreción. Y yo estoy viendo completo mi cuerpo de niño…».

—«Es que la materia desasimilada se excreta en el momento presente, pero no antes, mientras era materia viva. Advierte que cada espacio-tiempo guarda el fenómeno realizado en el instante en que ocurrió. La gran realidad objetiva es diferente de la evidencia que percibes, a primera vista, en el momento presente. Por ejemplo —explicó al notar mis dificultades para entender—, las células de la epidermis que murieron y se descamaron el martes, estaban vivas el lunes. Y así, vivas, se quedan para siempre. Como todo perdura sin fin, resulta que las células del lunes, y del martes, y las de toda la vida perviven eternamente. Observa que los actos de existencia fueron sucesivos, no coincidentes. Gracias a ello, es posible distinguirlos y ubicarlos según el reloj y el calendario. Mas en la eterna realidad objetiva, la materia-energía-biología del ser humano existe en total, pero no en el mismo espacio-tiempo, sino en una serie de incontables espacio-tiempos sucesivos. Te decía —prosiguió— que el tiempo, separado de las cosas, carece de realidad objetiva. Cada instante se aduna a la materia-energía de todo ser corpóreo, para que este realice su acto de existencia. Por tanto, el ser, su materia, su energía, su espacio y ese preciso momento forman un todo inseparable. De consiguiente, no quieras independizar una cosa de su tiempo pasado. Todo cuerpo está constituido por la suma de sus espacio-tiempos, correspondientes a los actos de existencia que ha efectuado desde que empezó su naturaleza».

—«Entonces —le dije—, yo existo y soy una sola persona con un cuerpo total, formado por el sinnúmero de actos de existencia que he realizado en otros tantos espacio-tiempos. Mi organismo es múltiple. No solo porque es el conjunto de mis estadios de feto, niño, adolescente, adulto y anciano, sino, sobre todo, porque soy la suma de una infinidad de actos vitales. Y cada acto de mi existencia conserva la materia, la energía, el espacio y el tiempo en que realicé la acción existencial. El momento presente exhibe, nada más, un balance instantáneo de mi ser. Siendo así, ¡soy un gigante monstruoso!».

—«En verdad que eres un gigante en la realidad objetiva, pero no monstruoso. Porque tus actos de existencia, así como los espacio-tiempos que los conservan, fueron sucesivos, no coincidentes. Tus acciones del 31 de julio y las del primero de agosto persisten separadas. No acontecieron en dos días simultáneos».

—«Ya comienzo a entender el símil de la baraja. Cada acto de mi existencia es como un naipe indestructible en el enorme paquete de cartas de mi vida».

—«Sí, así es. Tu organismo integral entró a la existencia con una sola alma espiritual y una célula huevo. De esta manera se constituyó tu ser individual. Pero comenzó la reproducción celular. Te adueñaste de materia y energía. Te volviste embrión y te desarrollaste. Te organizaste biológicamente, sin que tu conciencia se diera cuenta, y naciste. Después, los procesos vitales, sobre todo la asimilación y la desasimilación, te han hecho reemplazar poco a poco todos tus átomos. No obstante —enfatizó—, ese reemplazo de materia-energía, así como el de células y tejidos, es puramente subjetivo, propio del estado de viador con tu conciencia ligada al momento presente».

—«Creo que ese reemplazo es muy objetivo».

—«No. Es que todo lo que acontece, lo juzgas con relación al instante actual. En la eterna realidad objetiva no existe el catabolismo, tal como lo concibe la biología. La materia orgánica no se elimina definitivamente. Te he dicho que lo que desasimilas en un momento determinado se encontraba viviente y asimilado en el momento anterior, y que así, vivo y asimilado, permanece para siempre, puesto que todo acto de existencia, junto con su espacio-tiempo, persiste, sin fin, una vez realizado».

—«Pero la excreción es sumamente real y objetiva».

—«Sí, más ella corresponde al acto de existencia del instante actual, y nada más. No significa una pérdida para el organismo total. Es errónea, con relación a la eternidad creada —no con relación al momento presente—, la idea de que tu materia-energía haya cambiado varias veces en el curso de tu vida. Ese cambio es una ilusión. En la eterna realidad objetiva, eres el mismo, en proceso siempre acumulativo de enriquecimiento. Solo que tal riqueza no se encuentra en el momento presente; se halla en la quinta dimensión. Entiéndeme bien —aseveró—: según la biología, que todo lo juzga desde el ángulo del instante actual, la materia de tu cuerpo ha cambiado unas ocho veces durante tu vida. Pero desde el plano de la eternidad creada, no has hecho comercio, sino acopio de materia-energía en tu organismo integral».

—«Pero veo en tu mente —dijo Tiernamada, con acento de resignación— que te cuesta mucho trabajo abstraer la idea de la eternidad de los seres. Y es que todo lo piensas en función del momento presente del tiempo normal de la tierra. ¡Esfuérzate! Tu cuerpo integral, no solo el que posees actualmente, se conserva intacto en la grandiosa bodega del tiempo pasado».

—«¡Lo siento, Tiernamada, soy muy tarugo!».

—«No te preocupes —me dijo cariñosamente—. Todos padecemos de ese achaque. Sin embargo, para tu salvación eterna no necesitas saber la esencia del tiempo ni la de la eternidad creada. Te bastan la fe y las obras de amor de caridad. Pero insisto en que el alma humana permanece unida a su organismo total: cuerpo biológico de embrión, feto, bebé, niño, adolescente, joven, adulto y anciano. Lo sucedido no se aniquila; subsiste eternamente en el espacio-tiempo que conserva el acto de existencia».

—«Si pervive mi organismo integral con todos mis cuerpos materiales, ¿por qué no puedo mirarlos?».

—«Te lo explicaré con un ejemplo. Así como en una hélice en pleno movimiento, es imposible distinguir las aletas y apenas se percibe un tenue disco a causa de la gran celeridad, así en el instante actual no se logra ver, aisladamente, las materias, sucesos y circunstancias que integran al organismo humano total. Solo se mira el cuerpo que corresponde a ese momento presente. Sin embargo, al disminuir considerablemente la velocidad, como ocurre en este paratiempo, alcanzas a observar tu cuerpo de la infancia. Muy pronto te vas a cerciorar de esto que te digo. La aparente contradicción entre tu organismo adulto frente a tu cuerpo de niño —aclaró—, se debe a la falsa imagen que te formas de las cosas, por causa de la ligadura de tu conciencia con el instante actual. Te pondré otro símil. Del mismo modo que en una filmación, la película va circulando a través del aparato de cine para tomar las imágenes, así el organismo del hombre, a la manera de una larga cinta de celuloide, va pasando por la cámara fotográfica del momento presente y registrando, para siempre, lo ocurrido en cada espacio-tiempo con su acto de existencia. Solo que en esta gran realidad objetiva no se trata de fotografías, sino de la conservación real de los acontecimientos. Nada se escapa y todo perdura. Por eso, contemplas hoy el espacio-tiempo de tus ocho años de edad. Ya no recuerdas exactamente —agregó— lo que efectuaste, hoy hace diez años. No obstante, eso ha sido no solo registrado como en una grabación, sino que permanece viviente en el prodigioso archivo de la eternidad creada. Si únicamente miras el cuadro de tu persona y de las cosas en el instante actual, es porque eres aún viador, con tu conciencia atada al momento presente. Y así como dicho rollo —añadió— alcanza a exhibirse en múltiples ocasiones, así el bienaventurado logra contemplar cualquier cuadro de su pasado histórico y vuelve a vivir, pero sin dolor alguno, los sucesos eternamente reales y vivientes de su historia, ya sea terrena o celeste. Dichas experiencias redivivas se obtienen en otras ondas temporales, distintas de las ya vividas. Esto lo vislumbrarás mejor, cuando te describa un poco de la sexta dimensión. Pues bien —concluyó—, en cuanto a ti, tu cuerpo ha cambiado (pero solo con relación al instante actual) física y sustancialmente; mas tu alma, no. Ella cambia, pero en cuanto conoce, experimenta y saborea las experiencias de la vida».

—«Me siento el mismo, aunque mi cuerpo se haya modificado».

—«Te sientes el mismo porque tienes una sola alma espiritual, libre, indivisible e inmortal, la cual te ha animado desde que eras una célula huevo. Tu cuerpo de hoy se deterioró con la vejez. Tu alma se enriqueció espiritualmente con la edad. Tu ser es el mismo, aunque tu envoltura corporal haya cambiado del todo, con relación al momento presente. Ya sabes que no existen modificaciones desde la perspectiva de la quinta dimensión. Sin embargo, eres mortal y vives, por ahora, bajo el régimen de la fe y con tu conciencia ligada con gran fuerza al instante actual. Ahora bien, tu alma unifica vitalmente a tu organismo total. Pero como este necesita del momento presente para colaborar con el Señor y alcanzar el Cielo, resulta que tu espíritu, mientras tanto, vivifica a tus cuerpos, a través de los espacio-tiempos que has vivido, aun cuando no te hayas dado cuenta de ello. Esta es la causa de que te sea factible contemplar hoy tu organismo vivo de niño».

—«¿Por qué no alcanzo a comprender la eternidad creada?».

—«Porque tu conciencia no ha tenido aún la oportunidad de vivirla plenamente. Hasta hoy la vislumbras, al observar tu cuerpo infantil. Pero tu alma bien que la conoce, como conoce a fondo tus funciones biológicas. Y algo de la eternidad creada lo sabe ya tu conciencia; por ejemplo, las ideas abstractas y los primeros principios de la ciencia, todo ello empapado de eternidad. También el conocimiento del yo personal, independiente de los espacio-tiempos materiales, porque emana de la esencia del alma espiritual. Cuando admiras o amas intensamente, no sientes pasar las horas. Es como si gustaras por anticipado de la paz sin ocaso de la quinta dimensión».

—«¿Por qué debo vivir con mi conciencia sujeta a la inexorable férula del momento presente?».

—«Por tu calidad de viador en esta tierra. Porque apenas estás mereciendo con tu fe y obras de caridad, la vida celestial. Comprender la eternidad creada es gozar ya del Cielo».

—«¿Y por qué no logro conocer bien ni siquiera la cuarta dimensión o tiempo?».

—«Porque no te hace falta para luchar por obtener la Bienaventuranza, que es lo verdaderamente necesario en esta vida mortal. El Creador ha revelado todo lo esencial para alcanzar la vida futura, en el actual régimen de la fe. Pero no ha entrado en mayores explicaciones, puesto que no son necesarias para conseguir el Fin final. Sin embargo, Él respeta los trabajos de investigación científica de sus amados hijos mortales. Y, para hacer honor a la inteligencia que Él mismo les ha concedido, pudiera ser que en el futuro los dejara viajar a través del tiempo y asomarse a la quinta dimensión. En la gloria eterna —siguió diciendo—, cuando el Todopoderoso quiere hacernos saber un hecho histórico, no necesita relatárnoslo ni exhibirlo en una sala cinematográfica. Basta que nos ubique en los espacio-tiempos que corresponden a ese acontecimiento. No sufrimos ninguna molestia, porque ya estamos glorificados. Tampoco alteramos el suceso histórico, toda vez que este permanece inmutable en la quinta dimensión».

—«¿Y si no les agrada lo que están presenciando?».

—«Entonces, cambiamos a otro episodio, ya sea terrenal o de cualquier otro lugar del infinito universo. Para ello, basta que queramos hacerlo. Y sin pensar mucho, porque nuestro Dios está muy pendiente para sugerirnos lo mejor».

—«¡Maravilloso! Ustedes observan la historia del Cosmos, como nosotros la televisión. Y hasta pueden cambiar de canal. Lo que me desconcierta es contemplar mi propio cuerpo infantil».

—«Es que le das excesiva trascendencia al momento presente y le restas importancia a lo pasado. La historia no solo existe en la memoria, libros, filminas y computadoras; ella pervive, sin término, en el ámbito de la eternidad creada».

—«Con todo, no se habla de la quinta dimensión o eternidad creada…».

—«Es un conocimiento moderno que no se ha vulgarizado. Veo en tu memoria, aunque muy en desorden, que las recientes teorías lógico-matemáticas de la relatividad afirman, sin comprobación experimental, que el mundo objetivo de la realidad vale mucho más que la percepción de él en el momento presente: abarca toda la historia del universo desde su creación, en perpetua existencia. Tienes bien grabada esta noción en tu memoria: el mundo objetivo de la realidad no acaece, no sucede, no se aniquila; simplemente existe. Y solo nuestro Dios puede abarcarlo en toda su imponente majestad. Lo cual es muy cierto, a pesar de que ese conocimiento no se ha generalizado. Es indudable que la realidad del Cosmos debe incluir, además de lo que acontece en el instante actual, la acumulación ordenada, cronológica, de todos los actos efectuados durante la existencia de los seres».

—«¿Por qué me decías que la noción de lo pasado es irreal?».

—«La idea del pasado es puramente subjetiva; no corresponde a la majestuosa y eterna realidad universal: si lo que ha sucedido no se acaba, es falso que haya pasado ya».

—«¿Por qué no se ha comprobado experimentalmente la existencia de esa misteriosa quinta dimensión?».

—«Porque los científicos tienen su poder de actuar ligado con gran fuerza al momento presente. Solo observan y modifican las cosas en el lapso del instante actual. No consiguen mirar ni menos alterar los hechos del pasado, que, sin embargo, persisten intactos y vivientes, tal como sucedieron. No obstante, el alma espiritual e inteligentísima de esos sabios relativistas les permite elucubrar y expresar matemáticamente sus conclusiones; las cuales, en este asunto, se encuentran de acuerdo con la Revelación divina».

—«En tal caso, la idea de la eternidad creada es inútil en la práctica».

—«Nada de eso. La quinta dimensión puede servir a la filosofía, para que esta haga honor a la verdad y aclare algunas ideas cosmológicas y otras de su especialidad. Y a la teología, para columbrar mejor, dentro del terreno hipotético hasta que el Magisterio lo haga culminar, algunos dogmas de la escatología cristiana. Claro es que la eternidad creada no tiene aplicación en las ciencias naturales. No es motivo de grandes negocios. La eternidad creada es valiosísima en la religión —añadió—, porque muestra la importancia decisiva de cualquier acto y circunstancia que nos tocó vivir en la tierra. Cada espacio-tiempo con su acto de existencia es trascendente para bien o para mal, para eterna Bienaventuranza o para perpetua desgracia. No solo vale la suma total, ni los subtotales de cada reconciliación y encuentro con nuestro Dios. Es valiosísimo cada sumando de correspondencia a la Gracia divina. Los actos humanos perviven en la quinta dimensión. Las matemáticas terrenas no coinciden con las celestes, porque les falta precisamente el parámetro de la eternidad creada. Es notable —aseveró— la importancia de los actos humanos en este mundo. Si ustedes logran mayor progreso cristiano en la sociedad, más dichosas serán sus interrelaciones de amor con los demás bienafortunados. Pero si la soberbia y el egoísmo debilitan el amor de caridad en el apostolado, contaremos con escaso número de compañeros de Dicha, con limitada cantidad de espacio-tiempos disfrutables y, por lo mismo, con menor acopio de placeres y gozos en la gloria accidental. La quinta dimensión —argumentó— es un corolario valiosísimo de las teorías relativistas. Es un acicate jubiloso para la actividad cristiana, personal y social. Es un poderoso sedante en la angustia de los problemas actuales. Es el antídoto del pesimismo. Es un vigoroso argumento para columbrar más claramente los novísimos o postrimerías del hombre. Y es un estímulo que fomenta la paz y la esperanza entre los peregrinos cristianos. Por todo ello, nuestro Dios quiso hoy demostrártela objetivamente. La quinta dimensión —insistió— es asombrosa en el Cielo. Después del fin de la humanidad viadora, los glorificados regresaremos al pasado y viviremos la realización de los deseos honestos que se frustraron en este mundo. Y para agradecer debidamente, al placentero modo celestial, los favores que recibimos de quienes nos amaron con amor de caridad, o para formular y efectuar intenciones lícitas que se nos escaparon durante la vida mortal a causa de la ignorancia invencible. Esto se logra utilizando paratiempos semejantes a este en que nos hemos ubicado, o también, recurriendo a la sexta dimensión. Después veremos que el hombre bienaventurado, al disfrutar su gloria accidental, utiliza cualesquiera de los espacio-tiempos de su vida terrena o celeste, y en cualquier onda temporal de la cuarta dimensión».

—«¿Quieres decir que los bienafortunados volverán a encontrarse y a convivir en la tierra, después del Juicio Final?».

—«Sí, eso mismo. Pero no solo en la tierra actual, sino en el planeta eterno desde su creación. Algo empezamos a hacer en el presente. Pero con timidez, por no interferir con los actuales vivientes mortales. Y con grandes precauciones por el estado de interdicción que rige en la tierra, debido al pecado del mundo. No obstante, después de la Resurrección Final será algo grandioso para los bienaventurados: reunidos quienes se amaron con caridad, convivencias verdaderamente amistosas, realización de ideales honestos y de amores lícitos, al fruitivo modo celestial; encuentro de personas desconocidas, de la misma época o de diversos períodos históricos. Y descubrimiento de nuevos y agradabilísimos amores de la gloria accidental».

—«¿Cómo es eso?», le pregunté admirado.

—«En este mundo, apenas conociste a unas pocas mujeres que te interesaron, de las muchísimas que nuestro Dios te ha designado para tu gloria. No te alcanzó el tiempo terreno para admirar, siquiera, a todas las mujeres bellas que fueron tus contemporáneas. Recuerda que basta que tú sientas la atracción amorosa para fundamentar el vínculo de amor recíproco en el Cielo. Gracias a la quinta dimensión las tratarás ampliamente y descubrirás amores insospechados, que realizarás de acuerdo con las gozosísimas normas celestes. Y no solo de tu época, sino de tiempos pasados o futuros para ti. Más adelante vislumbrarás el amor humano en la gloria accidental».

—«Tendré que viajar mucho a través de la quinta dimensión para buscarlas en la amplísima historia de la tierra…».

—«Las encontrarás inmediata y oportunamente, porque nuestro Dios ya tiene programados, para tu mayor gloria accidental, cada uno de esos indecibles amores celestiales. Nada cuesta trabajo en el Cielo. Dependemos del Señor y Él nos lo da todo con infinita magnificencia».

—«Es asombrosa y desconcertante la quinta dimensión —le dije a Tiernamada».

—«Sí, causa turbación a primera vista. Porque presenta la realidad del Cosmos de un modo nuevo. Y te resistes a rectificar los clásicos moldes subjetivos, muy arraigados en tu conciencia. Te has forjado una realidad egocéntrica e incompleta. Los cambios físicos y químicos de las cosas y de ti mismo acontecen en determinado momento. Pero se perpetúan para siempre en el pasado, exactamente así como sucedieron. ¿Acaso es tan frágil el Poder Creador del Altísimo? No, claro que no. Lo que creías aniquilado permanece inmutable en la eterna realidad objetiva».

—«Entonces, lo ya sucedido no se puede enmendar. Así se queda, ¿no es cierto?».

—«Los actos virtuosos perduran sin cambio alguno. Pero los pecados se pueden aniquilar en todas las dimensiones del Cosmos, mediante el perdón divino. El mal moral es lo único aniquilable de la Creación. Es muy grande el Poder Redentor de Nuestro Señor Jesucristo. La individual naturaleza humana es restaurada física, moral y espiritualmente».

—«Dicen que "palo dado, ni Dios lo quita"».

—«Es falso ese dicho blasfemo. Supongamos que un defraudador destruyó un documento que lo comprometía. Lo quemó en determinada fecha y hora. Ningún mortal podría reconstruir ese documento. El interesado concluye que, una vez destruida la evidencia, nadie, ni siquiera el Todopoderoso, lograría hacerla reaparecer. El pecador se siente muy seguro. Destruida la prueba, no hay delito que perseguir. Lo que olvida el malhechor es que el documento fue quemado en cierto momento, pero no en los espacio-tiempos anteriores. Bastaría retroceder en la quinta dimensión para encontrar intacto dicho papel. ¿No te parece muy consolador que suceda lo mismo con las obras buenas? Por tanto —concluyó— no conviene permanecer ni un segundo en pecado grave. Puesto que, al recuperar la gracia del Señor, quedan reducidos a la nada los actos de existencia y los espacio-tiempos del período en que el Altísimo fue rechazado por el pecador. La justificación es completa e intrínseca. Una justificación superficial y extrínseca no tendría sentido en la quinta dimensión, que guarda la historia del ser. O los actos se borran, o ahí persisten. En la cuenta final, no quedan huellas del pecado perdonado. Su aniquilación ha sido definitiva. Por consiguiente, después, en el Cielo, harán falta esos espacio-tiempos aniquilados, que debieron llenarse de amor de caridad, para gozar mejor de la gloria accidental».

—«Yo tenía entendido que el tiempo pasa y solo deja su rastro».

—«Sí, pero la huella del tiempo y del espacio no consiste únicamente en la erosión de las cosas y en las arrugas de los rostros. Vale mucho más: es la perduración eterna del sinnúmero de espacio-tiempos correspondientes a los actos de existencia de todo ser real».

—«Tiernamada, es duro de aceptar esa persistencia definitiva de la historia de las personas y cosas. Contradice al sentido común. Tal vez mi cuerpo infantil que estoy observando sea una alucinación».

—«No, estás viendo la realidad, la gran realidad objetiva, que no es contraria al sentido común; ella va contra los esquemas mentales, subjetivos y erróneos, causados por la naturaleza humana caída y resquebrajada por el pecado. Tu equívoco es semejante a lo que ocurre en un viaje. Miras desde tu asiento el panorama que cambia continuamente. Pero la variación se efectúa tan solo en tu conciencia, puesto que atrás quedó imperturbable el mismo paisaje. Si retrocedieras, encontrarías. El pecado, el mal moral, no tiene entidad; es una injusticia, un desorden, un vacío culpable de un bien sobrenatural, un bien impedido y destruido, todo tal como lo dejaste. De manera análoga, en tu breve travesía de mortal por este mundo, miras tu devenir y el de las cosas desde la ventanilla del momento presente, con incertidumbre por lo que vendrá y con tristeza por lo agradable que ya pasó. Este erróneo punto de vista te hace sufrir más de la cuenta».

—«¿Por qué? —le pregunté, esperanzado en hallar una manera de padecer menos».

—«Por ejemplo, sufres cuando un amor legítimo se te escapa. Sin embargo, tu pena se mitigaría hasta casi desvanecerse si aceptaras en serio la perduración de todos los seres. La esperanza cristiana de recuperar algún día lo perdido menguaría el actual dolor. La semilla de la inmortalidad y el hecho de la pervivencia están en ti, como lo puedes comprobar en tu cuerpo de niño. Ningún acto se te ha perdido. Todo persiste, excepto los pecados perdonados por el Señor. Cuando dices —agregó—: hoy hace un año que recibí una gran alegría, recuerdas ese acontecimiento con un dejo de amargura. Porque lo consideras ya ido, lejano e irrepetible. Pero no es así. ¡Y qué bueno que estés equivocado! Nada pasa y perece en esta vida. El tiempo pasado es un archivo perenne; no te ha arrebatado nada. Si creyeras en la quinta dimensión, exclamarías gozoso: "¡Desde hace un año estoy recibiendo una honda y perdurable alegría! ¡Y con creces la volveré a vivir cuando resida en la Patria! ¡Deja, pues, de aficionarte a las canciones que hablan de lo que 'se acabó para siempre'!". Como ves —dijo sonriente—, te pasa lo que a los niños pequeños cuando pierden un juguete. Lloran desconsolados porque la pelota rodó debajo de la cama. Tú te entristeces porque tus bienes perdidos, o tu juventud, o tus momentos de dicha legítima pasaron del momento presente al ámbito de la quinta dimensión. ¡Tristeza inútil!, a no ser que la vivas con amor de caridad. Mas si confiaras en nuestro Dios, como el niño se atiene a su madre, esperarías con paciencia hasta recuperar todo, con ganancias abundantísimas, cuando se rompa, con la buena muerte, tu atadura al momento actual e ingreses triunfante en la gloria. Por ello, el cristianismo es la religión de la alegría».

—«¿Por qué Dios permite que suframos?».

—«Por el pecado del mundo, que incluye tus propias faltas morales. Porque, aun cuando fuimos redimidos por Nuestro Señor Jesucristo, todo hombre debe cubrir su cuota de dolor en el Misterio de la Redención. De consiguiente, es más lógico y más consolador que aceptes los fracasos, y los errores, y las tribulaciones como hechos transitorios de prueba para merecer el Cielo; o como procedimientos didácticos de la divina Providencia, para que rectifiques tu conducta; o como estímulos a la Esperanza cristiana de alcanzar la fascinante gloria de la Patria, donde no se conocen las frustraciones ni nada negativo. Al aceptar la quinta dimensión —continuó—, es preciso que modifiques la imagen que te has forjado de las cosas. La verdadera forma de los seres, durante su existencia como tales, no coincide con lo que actualmente percibes de ellos. Porque tu conciencia se encuentra ligada con gran fuerza al instante actual y solo observas en los cuerpos lo que les sucede en el momento presente. Ahí les contemplas sus cambios que, por ser sucesivos, te ves obligado a estudiarlos mediante artificios nemotécnicos: fotografías, descripciones, esquemas, gráficas, computaciones… Pero no te es factible mirar al mismo ser en el espacio-tiempo que acaba de transcurrir, ni menos aún en lo que le sucedió hace un día o hace un año. No obstante, recuerda que todo ser real es la suma de los espacio-tiempos correspondientes a todos sus actos de existencia».

—«Pero si fuese así, los seres se entrelazarían en el ámbito de la eternidad creada. Porque al transformarse una cosa, su materia se utiliza en otra cosa. Y resultaría que la misma materia serviría para muchos cuerpos distintos».

—«Así sucede, pero sin ningún inconveniente. Por ejemplo, la madera de un árbol se transforma en una mesa y después en leña. Mas el ser del árbol, y el de la mesa, y el de la leña, no son simultáneos; corresponden a espacio-tiempos diferentes. El ser del árbol fue anterior al de la mesa, y el de esta antecedió al de la leña. Comprenderás que ningún ser creado es absolutamente simple. En toda creatura material se encuentran varios niveles o grados de existencia. De esta manera, se halla en el hombre, en primer lugar, el grado de existencia en cuanto persona formada de organismo total y alma espiritual. Otro grado de existencia es el celular, es decir, el conjunto de células vivas en un momento dado. Dichas células, aunque dependen de todo el hombre, tienen cierta independencia en su vida particular y poseen propiedades distintas de las del organismo integral. Habría que mencionar, además, el nivel de existencia químico del mismo ser humano en un espacio-tiempo determinado de su vida, y el nivel energético de esa persona, correspondiente a cada instante de su peregrinación».

—«Esto significa que los seres se revuelven en la quinta dimensión».

—«Se mezclan, pero no se confunden; solo se interrelacionan, y con mucha alegría. Porque todos los seres estamos ligados por los lazos del amor universal. No nos confundimos entre nosotros, debido a la persistencia de nuestro ser en la quinta dimensión. Te decía que todo acto de existencia, todo fenómeno, perdura en su espacio-tiempo instantáneo y exclusivo. Por consiguiente —afirmó— no te imagines el organismo integral del hombre como un inmenso ejército de cuerpos que departen entre sí al mismo tiempo. No, ya que los actos de existencia no fueron simultáneos; sucedieron en espacio-tiempos diferentes. Y, aunque todos los estadios corporales perviven como en una interminable fila india, persisten cronológica y espacialmente ordenados, sin posibilidad de intercomunicación durante la vida mortal. Porque la conciencia humana está ligada con el momento presente. Luego te diré cómo se relacionan entre sí los espacio-tiempos del hombre bienaventurado».

—«¿Cómo es, entonces, la verdadera forma de las cosas?».

—«La forma de cualquier objeto difiere y vale mucho más que la observada en el momento presente. Es mucho más extensa en el espacio. Para barruntar el verdadero aspecto de una cosa, tendrías que ir añadiendo, en tu mente, la sucesión de imágenes, una por una, del sinnúmero de espacio-tiempos correspondientes a los actos de existencia, los cuales van agregándose cronológicamente y marcando con toda exactitud, en la eterna realidad objetiva, el desarrollo histórico, evolutivo, de dicho cuerpo. Convéncete de que el ser que miras y su devenir completo, que no puedes observar, forman un todo inseparable, real y persistente».

—«Es difícil imaginar una cosa en esas condiciones».

—«Haz un intento. Por ejemplo, para imaginar la Tierra en la quinta dimensión, en vez de representártela como un inmenso globo, trata de figurártela como un grandioso cometa en cuya interminable y majestuosa cola se encuentran, reales, vivientes e inmutables, todos los seres que la han formado y toda su historia. La forma de una pelota es esférica en el instante actual. Pero en la quinta dimensión es sumamente alargada, puesto que corresponde a la trayectoria de todos sus movimientos. La línea espiral es la predilecta del Universo. Ya adviertes —sentenció— que las imágenes anteriores corresponden a la cosmología actual. No olvides que el mundo objetivo de lo real, según afirman las modernas teorías relativistas, no acaece, no sucede, no se aniquila; simplemente existe. Los seres se transforman en el momento presente, más subsisten incólumes en el pasado. Jamás podría chocar el planeta contra sí mismo —me dijo al leer la objeción en mi conciencia—, a pesar de la exacta periodicidad con que recorre su órbita. La nueva teoría del Universo en expansión sostiene que, si bien las órbitas planetarias se ajustan con exactitud al calendario, ningún astro vuelve a ubicarse en el mismo lugar, aunque todos conservan su distancia relativa. Para nuestro caso, daría igual la otra teoría del Universo en retracción».

—«¿Quieres decir que cuando pongo un lápiz en el mismo lugar que antes ocupaba una pluma, estoy equivocado?».

—«Claro que sí, porque transcurrió un instante. El espacio-tiempo del lápiz es posterior al de la pluma. Pero cada uno de ellos persiste, sin fin, en su correspondiente acto de existencia. Todo ser real perdura para siempre, sincrónico con todos los demás, al ritmo del reloj, en sus innumerables».

—«En efecto, cualquiera que sea la teoría del Universo no cambia la tesis de la definitiva conservación de todos los actos de existencia. Sistemas o teorías, ninguno de ellos demostrado. Con precisión se conocen las distancias relativas, trayectorias y dimensiones de los principales planetas del sistema solar, independientemente de los sistemas que lo representan. Espacio-tiempos, con todo su devenir y sin peligro de colisión consigo mismo ni con los demás. Los choques solo se efectúan en el momento actual».

—«Quizá la expansión del Universo se deba a la quinta dimensión».

—«Sí, ambas son consecuencia de la exacta armonía del Cosmos. Por lo pronto, necesitas modificar los moldes convencionales, subjetivos y muy arraigados, que te han sugestionado hasta hoy. Es preciso, para fomentar el legítimo optimismo en tu persona y en lo que te rodea, borrar la falsa y angustiosa idea de la aniquilación del pasado. Es conveniente, en cambio, para suscitar la esperanza en la Promesa divina del Más Allá y para que vivas en paz en este aquí, abrir tu espíritu a la noción de la eternidad creada o almacén perpetuo del tiempo transcurrido».

—«Es difícil renunciar a lo que se observa: los seres se acaban definitivamente…».

—«Considera que si algún ser se aniquilara o en el devenir temporal perdiera su forma anterior al transformarse, solo quedaría en la Mente divina como un recuerdo del pasado. ¿No te parece que sería el colmo atribuirle a nuestro Dios, Simplicísimo, las circunvoluciones cerebrales de la memoria? La eternidad creada es del todo conveniente a la divina Eternidad Absoluta. Además —argumentó—, ¿no tendrá el amor divino deseos de volver a vivir, no solo de recordar, junto con sus amados hijos ya bienaventurados, no viadores, aquellos momentos terrenales de fidelidad a la Gracia divina, de práctica de oraciones y mortificaciones por amor de caridad, de intimidades en la oración…? Y los bienaventurados, ¿no anhelaremos algo semejante en la gloria? ¿No te agradaría restaurar, de un modo redivivo, las frustraciones y pesares de tu historia? Ahora bien, ¿cómo satisfacer esos justos anhelos, si el pasado hubiese sido completamente aniquilado?».

—«Tengo entendido que Dios nos participará de su Eternidad absoluta en el Cielo».

—«Pues precisamente, la eternidad creada es la participación analógica de la divina Eternidad Absoluta. Solo que la quinta dimensión no empieza hasta el Cielo; ya está con ustedes en la tierra. Y otra prueba más de la existencia de la eternidad creada —agregó—: ¿No sientes extraño que de las obras buenas de tu pasado, solo quede el mérito de ellas delante del Altísimo y el recuerdo borroso para ti? ¿No crees que esa situación sería el clímax del pesimismo? Por el contrario, la certeza moral (no evidencia absoluta) de la duración sin término de tu ser completo y el de las personas y cosas, te da vigor y esperanza. Y hace más congruente la Omnipotencia divina con lo que ocurre en tu etapa de viador. ¿No te parece anómalo —añadió— que las escenas de los grandes Misterios cristianos no existan ya en la actualidad? En cambio, si aceptas la eternidad creada, la historia de la Salvación pervive sin fin. Y así es. ¡Lástima que no te sea factible contemplar el Portal de Belén, el Sermón de la Montaña, el Cenáculo, la Cruz de tu Redención…! Todo ello se conserva viviente, pero sin dolor, por haber librado ya el trágico instante actual».

—«Tienes razón. La eternidad de la Eucaristía y el eterno descanso de los fieles difuntos son ideas religiosas que hablan en favor de la existencia de la quinta dimensión. Sin embargo, Tiernamada, mueren las personas queridas, se va la juventud, se pierden las riquezas, se rompen los objetos preferidos…».

—«Eso es la apariencia, nada más. En ello tienes, precisamente, otra prueba de la existencia perenne de los seres. ¿Acaso el Señor, que tanto nos ama, te permitiría un anhelo legítimo para dejarlo eternamente insatisfecho? Nuestro Dios no da y quita los bienes naturales; jamás Se arrepiente de sus regalos. Te relataré una anécdota mía. Cuando murió mi hijo menor, a los tres años escasos de edad, yo estaba desconsolada. En mi desesperación, le decía a nuestro Dios: "¿Por qué me lo diste, si tan pronto me lo habías de quitar?". Nunca me alivié de esa pena en mi vida mortal. Pero ya glorificada, el Señor me llevó a esos espacio-tiempos críticos de mi pasado. Me consoló tiernamente, como solo Él sabe hacerlo, me hizo ver la conveniencia de la muerte prematura de mi querido hijo y lo puso en mis brazos, vivo y resplandeciente. "No te lo quité —me dijo el Altísimo—, te lo pedí prestado"».

De este modo agradabilísimo, el recuerdo de mi dolor material quedó más que consolado.

—«¿La Omnipotencia del Creador no sabría tal vez conservar en la existencia cada cosa (y cada acto existencial), creado por Él, sino que dejaría que todas sus obras se hundieran inexorablemente en la nada al ritmo del tictac del reloj?».

—«Cada instante de tiempo tiene un valor de eternidad. Por eso la eternidad no precede o sigue al tiempo: son concomitantes. Y otra prueba más de la existencia de la eternidad creada: el fogoso deseo de la inmortalidad de la belleza y del amor, el cual a todos nos apasiona. Verás. Las creaturas somos espejos del Creador cuando procedemos limpiamente. Ahora bien, el Amor del Altísimo es incompatible con las frustraciones definitivas. Solo fracasa para siempre el pecado sin perdón divino. Luego la belleza, el amor y los seres que los sustentan deben perdurar, sin ocaso, en la quinta dimensión».

—«Es cierto. Algunos poetas le cantan a la eternidad, no expectante, sino actual».

—«Y tú, en cambio, por una equívoca condescendencia al frágil testimonio de tus sentidos, te resistes a creer en la lógica perduración de todos los seres. Es tan vigoroso el deseo de la eternidad creada, por ser una exigencia de lo verdadero, que hasta el lenguaje estira la mano de su gramática hacia la quinta dimensión. El presente histórico y el antepresente son anhelos furtivos de perennidad. Tal vez en el futuro la verdad se imponga —finalizó—, y se piense y hable en términos de la quinta dimensión. Por lo pronto, antes del cambio de mentalidad, ustedes se valen de verbos inexactos como perder, aniquilar, acontecer…, a los que están muy habituados, pero que no corresponden a la realidad objetiva.

Poco a poco, empero, a medida que se reconozca la trascendencia de la eternidad de los seres, irán cambiando las costumbres y el lenguaje, aun cuando no sea negocio lucrativo».

No dejaba yo de observar mi cuerpo de niño, paralizado junto al piano, con todo mi asombro, curiosidad y algo así como amor propio a mi prolongación corporal infantil.

—«¿Te gustaría comprobar —dijo de pronto Tiernamada— que tú y ese infante sois la misma persona?».

Pensé que ella permitiría una plática entre el niño y yo. Pero en ese caso, ¿cómo conversaría conmigo mismo? Aunque a veces he sostenido mis monólogos, ¡qué maravilla!, ahora dialogaría conmigo mismo.

—«Sí, por supuesto que sí».

—«Bien. Pero antes quiero explicarte que tu única alma se va a bilocar en cuanto a la conciencia. Es decir, va a operar conscientemente en dos espacio-tiempos distintos: en tus dos cuerpos. Claro es que tu alma sostiene la vida a todas tus etapas de desarrollo biológico, que yacen en la quinta dimensión, pero sin que tengas conciencia de ello. La bilocación consiste —prosiguió— en que un mismo ser espiritual, alma humana o espíritu angélico, actúe conscientemente en dos lugares distintos al mismo tiempo, o en dos espacio-tiempos diferentes. En este caso, tu bilocación no será simultánea, toda vez que cuarenta y ocho años separan a tus dos cuerpos. Será en dos espacio-tiempos distintos. Debo decirte que la bilocación humana no es exclusivamente espiritual, puesto que en ella interviene, además del alma, la energía biológica del cuerpo, que le es consustancial e inseparable. La bilocación consciente y la multilocación —añadió— son fenómenos muy frecuentes en la vida celestial; nos permiten a los bienaventurados nuevas experiencias muy placenteras».

—«¿Se da también la bilocación en los animales?».

—«Al modo intelectual, desde luego que no. Porque el alma de los animales no es espiritual, es decir, no es capaz de reflexionar ni de amar al modo del hombre. Sin embargo, de una manera inferior, exclusivamente energética, sí se producen algunas comunicaciones a gran distancia entre los seres vivos irracionales; su alma inmaterial disfruta de grandes poderes».

—«¿Así que ellos también tienen "corazonadas"?».

—«De un modo muy inferior al de las personas, pero sí las presentan. No quieras reducir el Universo a la vida terrestre que conoces, a la materia y a la energía. Existen muchísimos elementos más. No los conozco en su totalidad, pero podría mencionarte la supraenergía y la infraenergía, muy comunes, de las cuales te hablaré después. El alma de los organismos inferiores al hombre —aseguró— nunca podrá conocer directamente a nuestro Dios ni Lo poseerá con Amor supremo, como sucede en los bienaventurados. Pero a través del hombre glorificado, que es como el sacerdote de las criaturas irracionales, la materia y las energías, los vegetales y los animales recibirán su felicidad. Ellos viven eternamente en la quinta dimensión y ahí mismo serán glorificados a su manera».

—«Dirás que vivieron, porque la mayoría de ellos ya murió».

—«Ellos pasaron también por la cuarta dimensión o tiempo, y murieron. Pero no olvides que existen, que viven para siempre en el ámbito de la eternidad creada. Por ejemplo, mira esa mosca junto al vidrio superior de la ventana. Se encuentra en actitud de vuelo, aunque no se mueva por ahora. Ella vive en este preciso espacio-tiempo y, sin saberlo, espera aquí mismo su glorificación, la cual le vendrá de alguna persona glorificada. Lo que te digo de esa mosca vale para ese perro callejero echado en la otra acera, y se aplica también a la materia-energía de esta ventana y de toda la casa, de esta manzana y de toda la ciudad. El amor universal, que interrelaciona las creaturas entre sí y a estas con su Creador, se realiza cabalmente en el Cielo».

—«¿Pero hasta cuándo serán glorificados?».

—«Si te hablo en función del año que estamos visitando, te diré que algún día. Pero si te contesto desde la eternidad creada, te aseguro que están siendo glorificados hasta el límite de su capacidad natural. Recuerda que el pasado, presente y futuro son nociones puramente subjetivas, aunque necesarias, de los viajeros. Pues bien, en virtud del amor universal y múltiple del Cielo, el bienafortunado disfruta su gloria accidental, gozando y haciendo gozar a las creaturas inferiores. Es fascinante que todos los seres nos encontremos ligados por los lazos recíprocos del placentero amor universal. Para satisfacer tu curiosidad, voy a hacerte una demostración —prosiguió—. Glorificaré a la mosca que está junto a la ventana».

Mi bella bienaventurada se adelantó un poco y acercó su dedo índice al insecto, que con las alas abiertas parecía volar, pero se encontraba inmóvil. La mosca empezó a revolotear alrededor del dedo. Había entrado en nuestro paratiempo. Era evidente la alegría del insecto. Mimaba con sus patas el dedo de Tiernamada. Se volteaba al revés, acariciándolo con las alas. Sin temor, como si hubiera olvidado la crueldad del hombre, el animal se hermanaba con la bella habitante del cielo. Súbitamente, la mosca desapareció. Pero Tiernamada, sin mover su dedo, continuaba sonriendo.

—«La estoy glorificando —me dijo».

—«Es que ya voló la mosca…».

—«No, no se ha ido. Está dentro de mi dedo. La estoy compenetrando amorosamente para proporcionarle la felicidad de que ella es capaz».

En efecto, la mosca se hizo visible y se aferraba al dedo de Tiernamada. Se sujetaba con todas sus patas, cuerpo, probóscide y hasta con las alas, tirantes y oblicuas, adheridas a la piel del dedo. Con la otra mano, Tiernamada puso a la mosca en su sitio original. Trabajole costó que el insecto se desprendiera y quedara exactamente en el mismo lugar.

—«Esta mosca —afirmó— esperará eternamente, en la quinta dimensión, nuevas y mejores glorificaciones, que le vendrán del resto del Cosmos, de acuerdo con los Designios del Altísimo. Y ella corresponderá, a su vez, desplegando efusivamente los dones naturales que le otorgó nuestro Dios».

—«¡Qué lástima que algunos mortales, y lo digo por mí —comenté—, nos comportemos como espejos sucios, que apenas reflejamos borrosamente al amor divino!».

—«Felizmente no son así todos los peregrinos. Existen muchos santos viadores en este tiempo. Pero, como dices, es una verdadera lástima que en algunos seres humanos se dé la tremenda aberración de odiar a quienes los aman o podrían amarlos. También es deplorable —señaló— que no puedas saborear en esta vida los deleites de la gloria accidental. Muy al contrario, te molesta el amoroso abrazo que te da la tierra con su fuerza de gravedad. Te irrita el afectuoso choque de la electricidad. Te duelen las caricias que te dan las cosas en su vehemente lenguaje de golpes o cortaduras. Les temes a las fieras. Te repugnan los insectos. No estás programado actualmente para compartir el amor universal y múltiple. Pero en la Patria comprobarás que amar es dar, que amor con amor se paga, que el pago es muy agradable, y que para ser feliz es preciso hacer felices a las demás creaturas, relacionadas amorosamente contigo. Los maravillosos vínculos del amor universal son infrustrables y gozosísimos en la gloria eterna. Ya verás que la asimilación, la desasimilación, las cadenas alimentarias…, en vez de ser crueldades de la Naturaleza, son reemplazos muy agradables, inspirados por el eterno Amor universal».

—«Tiernamada, ¿de qué está hecha el alma inmaterial, pero no espiritual, de los animales y vegetales?».

—«Esperaba esa pregunta, que no te quería explicar para no darte más complicaciones. El alma inmaterial o principio vital y unificador de los organismos irracionales es una forma de supraenergía, muy superior en naturaleza a la materia y energía que tú conoces, pero sumamente inferior al alma humana».

—«¡Ahora sí que el Universo me apachurra de tan enredado! —me dije—. Además de lo que conozco superficialmente, existe la "supraenergía" y la "infraenergía", acerca de las cuales no sé absolutamente nada».

—«En la Creación —expuso con paciencia— existen muchísimas maravillas que superan la inteligencia de los hombres más sabios y de los ángeles más entendidos. Considera, pues, que si la Naturaleza es inexplicable para las creaturas más sublimes, ¿cuánto más inefable no será el Creador? No pretendas comprender el magnífico Universo. La pequeña ciencia humana es simple tontería, menor que un balbuceo de niños, delante del Altísimo».

—«Es que deseo saber la verdad».

—«La saborearás en el Cielo hasta el límite de tu capacidad intelectual. Y no me refiero a la que tienes actualmente, sino a la que poseerás en tu futura calidad de bienaventurado, rey de la Creación. Por lo pronto, mientras seas viador, en vez de hurgar con egoísmo los inefables misterios del Cosmos, dale gracias al Creador por todo lo que ha sacado de la nada para su gran Gloria, porque de ella participarás en el Cielo».

Creo que en ese momento columbré lo que reza el Gloria de la Misa: «Te damos gracias por tu gran Gloria. Señor Dios, Rey

Celestial, Dios Padre Omnipotente…». Sí, porque de su gran Gloria participaremos algún día.

—«Así es —ratificó Tiernamada—. Pero necesitas colaborar con el Altísimo para alcanzar esa participación, amándolo sobre todo lo creado y demostrándole tu amor, amando a tus semejantes, porque Él así te lo ordenó. Pero recuerda: que sea amor de caridad y no de simple filantropía; que tu amor al prójimo se fundamente en el amor a tu Dios, y no en un humanismo de club, egoísta y dulzón, disfrazado de cristiano. El verdadero cristianismo está fincado en el Primer Mandamiento de la Ley de nuestro Dios, y nada tiene que ver con esa otra actitud comodona, cristianoide y placentera de religión de casino, la que suprime o recorta los Dogmas para no molestar a los creyentes. Procura aceptar por Fe —me dijo—, más que comprender, lo que se está operando en ti, gracias a este regalo especial de nuestro Dios. Trata de obtener de todo esto un provecho moral, que sirva para mejorarte y para que logres en tu estancia de peregrino un mayor nivel de caridad. Al ejercitar el amor de caridad, aumentará tu colaboración terrena al designio del Señor sobre ti y alcanzarás un mayor grado de gloria en el Cielo. Si aumenta tu felicidad accidental, harás más dichoso al Universo».

—«Vislumbro lo que me dices, pero no acabo de entenderlo».

—«Lo sé y el Señor también lo sabe. Por ello, para que con calma lo medites y lo pongas por obra, Él te ha permitido vivir tantos años. Eres autor con nuestro Dios de tu mérito y de tu gloria. Pero hazme caso. Ante las dudas religiosas intelectuales, cree; y ante las vacilaciones de cómo debes proceder, ama, pero con amor de caridad. En este paratiempo, nuestro Dios te permite, si quieres, que tu única alma, sin dejar de animar a tu cuerpo de adulto, vuelva a ser consciente del organismo que poseías en tu infancia. ¿De veras quieres hacerlo?».

—«Sí, Tiernamada. No entiendo bien todo esto, mas la curiosidad me acucia».

—«Bien. Pero no vayas a abusar de la bilocación. Al volver tu conciencia a tu antiguo hogar, quiero decir, al volverte a posesionar intelectualmente de tu cuerpo de niño, debes observar únicamente. No actúes con tu voluntad sobre él. Compórtate como receptor. No quieras influir en lo más mínimo sobre tu cuerpo infantil».

—Yo me dije: «Tiernamada está exagerando. Se me olvidó que ella observaba mis pensamientos».

—«Mira —insistió—, que puedes comprometer seriamente tu futuro temporal».

Mas yo seguí pensando: Mi cuerpo de hace cuarenta y ocho años es como un cadáver de mí mismo, como las uñas que me he cortado en el curso de mi vida. ¿En qué lo dañaría, si mi conciencia le hiciera algunas preguntas? Y ya empezaba a elaborar el cuestionario, cuando ella, que seguía leyendo mi pensamiento mediante el inefable contacto de nuestras almas, me advirtió:

—«No vayas a hacerlo. El perjuicio podría ser grave. Eres viador todavía y nos encontramos visitando el pasado. Pero lo que es pasado para ti, anciano, es presente o futuro para tu organismo infantil. Si tu cerebro-niño captara algo anormal para su edad, le causaría un trauma psicológico o algo peor. Y ese trastorno repercutiría en todas las etapas de tu vida hasta tu cuerpo del presente. En cuanto adulto, has vivido innumerables espacio-tiempos. Pero no así tu organismo de la infancia. Lo que este fije ahora, influirá forzosamente en la actualidad. Recuerda que el pasado, presente y futuro son nociones subjetivas, necesarias para los viadores, pero intrascendentes en el Más Allá».

Aunque ya lo había aceptado, no podía hacerme a la idea de que el niño y yo éramos exactamente el mismo.

—«Tu ser actual —aseveró— ha acumulado una gran cantidad de actos de existencia, que ha guardado en los respectivos espacio-tiempos de la quinta dimensión. Pero no así tu fase infantil. ¿No entiendes que todavía no le acaece al niño lo que le ha sucedido al adulto? Perdóname… creo que es mejor para ti no efectuar el experimento. Es peligroso. Para desanimarte, piensa que hay muchas nociones de biología universal que desconoces y que difícilmente podría explicarte. ¡No sé cómo se me ocurrió proponerte la bilocación dirigida por mí!».

Tiernamada tenía razón. Mi ligereza la había desanimado.

—«No es eso, mi amor —me dijo para alentarme, al ver mi pensamiento—. Es que la biología cósmica es muy complicada».

Tiernamada y yo continuábamos frente a la ventana. Dentro de la sala, todas las personas permanecían inmóviles, como figuras de un museo de cera. Mi curiosidad era muy grande. Y ardía en deseos de realizar esa maravillosa posesión consciente de mi organismo de niño.

—«Tiernamada, permíteme efectuar esa bilocación. Te prometo portarme con mucha prudencia. Me conduciré como un simple espectador».

El niño, mi cuerpo infantil, permanecía inmóvil con los ojos clavados en el rostro de la bella muchacha, que junto al piano parecía cantar.

—«Bien. Intenta bilocarte».

—«¿Cómo se practica la bilocación?».

—«Basta que quieras hacerla, ya que el Señor te lo ha permitido».

Me dije a mí mismo: «¡Quiero bilocarme!». Pero todo quedó igual. Yo seguía de pie, al lado de Tiernamada, frente a la ventana.

—«Vuelve a intentarlo», dijo piadosamente.

Cerré los ojos, apreté los dientes y volví a imperar con todas mis fuerzas: ¡Quiero bilocarme en ese niño! ¡Quiero bilocarme en ese niño! Pero… ¡nada! Me mantenía en el mismo lugar.

—«Mira —me aconsejó—. El acto de querer con fervor no consiste en cerrar los puños, prensar los dientes y realizar el mecanismo muscular del esfuerzo. El querer ferviente es un acto de la voluntad, no de los dientes ni de los puños. Vuelve a procurarlo».

Hice otro intento, y… ¡tampoco pude bilocarme! Me sentí en derrota y muy apenado con Tiernamada.

—«No te preocupes —me confortó—. Cuando el mortal no puede realizar aquello bueno que se propone, debe pedir ayuda a nuestro Dios y también a sus prójimos. El Señor siempre auxilia, aunque a veces no coincida lo que Él da con lo que le piden. Los prójimos, en caridad cristiana, cooperan hasta donde pueden».

—«No soy capaz de bilocarme —le dije con tristeza».

—«¡Cómo no! El más pequeño de los glorificados puede situarse conscientemente por lo menos en tres o cuatro espacio-tiempos a la vez. Yo lo puedo hacer en siete ubicaciones coincidentes, nada más, porque mi grado de gloria es muy pequeño. Algunos bienaventurados logran multilocarse billones de veces, y gozan y hacen gozar lo indecible».

—«No estoy glorificado —afirmé con pesimismo».

—«Pero te estoy asistiendo. Escucha. En vez de decir: "¡Quiero, quiero!", pídeselo a nuestro Dios con sincero tono suplicante».

Así lo hice. Desde el fondo de mi ser, dije: Señor, si Tú quieres, permíteme esta fascinante bilocación. Y si no, que se cumpla tu Voluntad. ¡Bastante, pero bastante, me has dado ya!

Y así fue. No supe cómo. De pronto, me sentí dentro del infante asustado e inmóvil. No se trataba de un encuentro entre él y yo, toda vez que en ese niño no había otro más que yo. Estaba completamente seguro de que los dos éramos el mismo. Debido a la posición de la cara del chiquillo, apenas alcanzaba a mirar a través de sus ojos, de mis ojos infantiles, y a la orilla del campo visual, una pequeña parte de mi cuerpo de anciano al otro lado de la ventana. Me hubiera gustado que el niño moviera ligeramente la cabeza, para mirar a Tiernamada junto a mi cuerpo de viejo, y, de paso, ver mi cara actual. No me atreví a ordenar ese movimiento, de acuerdo con las instrucciones recibidas. Pero sabía que me era muy fácil imperarlo. Mas sí pude observar con los ojos fijos de mi cuerpo infantil, pendiente del hermoso rostro de la muchacha que con la boca entreabierta parecía cantar, a la misma Tiernamada, a mi antigua Pajarera, solo que ahora estaba de pie junto a mi cuerpo pequeño. Sin embargo, la Tiernamada celestial, la que se encontraba afuera, lucía mucho más bella que la que contemplaban mis ojos infantiles.

¡Qué maravillosa sensación! Vivía yo en mi antiguo cuerpo. Ella tenía razón. Me sentía como en mi propia casa. Y ese cuerpo anterior mío, guardado fielmente en el almacén del tiempo pasado o quinta dimensión, era cuarenta y ocho años menor que yo. Mi alma espiritual había tomado posesión consciente de mi antiguo cuerpo. Era fascinante la opción: sentirme niño o anciano. Por supuesto, no entendía el prodigio, pero gozaba experimentándolo.

—«A pesar de la bilocación —me advirtió Tiernamada—, continúo en contacto espiritual contigo. En estos instantes de pa-ratiempo, tu única alma se encuentra animando conscientemente a tus dos cuerpos. No sugiero que lo compruebes, ya que es difícil para los viadores imperar en un cuerpo y ser receptor en el otro».

—«Es como si mi única alma se hubiese reencarnado en mi cuerpo de niño. ¿Verdad?».

—«No. Es diferente la bilocación que la reencarnación. Esta última significa, por lo que veo en tu memoria, que un alma humana anime con exclusividad a otro cuerpo distinto de los que poseyó en esta vida terrena. La bilocación, en cambio, es la actuación consciente de una misma alma espiritual en dos lugares diversos al mismo tiempo, o en dos espacio-tiempos diferentes. Tú no te has reencarnado en tu cuerpo de niño, porque es tu propia carne. Tu alma no ha transmigrado de un cuerpo a otro distinto, sino que anima a dos cuerpos tuyos distanciados en el tiempo. Además, la metempsicosis es una teoría errónea. El alma jamás se independiza de su organismo integral. Por tanto, es imposible que se reencarne lo que nunca se desencarna. Después te explicaré en qué consiste la muerte. Tu organismo infantil —puntualizó— continúa y seguirá siendo tuyo. Lo podrías volver a poseer íntegramente en este paratiempo. Pero no te permito verificarlo por los peligros que te señalé. Cuando vivas en el Cielo, utilizarás cualesquiera de tus cuerpos en cualesquiera de los espacio-tiempos que viviste en la tierra. Y más aún, tu alma los glorificará a las mil maravillas hasta el límite de tu grado de gloria. Tu espíritu perfeccionará a tu organismo integral en tal forma, que ni tú mismo te reconocerás. El bienaventurado ejerce pleno dominio sobre la materia-energía-espacio-tiempo-eternidad creada. Luego te lo demostraré. Actualmente —agregó— te observas tan solo en el plano de conciencia, reducido e incompleto, del momento presente. Apenas te conoces por el relámpago del instante actual. No logras mirarte en el grandioso ámbito de la realidad objetiva y completa, como un ser total, «de bulto», con todos tus actos de existencia en sus respectivos espacio-tiempos. Verás qué maravilla cuando contemples la serie de tus fases corporales en el fantástico holograma eterno de la Bienaventuranza, ya no tridimensional sino pentadimensional. Porque abarcará las cinco dimensiones: largo, ancho, grueso, tiempo y eternidad creada. Pero atiende a tu bilocación. ¿Qué te parece lo que estás viviendo?».

—«Es fantástico. Siento que este pequeño cuerpo es todo mío. Pero no me explico el porqué. Nunca he contemplado mi alma».

—«No la verás con tus ojos corporales, mas la conocerás muy bien en tu vida eterna, mediante la placentera introspección celestial. Entonces, comprenderás que tu alma piensa y ama, gobierna y controla a la perfección tu materia, energía, biología y psicología. Asimismo, conocerás directamente tu propio rostro, tus rostros, mejor dicho, sin espejos ni fotografías, tal como hoy observas tu rostro infantil. Entenderás, hasta el último detalle, tu anatomía, fisiología, bioquímica, física nuclear, supraenergía e infraenergía. Y le darás gracias a nuestro Dios por el espléndido regalo de tu ser humano total. Era fascinante mi bilocación. Me sentía niño y anciano alternativa y simultáneamente. Las experiencias de mi niñez pugnaban con toda su carga emotiva por irrumpir en mi conciencia. Pero de un modo natural, sin conflicto psicológico. Pronto empezaron a surgir en mi mente las vivencias ansiosas de mi niñez. Exploré sin dificultad mi cerebro de niño. No entendí cómo, pero noté que, en contraste con mi experiencia actual, mis centros nerviosos de la memoria contenían imágenes desordenadas, en vez de reflejos condicionados. Esto me demostraba que mis antiguos actos de existencia persistían cronológicamente guardados en los espacio-tiempos de la quinta dimensión. Estaba en lo cierto mi amada maestra. Nuevamente sentí, porque ahí estaban frescos y con ansia de aflorar en la conciencia, muchos recuerdos que de anciano se me habían olvidado: la imagen de mi mamá grande, bondadosa y enérgica; la de mi madre, joven entonces, activa, sufrida, fiel cumplidora de su deber, triste por su precoz viudez y alegre por mi futuro. Se trataba de imágenes de calidad y vivientes por su reciente origen. Todo esto me producía sensaciones nuevas y muy agradables. Se diferenciaba el recuerdo en sí de la conciencia de estarlo viviendo por segunda vez. Era algo distinto de las fantasías del sueño. Tal vez se parezca, aunque nunca lo he vivido, a la sensación de haber estado ya en un lugar que se mira por primera vez. Probablemente muchos fenómenos parapsicológicos se explicarían por la perennidad de los seres en la quinta dimensión. Quizá Dios permita, por razones que Él sabe, que ciertos mortales visiten el pasado o el futuro y actúen de algún modo sobre ellos. Tal sería el caso de la precognición y del conocimiento del pasado ajeno. En esta inolvidable bilocación, mi alma establecía comparaciones y deducciones, a pesar de encontrarme viviendo en el ritmo de billonésimas de picosegundo. Tenía razón mi bella amiga: «El alma humana, de por sí, se encuentra libre del transcurso de los espacio-tiempos y del organismo que anima consustancialmente».

Después me dijo Tiernamada que apenas permanecí unas cienmillonésimas de picosegundo en mi cuerpo de niño. Y a mí me parecieron horas. No cabe duda de que las ideas de pasado, presente y futuro carecen de realidad objetiva. Ellas se deben a la punitiva ligadura de la conciencia humana con el momento actual que está marcando el reloj.

Exploré mis conocimientos infantiles. Eran muy escasos, tímidos y erróneos. ¡Ah! Si ella me hubiese permitido informar a mi cerebro-niño de tantos reflejos condicionados que ahora poseo; de la esencia de lo que he estudiado… Pero me advirtió que solamente observara como espectador, que no operara sobre mi cuerpo infantil. ¡Y me era tan fácil actuar sobre él! Lo captaba con toda perfección. En un instante podría haberle infundido fórmulas, leyes científicas, hábitos, habilidades… ¿Sucederá algo así en los niños prodigio? Ese infante estaba ansioso de conocer verdades. Percibía yo, anciano, sus defectos adquiridos. ¡Me hubiera sido tan fácil ayudarle! Si por lo menos le advirtiera de tantos peligros. Le previniera de muchos desengaños. Pero no. Lo hubiera transformado en un niño viejo. Le habría matado muchas ilusiones. Le hubiese restado arrojo en sus empresas. En ese instante, yo, el viejo, percibía su ingenuo amor por Tiernamada. ¡Qué prodigio volver a sentir en toda su vehemencia ese apasionamiento redivivo tan violentamente contradictorio, a la vez dulce y trágico, tierno y explosivo, remanso y volcán! Volvía yo a experimentar mi ansia de vivir, mi anhelo de saber y de abarcarlo todo. Pero eso sí, sin asistir a la escuela. Esa bilocación fue, en mi achacosa ancianidad, una tonificante transfusión de vida infantil.

—«Dale gracias a nuestro Dios —me aconsejó Tiernamada— por haberte regalado un alma espiritual y no puros órganos materiales, incapaces de bilocarse».

—«Sí —le dije, al tiempo que yo sentía una fuerte tentación de comunicarme intelectualmente con mi cuerpo de la infancia».

Por supuesto, ella se dio cuenta y me instó para que no lo hiciera. Pero mi curiosidad imprudente, como la de Adán y Eva, no soportó la tentación y ejercí un acto de imperio sobre el niño inmóvil. Le pregunté: «¿Quién eres tú?» Apenas empezaba a notar la revolución cerebral que le produjo la pregunta, cuando ya Tiernamada me había sacado de mi cuerpo infantil. Volví a sentirme anciano, junto a mi amada celestial, otra vez en la acera frente a la ventana.

—«¿Por qué lo hiciste? —me preguntó con cariño, pero un poco disgustada—. No debiste influir conscientemente sobre tu cuerpo de niño. ¿No comprendes que eso repercutirá en todas las fases de tu cuerpo integral y eterno? Debí suponer que te contagiarías de infantilismo».

—«Pero ya soy un viejo y lo que acabo de efectuar en mi cuerpo-niño no me ha trastornado hasta ahora».

—«Me dice nuestro Dios, unido siempre a mí por gloria esencial, que yo debería llevarte a tu adolescencia, para que vieras que en algo, aunque ligeramente, afectó en tu vida esa atrevida interrogación».

Me sentí avergonzado como un anciano desobediente y acomplejado de impulsivo adolescentismo.

—«Añade nuestro Dios —rememoró Tiernamada— que esa pregunta que le formulaste al niño te produjo un leve desdoblamiento de tu personalidad, el cual, sin graves molestias, algo te inquietó en la adolescencia. Recuerda que te interrogabas: "¿Quién soy yo?", y te observabas a ti mismo buscando la causa de esa imperativa y extraña pregunta».

—«Es verdad. Con los golpes de la vida se me había olvidado. Perdóname».

En efecto, recordé que de joven leía *El discípulo*, de Paul Bourget, para ver si encontraba la causa de ese ligero, pero molesto, desdoblamiento de mi personalidad. Qué bien hace Dios en mantenernos encerrados en las andaderas del espacio-tiempo del momento actual. Que, si nos soltara en el complejo laberinto de las ondas temporales, nosotros mismos no perjudicaríamos hasta el desastre. Es indudable que la materia, el espacio, la energía, el tiempo y la eternidad creada son complicadísimas maquinarias de las que solo miramos y entendemos el aspecto exterior, sin comprender los íntimos mecanismos.

—«Vuelve a ver por la ventana —sugirió mi bella amiga, otra vez de muy buen humor—. ¿Reconoces a la que está muy cerca de tu cuerpo infantil?».

Junto al niño temeroso estaba otra Tiernamada. Mejor dicho, el cuerpo de ella en esa época, inmóvil y en actitud de cantar. Muy hermosa, pero no tanto como la Tiernamada celestial, que estaba conmigo frente a la ventana.

—«¿Acaso tienes dos cuerpos? ¿O uno es real y el otro aparente?».

—«Este cuerpo mío, junto a ti, frente a la reja, es el mismo que poseo dentro de la sala; pero ya glorificado y un segundo después de este preciso espacio-tiempo en que estamos. Te explicaré. Antes de visitarte, tomé mi cuerpo de muchacha, de esta misma sala, con el intervalo de un segundo terrestre, después de terminada mi entrevista contigo. Glorifiqué a ese cuerpo mío con la posesión consciente que de él hizo mi alma bienaventurada. Le comuniqué mayor belleza para impresionarte más, pero no mucha, por no matarte de gozo. Como ves, la quinta dimensión fue mi aliada, gracias al dominio completo que los bienafortunados ejercemos sobre ella».

—«¿Por qué tomaste tu cuerpo, un segundo después de nuestra entrevista?».

—«No le atribuyas a la cuarta dimensión o tiempo un valor excesivo e inviolable, que en realidad no tiene. Recuerda que el tiempo y el espacio se adunan, y que los seres corpóreos estamos constituidos por la agregación ordenada y cronológica de nuestros actos de existencia, efectuados y guardados en sus respectivos espacio-tiempos, instantáneos y al ritmo del reloj. Por supuesto, la serie de espacio-tiempos para cada ser es prácticamente infinita. Sin embargo, cada acto de existencia, con su respectivo espacio-tiempo, es separable objetivamente en el Cielo. Es como la unidad en la serie de actos vitales. Para que entreveas mejor este asunto —continuó— deberás tener presente estas cuatro nociones: "Primera, la quinta dimensión conserva para siempre la perennidad del organismo total, terreno y celeste, de todo bienaventurado. Segunda, la glorificación la recibe fundamentalmente el alma espiritual, que es la forma substancial del cuerpo completo del hombre. El alma, a su vez, glorifica un determinado espacio-tiempo del organismo. ¿Cuál? El que le convenga para disfrutar en un momento dado, alguna vivencia fruitiva de la gloria accidental. Tercera, la sutileza de los cuerpos bienaventurados consiste en el pleno dominio de la quinta dimensión o eternidad creada. Es la espiritualización analógica de la materia corporal, que se independiza del orden cronológico de los espacio-tiempos normales de la tierra, los que dieron realidad a los actos de existencia. Ten en cuenta que los glorificados no somos espíritus puros. Tú, en este paratiempo, disfrutas anticipadamente un poco de la sutilidad de los bienafortunados. Cuarta, el organismo total del hombre bienaventurado es separable, físicamente, en cada uno de los espacio-tiempos o momentos infinitesimales de su vida, terrestre y celestial; es divisible en cada acto de su existencia y puede experimentar ahí vivencias de gloria en muy diversas ondas de tiempo, distintas de las que constituyen sus espacio-tiempos originales. Te haré una comparación —explicó—. Supongamos que escribes una frase en un papel. Esa nota quedó constituida realmente y para siempre. Pero puedes cambiarla muchas veces de lugar. De manera análoga, un acto de tu existencia, junto con su espacio-tiempo inseparable, una vez constituido, puede ubicarse en otros muchos lugares y en diversas ondas de tiempo. Porque el acto existencial, con su materia, espacio y tiempo originales, constituye una realidad objetiva e independiente, aunque siempre forme parte del ser humano integral. Por tanto —concluyó—, y con el consentimiento divino, arreglé que mi cuerpo de muchacha pasara, del espacio-tiempo original que viví en esta sala el 21 de octubre de 1923, al paratiempo en que te estoy visitando. Los glorificados ejercemos pleno dominio sobre nuestro organismo integral y sobre el complejo materia-energía-espacio-tiempo-eternidad creada"».

—«Es complicado…».

—«Haz otro esfuerzo. Escucha. Lo que sucede en cada instante de la vida humana, es factible separarlo objetivamente en el Cielo, ya que es un acto vital, en sí, aislado. Es como una de las cuentas del largo rosario de la existencia. Claro es que tú, por vivir con tu conciencia encasquillada al instante actual, no conseguirás separar, físicamente, los espacio-tiempos de tus acontecimientos vitales. El instante actual —reiteró— es la única oportunidad de fabricación de actos de existencia terrenos. Pero estos, una vez construidos, son unidades eternas y, en cierto modo, autónomas. Es posible separarlas en el Cielo, para gozar mejor de la gloria accidental».

—«¿No se contraponen el acto de existencia original, el que se vivió en este mundo, y el que resulta de utilizar ese mismo espacio-tiempo unitario para un nuevo experimento en la gloria accidental?».

—«No. Al contrario, se enardece el hecho primitivo al repetir la vivencia en el Cielo. Así como el ruido de los platillos en una orquesta, en vez de opacar los sonidos de los demás instrumentos, los refuerza en intensidad, así los espacio-tiempos terrenales se acrecientan al gustarlos nuevamente en las ondas temporales de la Bienaventuranza».

—«¿Por qué no sacaste tu fase corporal de esta casa, simultáneamente con el paratiempo de nuestra entrevista?».

—«Porque no me habrías encontrado en la sala junto al piano. El organismo material humano no logra bilocarse como el alma. Es absurdo que un mismo acto de existencia ocupe dos espacio-tiempos iguales y coincidentes. Los espacio-tiempos, junto con sus respectivos actos de existencia, se pueden separar en la eterna realidad objetiva, más nunca se confunden. Después te demostraré la manera en que se intercomunican los espacio-tiempos humanos en el Cielo».

—«Sin embargo, te estoy viendo dos cuerpos…».

—«Es porque corresponden a distintos actos terrenales de mi existencia. Se trata de dos espacio-tiempos diferentes. Los separa el intervalo de un segundo terrestre. Además, no olvides que mi cuerpo que está en la sala y el que se encuentra contigo frente a la ventana, se hallan en diversas ondas temporales. Te haré una demostración —enfatizó— para que te convenzas de que mi única alma espiritual anima a los dos cuerpos que me estás observando. Haré que mi cuerpo que está junto a tu organismo de niño, cerca del piano, se vuelva hacia nosotros».

¡Fascinante! El cuerpo de Tiernamada que no exhibía la glorificación en ese momento, el que parecía cantar en la sala, dejó de ser una bella figura de cera, volvió el rostro hacia la ventana y me sonrió con cariño. Me convenció la prueba evidente de que ella ejercía pleno dominio sobre los dos cuerpos que le veía y, claro estaba, sobre sus demás fases corporales, sobre los espacio-tiempos de su organismo integral. Ya no existía la trágica ligadura del viador con el instante actual del tiempo terrestre.

—«¿Qué te parece la experiencia que estás viviendo? —me preguntó muy sonriente la bella Tiernamada celestial».

—«Es maravillosa, pero no tanto como tú misma. El amor que te profesaba se ha multiplicado al captar misteriosamente mis emociones infantiles. En efecto, mi excesiva sensibilidad y mi ingenua autocrítica de niño, las que acababa de volver a vivir, gritaban en mi mente con gozo y tristeza: «Ella canta una agradable melodía y me inspira por primera vez en la vida, algo muy placentero, algo que es hermoso y que no sé definir, que no me atrevo a aceptar… Debe de ser amor, si bien apenas conozco el significado de ese término… Me siento inmensamente feliz, pero no me atrevo a decirme que la amo, puesto que, de acuerdo con las convicciones que me han imbuido, el amor, misteriosa palabra, debe ser un tabú para mí. Ella me atrae muchísimo y de un modo distinto al de mis parientes y amigos. Me he enamorado y no debo amarla, ¡porque soy niño!».

Eran deficiencias de la educación de mi época. ¡Cuánto siento que mi timidez de niño y mi parálisis de viejo, no me hayan dejado siquiera darle beso!

—«Tiernamada, ¿posees actualmente todo tu organismo integral? —le pregunté, tratando de investigar el Más Allá».

—«Casi todo. Me falta mi cadáver. Y lo necesito para ser plenamente feliz. Porque el instinto de integridad somática es muy exigente en el cielo. Es como si a ti te faltara un dedo. Te resignarías, pero no estarías muy conforme con esa mutilación. Gracias a nuestro Dios, en la Resurrección Final recuperaré el cadáver que me quitó la muerte y gozaré más aún de la gloria que me concedió el Altísimo. No te extrañes —dijo— de que yo, siendo una glorificada, posea un cuerpo humano real y verdadero como el tuyo. Ya te dije que el organismo integral del hombre es eterno desde la concepción. Cierto es que mi cuerpo íntegro se encuentra del todo sometido a mi alma; funciona como un organismo material analógicamente espiritualizado. Pero conservo todos mis actos de existencia, todos mis cambios terrenos, en los respectivos espacio-tiempos que me tocó vivir en el mundo. La resurrección consiste en la recuperación del cadáver vuelto a la vida y en el seguimiento del proceso vital, evolutivo y perfectísimo, en el cielo. La Gracia en esta vida y la Gloria en la otra —prosiguió— no alteran la naturaleza del hombre. Muy al contrario, la presuponen, la elevan y la perfeccionan. Los bienaventurados actuamos como superhombres, con las cualidades de sutilidad, agilidad, impasibilidad y otras dotes más. Pero gozamos la vida celeste con todo nuestro ser humano, tal como lo conoces aquí, por más superdotado que se encuentre. Además, recuerda lo que es la eternidad creada o quinta dimensión. El ser humano es eterno en el sentido de que jamás perecerá en la vida futura. Mas también es eterno en el aspecto de que todas sus fases de desarrollo, todos sus actos de existencia y todos sus espacio-tiempos materiales, desde el estadio de célula huevo humana y con exclusión del cadáver, perviven sin término, ya sea en estado de viador o de comprehensor, en el parámetro de la quinta dimensión. Cada acto vital en su espacio-tiempo —continuó—, es decir, cada unidad de existencia de las etapas biológicas vividas en este mundo, constituye una ocasión de felicidad en la gloria accidental, siempre que se haya vivido en estado de gracia con nuestro Dios. Porque, como te explicaba, si se vivió en pecado grave, esa unidad de existencia habrá sido aniquilada al recibir el perdón divino. Como ves, el conocimiento de la quinta dimensión es un acicate moral para perseverar con alegría en la estricta vida cristiana».

—«¿Qué es, entonces, la muerte?».

—«La muerte no consiste en la destrucción del hombre. ¡Lejos de los Planes divinos, que la muerte sea el naufragio total! No olvides que todo ser perdura sin fin desde que entró en la existencia. Por eso, observas tu cuerpo infantil en este paratiempo del pasado, así como los cuerpos vivos de las personas que están en la sala. Ya sabes que viven en otra onda temporal, distinta de la frecuencia del tiempo ordinario de la tierra. Lo que muere del hombre —afirmó— es únicamente su cadáver, que al dejar de ser organismo se vuelve incapaz de retener el alma. Esta se va separando, entonces, de la última fase de desarrollo biológico al que llegó ese peregrino. Porque dicha etapa entró en proceso irreversible de putrefacción. Sin embargo, el alma no se independiza del organismo integral, es decir, del conjunto de estadios corporales del pasado y de los espacio-tiempos correspondientes a los actos de existencia ya transcurridos. Todo esto constituye al hombre total, que pervive siempre en la esfera de la quinta dimensión. Por tanto, el hombre sigue siendo hombre antes de la muerte, en la muerte y después de la muerte. Te decía que el peligro de morir, así como la oportunidad de los cambios y la fábrica de actos de existencia, solo se presentan en el espacio-tiempo del instante actual. A este respecto, no olvido mi estupor cuando inmediatamente después de la muerte real, al comparecer en juicio, contemplé la fila interminable de mis cuerpos, de mis actos de existencia en sus espacio-tiempos respectivos. Eran como cuadros de película en cámara lenta. Pero, eso sí, realísimos. ¡Es grandiosa la quinta dimensión! Por supuesto, el juicio particular es rapidísimo en comparación con el tiempo del reloj, toda vez que se verifica, minuciosa y estrictamente, en paratiempos muy lentos. No creas —agregó con cierto matiz irónico en su sonrisa, al explorar mi mente— que participarás de la eternidad hasta después de la muerte. No, la muerte no es el brinco del tiempo a la eternidad. La eternidad creada, aunque no la sientas, ya está, aquí y ahora, en ti y contigo. De esto brota una admirable consecuencia. Es asombroso que el hombre coopera realmente con el Creador, aquí y en el Más Allá, en la duración sin fin de las cosas y en la evolución de los seres, la cual es moderada en el tiempo terrestre, pero excelente y grandiosa en el cielo. Tú, al actuar sobre lo que te rodea, eres autor con nuestro Dios, de la eternidad creada. Lo cual aumenta considerablemente tu responsabilidad humana».

—«Tiernamada, ¿por qué el alma no se independiza de sus cuerpos anteriores al deceso?».

—«Porque están vivos, porque no han entrado en putrefacción y porque son inmortales».

—«¿Quieres decir que mi cuerpo de niño ya es imperecedero?».

—«¡Claro que sí! Para bien o para mal, nunca morirá. Insisto en que el peligro de muerte solo se encuentra en el instante actual, que es la única oportunidad de los cambios básicos. Pero una vez transcurrido el espacio-tiempo del momento presente, el deceso es imposible. No puede haber ningún fenómeno natural. Sería irrealizable la putrefacción. Solo hay pervivencia en el eterno almacén del tiempo pasado. Sin embargo, la inmutabilidad no es absoluta, ya que en el ámbito de la eternidad creada rigen otras frecuencias del tiempo, distintas del ritmo temporal de la tierra, tales como el paratiempo en que nos ubicamos hoy. Se efectúan ahí muchísimos fenómenos de orden sobrenatural, o bien, de naturaleza diferente a los cambios físicos y químicos que tú conoces. El fallecimiento consiste —aclaró al notar mis dudas— en la corrupción de la última envoltura corporal, la cual se vuelve cadáver al sobrevenir la descomposición de la materia orgánica. Mas las células vivas de los cuerpos anteriores, o sea las del organismo total, continúan regidas por el alma en sus espacio-tiempos correspondientes; siguen y seguirán viviendo, debido a la eternidad inmanente de todo ser».

—«Perdona que te insista. Veo mi cuerpo de niño, sí, pero ¿y mi cuerpo de adolescente… y los demás?»

—«No los miras porque ellos no están viviendo en el instante actual. Viven en la quinta dimensión en ondas temporales que no son las del reloj y el calendario, y en espacio-tiempos distintos de los que estamos utilizando».

—«Así que en la muerte, el alma no se separa del cuerpo…».

—«El alma se separa del cadáver, por eso se le llama "alma separada". Pero no se independiza de la materia viva de sus cuerpos anteriores, toda vez que esta perdura eternamente viva en la grandiosa bodega del tiempo pasado. En la muerte, el alma, junto con su organismo total, se separa del cadáver. Por consiguiente, no existen almas aisladas de su cuerpo total. El alma y el organismo entero son consustanciales y, por tanto, inseparables. Desde la concepción, todo el hombre permanece vivo y sigue subsistiendo después de la muerte, por la sencilla razón de que no ha muerto. La corrupción es solamente del difunto. El deceso no afecta al cuerpo total anterior al fallecimiento».

—«¿Qué son, pues, los muertos?».

—«Los que llamas muertos continúan viviendo en la eterna realidad objetiva y universal, no en la del momento presente del tiempo terrestre. Ellos viven sin su cadáver y sin transitar por la misma senda temporal que los viadores. Esas personas "muertas" marchan vivientes, a paso distinto, por otras sendas de las intrincadas frecuencias del tiempo. Viven en el sitio que merecieron según sus obras terrenales. Pero libres ya de la atadura de la conciencia con el instante actual».

—«Entonces, en vez de vivos y muertos, lo que hay es libres y cautivos…».

—«Sí, algo así. Ahora, observa la trágica confusión entre cuerpo integral y cadáver. El proceso de muerte real empieza en determinado momento, pero no antes. Y en esta sencilla apreciación, te engaña con crueldad el testimonio de tus sentidos. Confundes, deplorablemente, el pasado que no puedes mirar, con el presente que estás observando. Transfieres, sin razón, los datos del presente al tiempo pasado. Juzgas, arbitrariamente, que la historia ha sido aniquilada. Y, claro está, concluyes que el pasado remoto se acabó, puesto que ya no lo contemplas. Y que el pasado inmediato se fusiona con el instante actual. De esta infantil manera, confundes la masa putrefacta del cadáver, con el hombre integral, incorruptible y eterno, el que pervive sin fin en la majestuosa realidad objetiva de la quinta dimensión. El cadáver —añadió— prosigue su corrupción en el transcurso del tiempo normal de la tierra. Pero, como ya te advertí, la putrefacción no toca al ser humano total, anterior al proceso de muerte. Porque dicho organismo no se encuentra en el arriesgado momento presente; pervive íntegro e inmortal, pero sin el cadáver, en la esfera de la eternidad creada. Pues bien —finalizó—, ¿no crees que la convicción de que los difuntos perviven con cuerpo y alma, aunque sin el cadáver, inmediatamente después del deceso, mitigue la pena de los deudos ante el lecho de muerte de sus seres queridos? ¿No te tranquiliza la certeza moral de que todo perdura, si bien no lo puedes observar? Por ello te decía que la quinta dimensión es fuente de optimismo».

—«Es extraño que Dios revele el misterio de la eternidad creada a los hombres de ciencia seglares y no a los sabios clérigos de la Iglesia».

—«No tiene nada de raro. Los científicos seglares también forman parte de la Iglesia. Ya te dije que la pedagogía de la divina Revelación es lenta y progresiva, de acuerdo con la cultura y progreso cristiano —no materialista— de la sociedad. Las ideas que el Señor te regala, y que ha aclarado en tu mente, pueden parecer novedosas. Pero ya verás desde el cielo, que en el siglo próximo serán tomadas en cuenta por el Magisterio Eclesiástico».

—«¿Por qué Dios no me permite mirar la serie de espacio-tiempos de los seres en esa maravillosa quinta dimensión?».

—«Es lo primero que verás en tu juicio particular. ¡Falta poco! La vida mortal es brevísima, por más que los viadores se aferren desesperadamente a ella. Además, el Señor te ha permitido la bi-locación en tu cuerpo de niño. ¡Ya es mucho! Por otra parte, el vértigo te anonadaría, si contemplaras desde tu estado de viador la majestad de la eterna realidad objetiva del Universo. La imponente observación de tu pasado íntegro menguaría tu libertad humana en el momento actual. Amarías al Altísimo por interés y por miedo. Se reduciría el mérito de la gloria futura por alcanzar. Y nuestro Dios no quiere amor de caridad a la fuerza».

—«Para que admires mejor la quinta dimensión —me dijo Tiernamada—, voy a referirte lo que me sucedió, después de mi juicio particular y antes de recibir la glorificación, cuando asistí a mi propio entierro en el panteón de El Saucito».

—«¡¿Qué asististe a tu propio entierro…?! —le pregunté más que asombrado».

Ella me sonrió. Y en su alegre rostro bienaventurado, noté un dejo de amable y piadosa indulgencia.

—«En otra ocasión, te platicaré los detalles amorosísimos de nuestro Dios durante la etapa de mi muerte. De momento, te contaré que el ángel que me asistió en ese difícil trance, me dijo: "Voy a llevarte a tu inhumación, porque es necesario para tu purgatorio, que adquieras la decepción general de lo pecaminoso y mundano". Me condujo como del brazo y a la fuerza, toda vez que no pude resistir. Por el gran poder de mi ángel —continuó—, llegamos, sin que yo pudiera explicarme cómo, a la puerta principal del camposanto. Acababa de llegar la carroza con mi cadáver en un ataúd muy bello. Contemplé a mis deudos y amigos, sin que ellos advirtieran mi presencia».

—«¿Pero veías sin ojos?».

—«Claro que no. Miraba con los ojos corporales de la fase biológica inmediatamente anterior a mi muerte real. No olvides que cada acto de existencia perdura eternamente en su respectivo espacio-tiempo. Ya te dije que el organismo total del hombre es múltiple; que está formado por la serie ininterrumpida de sus actos existenciales, pero que cada uno de ellos, junto con su espacio-tiempo, puede separarse de los demás, aunque esto no se logre durante la vida mortal. Mas después de la buena muerte, el organismo entero, libre ya de la atadura de su conciencia con el instante actual, logra operar conscientemente, y por separado, con cualquiera de los estadios biológicos de su vida pasada, guardados fielmente en la quinta dimensión. Y le es factible vivir en muy diversas ondas temporales».

—«¿Por qué no te veían tus deudos?».

—«Porque el ángel y yo nos ubicamos en una onda temporal distinta de la del tiempo normal de la tierra. Observa. Las ondas de las estaciones de la radio se encuentran todas en el aire de la ciudad. Pero tu radio solo capta las que sintonices. De manera semejante, mis familiares y amigos, con su conciencia atada al momento actual, vivían en el tren de ondas del tiempo ordinario de la tierra. Por el contrario, mi ángel y yo transcurríamos en otro tren de ondas temporales, paralelas, pero no comunicadas con las de los viadores. Porque, a pesar de tratarse de movimientos ondulatorios de igual frecuencia, mi ritmo temporal tenía un instante de retraso con relación al de los mortales. Por tanto, mis parientes no alcanzaban a observarme en la diferente ondulación temporal en que me encontraba. Pues bien, en otra oportunidad te contaré cómo sufrí la decepción de los afectos mundanos, al leer en la mente de algunos de mis deudos sus verdaderos sentimientos hacia mí».

—«Mis tres hijos —siguió describiendo— y mi sobrino Damián, convaleciente de reumatismo, llevaron en hombros mi caja mortuoria. Pero tropezó mi sobrino y yo sentí el golpe en mi cabeza, que rebotó en el mal acolchonado ataúd. "¡Ay, le dije al ángel, me van a enterrar viva!". Pero él me tranquilizó: "No te preocupes. El alma humana no se separa instantáneamente del cadáver, sino poco a poco. Mientras exista materia viva en el difunto, el alma la asiste y la anima". No quedé conforme —prosiguió Tiernamada—, ya que no poseía aún la ciencia infusa celestial y le insistí: "Es que sentí el golpe en la cabeza. De veras, no estoy muerta. ¡Anda, suspende el entierro!". Para qué te cuento —agregó mi bella glorificada—, que con los relatos que había escuchado en mi vida acerca de personas enterradas vivas por descuido o por maldad, yo estaba aterrorizada. Pero el ángel me aseguró: "No pienses más en ello. Tu cadáver está bien muerto. Lo que sucede es que tu alma espiritual continúa animando a los pocos tejidos vivos que quedan en él, hasta que haya muerto toda tu materia viva. Esta pena que padeces forma parte de tu purgatorio"».

—«Yo creía que la muerte era un proceso muy rápido —comenté—. Pero si es lento, supongo que habría posibilidad de resucitar a un difunto».

—«No. Una vez muertos los principales centros nerviosos del encéfalo, el proceso de muerte es irreversible. Si a veces se reaniman algunos "cadáveres", es porque se trataba de errores de los médicos o de estados catalépticos. También la medicina moderna consigue, con grandes trabajos y costos, prolongar el proceso de muerte, la agonía y la preagonía. Pues bien, el ángel continuó explicándome: "En este momento conoces lo que sucede en los pocos tejidos vivos de tu cuerpo muerto, porque tu alma no se ha separado de ellos. Todavía forman parte de tu organismo integral. Por eso sientes algo, pero sin molestia ni dolor. Te das cuenta al modo espiritual, de lo que en vida percibías por sensibilidad consciente". Luego —añadió Tiernamada— le pregunté al ángel: "Por fin, ¿en dónde estoy? ¿Aquí afuera contigo o dentro de mi ataúd?". Él me respondió: "Tu alma espiritual, con todo tu entendimiento y voluntad, puede ubicarse en varios espacio-tiempos o unidades de tu vida a la vez. Porque ya no está ligada al momento presente del tiempo de la tierra. De un modo coincidente, y sin abandonar a tu organismo total, tu alma logra gozar del cielo o continuar la purificación aquí en la tierra". Me pasaba lo mismo que a ti en este paratiempo. Me encontraba asombrada e incrédula. El ángel prosiguió: "El alma humana, por su esencia espiritual, es independiente del espacio, tiempo, materia y energías. Radica fundamentalmente en la quinta dimensión o eternidad creada. Puede actuar, junto con cualquiera de los espacio-tiempos de su cuerpo total, en el cielo o en el purgatorio o en el infierno y, coexistentemente, en las partes vivas de su cadáver. Por ello prenden los injertos de tejidos, trasplantados de difunto a paciente. La aceptación biológica por parte del enfermo equivale al reemplazo del alma anterior por la del propio paciente"».

—«Tiernamada, ¿cómo es factible que un alma sea sustituida por otra?».

—«De igual manera que los ostiones que comiste hoy se están incorporando a tus tejidos vivos. El alma inmaterial pero no espiritual de esos moluscos está dejando de animar su materia viva, mientras tu organismo la asimila y la hace tuya. Precisamente, hacerla tuya quiere decir que tu alma la acepte y la anime».

—«Sin embargo, el proceso digestivo desbarató las complicadas proteínas vivas. ¿Acaso no murió esa materia viva durante la digestión y antes de la absorción intestinal?».

—«La digestión no desintegró esas proteínas hasta separar todos sus átomos. Se detuvo al nivel de moléculas más sencillas pero vivas aún, esto es, animadas por el alma del ostión. En esta forma, pasaron a la sangre y llegaron a tus células. Estas seleccionaron lo que les convenía y lo asimilaron, es decir, reemplazaron el alma inmaterial anterior por la tuya propia».

—«Y la leche cocida, la carne asada o los huevos fritos, ¿conservan la vida? ¿Los vivifica el alma del animal correspondiente?».

—«¡Claro que sí! Por ejemplo, supongamos que se sacrifica una vaca en el rastro y su carne se destina a servir de alimento humano. Murió la vaca en su nivel de existencia como organismo. Pero su alma inmaterial —no espiritual— continúa unificando y animando su cuerpo total, guardado para siempre en la quinta dimensión, así como la materia viva de su cadáver. Después, al cocer la carne, una parte de las proteínas se carbonizó y dejó de vivir. El resto lo comieron los humanos. La digestión de la carne —siguió explicando— transforma las proteínas vivas de la vaca en aminoácidos, que continúan viviendo. Así se absorben en el intestino humano, pasan a la sangre, llegan a las células y estas seleccionan los aminoácidos que les convengan. Luego los asimilan, es decir, se sustituye el alma inmaterial de la vaca por el alma espiritual del que comió el bistec. Por supuesto —agregó—, el alma de la vaca, una vez desplazada de su materia orgánica, no se aniquila ni se esfuma, sino que continúa animando eternamente su organismo integral, que radica, con excepción de su cadáver, en la quinta dimensión. Porque todo ser perdura sin fin desde que recibe la existencia. No es tan fácil la muerte completa de un cadáver. La materia orgánica sigue viviendo hasta que sirva de alimento o sobrevenga la putrefacción o se la incinere».

—«Parece que la quinta dimensión exige la existencia de las almas».

—«Sí. El alma o principio vital unificador de los organismos biológicos es indispensable para conservar eternamente la vida humana, animal y vegetal. Platón no estaba tan equivocado. Tu ignorancia y la atadura que liga tu conciencia con el momento presente te manifiestan la muerte, los cataclismos, las guerras, las cadenas alimentarias, las hambrunas… como tragedias irreparables. Pero todo ello tiene un misterioso y profundo sentido de beneficio, que solo se vislumbra desde el plano de la duración sin fin. Esos seres siguen existiendo, no en el presente, pero sí en el tiempo pasado de la quinta dimensión. De otra manera, serían enigmas absurdos e incompatibles con la Sabiduría divina y con la inteligencia humana. Por otra parte, ese cambio de un alma por otra es un resultado muy placentero del amor universal, que entrelaza maravillosamente a todas las creaturas. Yo sabía —prosiguió—, por uno de mis hijos que estudiaba medicina, que los cadáveres humanos se conservan en el refrigerador del anfiteatro anatómico. Y le pregunté a mi ángel si el alma del difunto permanece mucho tiempo en el refrigerador. «Su acción —me respondió— puede durar bastante. Pero eso no importa, toda vez que el alma no siente dolores ni molestias. No pienses que el espíritu humano quede prisionero del cadáver, encerrado en el refrigerador y tiritando de frío».

—«Algo semejante —aseveró mi hermosa bienaventurada— sucede con los animales y vegetales, aunque en grado muy inferior al humano. Su alma o principio vital y unificador, inmaterial pero no espiritual, sostiene la vida de tejidos u órganos separados del resto del organismo. Así sucedió, por ejemplo, con el corazón de pollo del experimento de Alexis Carrel. Ese corazón vivió aislado, con minuciosos cuidados de laboratorio, durante muchos años. El alma inmaterial de ese pollo le conservó la vida a su corazón hasta que le faltó oxígeno, por descuido de los ayudantes».

—«¡Pobre alma del pollo! —comenté—. Varios años encerrada en un dispositivo de laboratorio».

—«El alma de ese animal le sostuvo la vida a su corazón con mucho agrado. Porque toda vida es un gran regalo de nuestro Dios. ¡Sí! —añadió—. ¡Ya sé lo que estás pensando! Que te parecería más cómodo que cada tejido o cada órgano tuviera su propia "almita", aunque el organismo resultara una especie de colonia de almas. Pero no es así. El Señor ha dispuesto que todo organismo, en cuanto individuo, posea una sola alma que lo unifique y gobierne en todas sus funciones, así como en la perennidad de la quinta dimensión».

Me quedé contemplando a mi bella bienaventurada y complaciéndome en la pasión amorosa que me inspiraba. Sentía yo la fuerza de ese amor tan completo y tan claro, como bien correspondido, vehemente y sereno, confiado y seguro, más perfecto y equilibrado que mi contradictorio amor infantil por ella.

¡Cuánto me hubiera satisfecho conocer el perfil de su carácter glorificado! Pero como ella me explicó: «Los ojos de los mortales captan escasamente lo superficial. Son incapaces de mirar en la profundidad esencial de las personas, que es donde radica la mayor belleza de ellas, y se conforman con las vagas impresiones del aspecto externo». Mas en el cielo me desquitaré, contemplando y poseyendo, al inefable modo celestial, todos los matices de su personalidad gloriosa.

Bien me daba cuenta de que el amor es inexplicable. Pero, ¿por qué me sentía tan seguro de mi primer amor? ¿A qué se debía esa certeza tan fuerte y tan estable?

—«¿Por qué me amas? —me preguntó».

—«Te amo por tu belleza, por tu radiante juventud, por tu atractivo personal, por…».

—«No, mi amor —me interrumpió—. Eso no es la causa principal. Tú y yo nos amamos porque nuestro Dios así lo ha dispuesto. Nuestro amor está programado desde la Eternidad Absoluta del Altísimo. El Señor nos ha interrelacionado mediante cualidades de fuerte atracción recíproca y lazos de mutua complementación física y espiritual. En este paratiempo apenas vislumbramos esa magnífica vinculación. Tú no alcanzas a observar las cualidades que me regaló el Altísimo. No debo manifestarte, por ahora, todos mis atractivos. Me ves como desde muy lejos y no lograrás comprenderme. Yo tampoco puedo mirar los dones que te ha dado el Creador, tal como se encuentran en tu futuro y secreto nombre nuevo, que ostentarás en el cielo. Las lacras del pecado del mundo empañan el talento, la apostura, el vigor… que te ha concedido nuestro Dios. No obstante, ya iremos descubriendo y disfrutando nuestra vinculación amorosa poco a poco en el cielo, de acuerdo con nuestra pequeñez de criaturas humanas. Para eso contamos con la gloria accidental y la quinta dimensión. El amor humano en la tierra es como planta de invernadero, que se asfixia con el smog del mal moral. Pero que se adaptará al espléndido ambiente ecológico del cielo».

«Si el amor es un designio divino —pensé—, con razón es inexplicable para los humanos mortales. ¡Y yo que me creía ser la causa principal de mis sentimientos amorosos! ¡Cuánto nos engañamos en este mundo! Empezaba a entender que todo amor honesto, como especificaba Tiernamada, proviene de Dios. ¡Con razón me he equivocado cuántas veces he pretendido forjar amores a mi gusto!

Un cúmulo de recuerdos afloraron en mi mente y se sumaron a los sentimientos infantiles que acababa de volver a vivir: los de mi adolescencia, cargados de esperanza inquieta; los de mi madurez, serenos pero influidos por mis vivencias anteriores, y los de mi vejez que, en síntesis de despedida, aglutinaban todo lo afectivo en un intenso amor hacia mi encantadora visitante, con la esperanza de la vida futura sin frustraciones.

La bilocación en mi cuerpo infantil no solamente había refrescado mi memoria, sino acortado la distancia memorial entre la niñez y la ancianidad. Parecía que se juntaban los principales hechos de mi vida, esparcidos en cuarenta y ocho años. Lo que se había desparramado en el tiempo se aunaba en un todo actual y viviente, como preludio de futuras vivencias celestiales.

El gran amor de mi vida se frustró en este mundo, pero no así en la Patria. Hoy sé que ella me ama y que estamos vinculados mediante cualidades de invencible atracción recíproca. Mi amada insiste en que tenga yo paciencia. Pues sí, estoy de acuerdo. Después de todo, ¿qué tanto puede durar esta vida mortal, por muy larga y penosa que parezca? ¿No vale más la inmensa felicidad del cielo y el dominio del complejo materia-energía-espacio-tiempo-eternidad creada? ¿No son los obituarios reseñas de esperanza para los cristianos?

—«Ojalá —interrumpió ella mis cavilaciones— nuestro Dios te regale en tu vida mortal la convicción profunda y operativa del amor. Si así fuese, entenderías un poco lo que es verdaderamente el amor creado. Y, por analogía, el Amor Increado. Es decir, el Amor Personal con el que nuestro Dios Padre y nuestro Dios Hijo Encarnado se aman en Su Santísima Trinidad, más allá de todo lo infinito».

—«Tiernamada, estas ideas son muy elevadas para mí».

—«No lo son tanto, si aprestas tu oído intelectual para escucharlas y creerlas. Los misterios divinos son inaccesibles para el pecador soberbio y egoísta. Pero fáciles de creer, no digo que de comprender, por el cristiano libre, generoso y fuerte. Al auténtico creyente le asiste el don divino de saborear las cosas del Altísimo».

Pensé en el dolor humano, en tantas penas y calamidades que nos asechan durante la vida mortal.

—«Tiernamada, si Dios Todopoderoso es Amor y nos Ama, ¿por qué el dolor nos acosa en este mundo?».

—«El Señor no quería que la humanidad sufriera en lo más mínimo. Pero el hombre se extravió en el pecado y nuestro Dios ha permitido el dolor, el dolor sufrido cristianamente, para que el mortal, al encontrarse a sí mismo en su impotencia, retorne a su legítimo estado de amigo e hijo adoptivo del Creador. Como ves, el sufrimiento cristiano se ha convertido en una forma valiosísima del amor de caridad, en una ingeniosa manera de alcanzar al Altísimo. Sin embargo —declaró con tristeza—, deploramos en el cielo el desperdicio del dolor humano. Es como tirar millones de pesos en la coladera. El sufrimiento se pierde cuando solo se sufre y no se cristianiza. El dolor se convierte en felicidad futura cuando se padece por amor de caridad al Señor. Si no es así, la aflicción no significa más que una hemorragia espiritual».

—«Tal vez el despilfarro del dolor se deba a la ignorancia».

—«Sí. En gran parte, sí. Le hacen falta Apóstoles verdaderos a Nuestro Señor Jesucristo».

—«No entiendo la razón del dolor cristiano. ¿Por qué congraciarnos con Dios mediante el sufrimiento? ¿Por qué no satisfacerle por medio de alabanzas, o del simple arrepentimiento de los pecados, o algo así…, pero de manera indolora?».

—«Porque la alabanza, el arrepentimiento, la oración y cualquiera otra "forma indolora", ya Se la debemos a nuestro Dios por otro motivo. La alabanza, por Ser Quien Es. La adoración, porque nos creó. El arrepentimiento, porque nos Ama. La oración, porque dependemos de Él. Solamente el dolor no Se lo debemos por ningún título. Por eso, la Justicia divina permitió, toleró, puesto que no Le agrada, el dolor cristianizado. Como un original procedimiento didáctico para que el hombre complete lo que falta de su Redención, coopere a que sus pecados se aniquilen por el sufrimiento, se reconozca a sí mismo y encuentre con facilidad a su Padre celestial. No te hagas ilusiones vanas —finalizó—. El dolor es indispensable en esta vida pecadora. Es tontería pretender soslayar el sufrimiento en el camino cristiano, bajo el pretexto pueril de atraer más adeptos. La religión de Nuestro Señor Jesucristo no se concibe sin austeridad, sin mortificación voluntaria, sin aceptación caritativa de los males que permite el Creador, sin Viernes Santo… Sin embargo, son dolores brevísimos, si se comparan con la eterna duración de la gloria futura. Son tribulaciones muy fructíferas para el cielo, si se sufren con amor de caridad».

—«No hay mal que dure cien años, dicen, ¡pero cómo duele!».

—«No es para tanto. Lo que pasa es que, por ahora, eres esclavo del instante actual. Si tienes que padecer, sufre, pero con paciencia cristiana. ¿Qué caso tiene amargarte el dolor con estériles cavilaciones, si cuentas con la esperanza del eterno presente de la Bienaventuranza? ¿Para qué te afliges más de la cuenta por un acontecimiento tan fugaz? No exageres las tribulaciones que te envía nuestro Dios. Amargan, pero son medicamentos valiosísimos. En cambio, muchas pesadumbres mal llevadas se parecen a la del niño enfadado que se castiga a sí mismo, rechazando la golosina, para salir airoso en su berrinche. ¿No estará detrás de la rabieta el espectro de la soberbia?».

—«Es muy grande la felicidad que te espera en el cielo —me dijo Tiernamada, con gran unción—. Y eso que me refiero apenas a la gloria accidental, la gloria inferior. Te falta vislumbrar la inefable gloria esencial. Pero quisiera que columbraras un poco los placeres mínimos de la Patria. Por ejemplo —añadió—, una melodía terrena es principalmente para su compositor, a pesar de que resuene su mensaje en otros humanos que se identifican espiritualmente con él. Sin embargo, como no existen en todo el Universo dos personas exactamente iguales, por más simpatía que haya entre las más afines, ninguna otra captará íntegramente el mensaje musical del artista. Y es que el Creador no Se repite en Sus obras. Aun el nombre nuevo y el maná recóndito, que Él nos regala en el cielo, son singulares, insustituibles y únicos».

—«Así que los mortales entendemos y sentimos a medias…».

—«¡Menos que a medias! ¡Muy poco, de lo poco a su alcance! Pero lo que quiero decirte es que tú y yo no tenemos una melodía que sea exclusivamente nuestra».

—«Perdóname. La canción de La Pajarera, que tú cantaste en este día del pasado que estamos visitando, es nuestra canción».

—«Analiza bien. No es la factura musical lo que te satisface de ella. Es el conjunto de recuerdos y sentimientos, entre los que se encuentra tu amor por mí. En realidad, amas las remembranzas más que la música misma. Ya verás —prosiguió—. En el cielo compondremos nuestra propia música de acuerdo con las inefables vivencias amorosas, que efectuaremos al placentero modo del Más Allá. Una música que no exprese deseos de realización, sino la eterna realidad feliz. Una melodía sin matices de destierro, como las de aquí. Por mi parte, ya hago planes sobre el canto que me corresponde. ¿Empezarás tú a proyectar la partitura?».

—«¿Pero cómo, si no soy músico?».

—«Es muy fácil que lo seas, si alcanzas un alto grado de gloria mediante tu colaboración terrena con los designios del Señor sobre ti».

—«No sé qué deba hacer para escribir música. Y nada menos que una partitura celestial. Parece que te estás burlando de mí».

—«No, mi amor. Estoy levantando un poco el velo que cubre las delicias de la Patria. Para ser un genio musical en el cielo, te basta amar a nuestro Dios sobre todas las cosas y a tus hermanos de viaje terrenal por amor a Él. Es decir, obedecer fielmente la Ley de Nuestro Señor Jesucristo».

—«¡Ah, es eso mismo! Yo creía que ello era para lograr la Bienaventuranza, no para convertirme en músico del Más Allá».

—«Si cumples con perseverancia la divina Voluntad, no solamente ingresarás en el cielo. Obtendrás gratuitamente, sin estudios teóricos ni prácticos, el glorioso título profesional de gran músico celeste. No será preciso que toques instrumentos musicales. La energía te obedecerá en el cielo y producirá los sonidos acordes con tu voluntad. Ejercerás esa y miles de profesiones más, y todas, a la perfección. No por necesidad, sino por vocación sobrenatural y por puro gusto. Sin tedio, sin cansancio. En la Bienaventuranza no hay dormitorios, porque la gran felicidad a nadie incomoda».

—«Pues fíjate que hubiera deseado ser campeón de box. Solo que con las enfermedades, mi escasa vista y la vida sedentaria…».

—«Lo serás en el cielo, si te esfuerzas por alcanzarlo. Te lo aseguro, porque acabas de formular ese deseo. Y en la Patria se cumple todo honesto deseo terrenal. Todas estas cosas de índole terrena, a veces casi "mundanas", de que se sirve para hablar de la gloria accidental (la que Dios da a sus hijos por medio de las criaturas), las explica siempre "al modo celestial", o sea, de una forma tan diferente del modo terreno que conocemos, infectado de pecado, que "ojos no han visto, ni oídos han escuchado…" etc. Frustraciones terrenas: físicas, artísticas, profesionales, amistosas, amorosas… Aquí en la tierra, los músculos se fortalecen y agilizan mediante duros entrenamientos gimnásticos y alimentación adecuada. En el Más Allá, por el amor de caridad practicado en el mundo. Porque a mayor grado de gloria, mayor poder sobre la propia biología celestial».

—«¡Bien diferente es la gimnasia terrena de la celestial! ¿Pero contra quién boxearé en el cielo, si allí todo es paz y mansedumbre?».

—«También es juego, deporte, entusiasmo y camaradería. Es la eterna juventud. Sin posibles lesiones ni molestos reumatismos. Te sobrarán contrincantes poderosos y amigables. El premio: un abrazo inenarrable del Señor, y un beso compenetrativo de tu Tiernamada».

Me intrigó lo del «beso compenetrativo», pero en ese momento no me lo explicó. Grande fue mi asombro cuando vislumbré este misterio.

—«Si en el cielo se practican deportes, supongo que también se siente el cansancio físico, sobre todo después de una pelea de box. ¿No es así?».

—«No se siente cansancio al modo terrenal, donde casi todo está en contra de ustedes. Allá es una fatiga muscular sin molestias. Aumenta el sudor y se acelera la respiración junto con los latidos del pulso, pero no hay desgaste fisiológico. Podrías boxear mil peleas ininterrumpidamente. Y así sucede, toda vez que el aguijón del placer es muy fuerte en el cielo. No te cansarás como los boxeadores mortales. Al contrario, gozarás muchísimo más que los mejores de ellos. Sería oportuno —prosiguió— que desde hoy empezaras a preparar tu espíritu para disfrutar la estupenda gloria accidental en alegres reuniones, asombrosas ciencias, juegos y deportes divertidísimos, apasionantes artes, comunicativas convivencias… Pero lo más asombroso es que el Señor juega con cada uno de nosotros. Y no se enoja, como los papás terrenales, cuando descomponemos los juguetes, que consisten en el dominio de la materia, energías, espacio, tiempo, eternidad creada, sexta dimensión… Con su solo querer los vuelve a dejar nuevos».

—«Nunca me hubiera imaginado a Dios jugando con los glorificados».

—«¿Y por qué no, si es nuestro Padre celestial? Lo que sucede es que te has forjado una imagen adusta y agria del Señor. El amor no se opone al respeto. Los bienafortunados adoramos a nuestro Dios y jugamos con Él. Y Él se deleita con nosotros, inventa juegos y los promueve. Ha preparado a la naturaleza humana para magníficas recreaciones celestes. Y todo lo anterior —agregó— nunca es estacionario. Jamás aburrido. Siempre cambiante, pero en la línea de perfectibilidad progresiva y sin límite. Dentro de un ambiente de sincero entusiasmo veraz y efusivo. Con felices compañeros de dicha, eternamente amables y generosos; incapaces, por definición de bienaventurados, de causar el mínimo desaire o dificultad. Todos, impulsados por la Felicidad y Entusiasmo infinitos. Todos, en plena participación de Sus Gozos».

En contraste con lo que Tiernamada acababa de expresar, yo, mezquino y afligido, sentía vivamente el instinto de la gloria futura.

Pero sufría por mi egoísmo contrariado. Y empezaba a rebelarme, ahora que lo sabía, contra los grilletes que sujetan a mi conciencia con el momento actual. En vez de reaccionar con humildes ansias de gloria futura, me deprimí por esta miserable situación terrena. Le repliqué a mi hermosa bienaventurada:

—«Pero en el Más Allá no tienen teatros, ni cines…».

—«Los hay, pero muy perfectos —afirmó piadosamente—. Te decía que en lugar de salas cinematográficas, visitamos cualquier época de la Tierra o de los demás planetas habitados. Observamos, con los personajes auténticos, los sucesos verídicos de la historia del Universo. No hacen falta cintas magnetofónicas, trucos o ficciones. Recuerda que los acontecimientos no se esfuman. Están ahí eternamente actuales en la quinta dimensión, para informar al bienaventurado que quiera conocerlos o recordarlos de un modo redivivo».

—«Sí —le seguí objetando con un sentimiento de tristeza, difícil de reprimir—. Pero no pueden montar en el cielo una obra teatral ni filmar un argumento de pura ficción».

—«Más que eso. Hacemos realidad de las quimeras. No olvides que los entes de la imaginación son seres posibles, que carecen de la existencia material. Pues bien, se la damos y nos complacemos no solo imaginando, sino viviendo realmente nuestras fantasías. La imaginación terrenal es prenda del futuro poderío de los glorificados. No te extrañes por ello. Los bienaventurados somos pequeños dioses, no por esencia, claro está; lo somos por participación del Altísimo».

—«Así que te imaginas un argumento, ¿y solo con eso existen realmente las escenas? —le pregunté con toda mi incredulidad».

—«Sí, lo puedo efectuar. Claro es que, como no poseo una prodigiosa imaginación creadora, el espectáculo no me resulta atractivo. Pero hay grandes bienaventurados que logran maravillas a este respecto. Cuando ellos nos invitan, los glorificados inferiores gozamos muchísimo. El único límite a la realización de las honestas ficciones es el absurdo, ya que este, por ser disparatado y falso, no puede existir. Debo decirte que los mejores artistas de la imaginación celeste son los autores fallidos de esta vida mortal, cuando no llevaron a cabo su obra por servir con amor de caridad a sus prójimos».

—«Es que la imaginación no tiene límites».

—«Menos los tiene la Omnipotencia divina, de la cual participamos».

—«¿Cómo alcanzan ustedes a dar la existencia material a los pensamientos?».

—«Nuestro Dios les otorga la existencia, por complacernos. Nosotros la actualizamos simplemente. Para que te convenzas, te referiré un diálogo que presencié en la gloria, entre nuestro Dios y un poeta bienaventurado, amigo mío, autor de unos versos mal rimados pero muy amorosos.

—«Me agrada muchísimo el soneto que Me dedicaste en la Tierra —le dijo el Altísimo—. En realidad es obra Tuya, Señor. Tú me diste la sed y la oportunidad. Siento que por mi escasa colaboración, me haya quedado bastante mal».

—«No importa. Me encantan tus versos, porque corresponden al matiz singular de mi Amor por ti. Pero no soy yo el autor. Tú fuiste el poeta, y poeta por amor a Mí».

—«No, Señor. Tú me diste la inspiración. Tú eres el Artista».

—«Bueno, mi hijito, el soneto es de los dos, ya que vivimos consumados en el Amor. Volvamos a mi querida Tierra y perfeccionemos nuestro soneto. Y así fue —concluyó Tiernamada—. Los dos, utilizando la quinta dimensión, regresaron a este mundo en los precisos espacio-tiempos en que mi amigo redactaba los versos. Se acomodaron en el ritmo temporal más adecuado, y nuestro Dios le hizo sentir a mi amigo el dulce peso del amor divino. Por supuesto, los versos cambiaron de métrica y quedaron tan perfectos, que son famosos en todo el Universo».

—«¿No quisieras recitarlos?».

—«¡Imposible! No los resistirías, siendo mortal. Su belleza cautiva y hace temblar de emoción al bienaventurado más preeminente».

—«¡Cuántas maravillas en la gloria! —le dije a Tiernamada con una tristeza próxima a la envidia».

—«Claro está que nuestra inmensa Dicha en esos espectáculos vivientes no nos permite ser sádicos ni masoquistas: gozar con una matanza o pedir la muerte del que nos caiga mal. Siempre estamos alegres y felices».

—«Sí. Me imagino que no podrían deprimirse aunque contemplaran un tristísimo espectáculo, capaz de hacer llorar a la estatua de Nerón. Sin embargo, ¡en el cielo no hay bares como los de aquí!».

—«En verdad, no los necesitamos. Transformar el agua en delicioso vino es lo más fácil en la gloria. Y lo bebemos con agrado, mas no para ponernos en ambiente, porque lo estamos de antemano. Ni para adquirir su brevísima euforia, ya que nuestra alegría siempre es inmensa. Lo escanciamos por su exquisito sabor y grandioso simbolismo. Me refiero, por supuesto, a los vinos y licores celestiales».

Mi envidia descubrió otra objeción:

—«En el Más Allá no hay bailes, como en los salones de aquí».

—«Sí los hay, pero mucho mejores. Los ritmos bailables de este mundo tienen que ser forzosamente adecuados al compás de los espacio-tiempos normales de la Tierra, marcados por el reloj. Deben efectuarse sobre el suelo, debido a la fuerza de gravedad. Cuentan aquí con muy pocas cadencias. El armonioso vuelo de las parvadas te está señalando nuevas posibilidades del baile celestial. En la Patria, la danza se realiza dondequiera. No es necesario un piso pulido y encerado. Por el dominio absoluto que ejercemos sobre las fuerzas gravitacionales, nos es factible bailar sobre las cordilleras y en la superficie o en las profundidades de los mares. También en los espacios siderales. Es muy divertido bailar dentro de los volcanes. Y no me refiero a los de la Tierra, poco activos, sino a los de las estrellas. Después barruntarás el inefable abrazo de las parejas».

—«¡Pero no tienen balnearios! —le repliqué triunfante».

—«No como los de aquí —me respondió con afabilidad—, superficiales y con adornos postizos, o profundos y peligrosos. Los balnearios celestes cuentan con el atractivo de la Naturaleza pura. Por supuesto, no necesitamos bañarnos. Nuestras almas glorificadas eliminan el polvo y sudor de nuestros cuerpos. No obstante, al nadar disfrutamos el rozamiento de los fluidos del Universo: agua como la de aquí, otros líquidos y gases estupendos que desconoces e inclusive lava volcánica, toda vez que somos invulnerables. Nos deleitamos con las caricias del oleaje, provocado ya no por la marea, sino por la emoción natural del líquido al conocer, a su modo, nuestra proximidad y a presentir la dicha que, según su naturaleza, le proporcionará nuestro contacto. De esta manera, funcionan en el cielo el conocimiento y el amor universales. Todos los seres nos encontramos interrelacionados, y nos conocemos, y nos amamos, y nos poseemos inefablemente en la gloria».

Tiernamada notó que yo estaba próximo a reventar de envidia y volvió a rozar con sus dedos el dorso de mi mano. Me dijo cariñosamente:

—«¡Vamos, no seas envidioso! Muy pronto, si de veras tomas en serio a nuestro Dios, gozarás de todo esto. Verás lo que significa ser un pequeño dios por participación del Creador. Es algo así como un todopoderoso en miniatura. ¡Pero qué poder a pesar de la pequeñez! ¡Qué grandeza dentro de la insignificancia substancial! ¡Qué inmenso es el Amor con que nos ama nuestro Dios!».

El leve roce de Tiernamada me vivificaba y su ternura celestial me ponía de excelente humor. Si esos magníficos deleites corresponden apenas a la gloria accidental, la gloria menor, ¡qué serán los indecibles gozos de la gloria esencial!

—«Comprendo que sientes la nostalgia de la Bienaventuranza —finalizó—. Es la tristeza noble y solemne del desterrado que suspira por la Patria. Pero procura que sea una pesadumbre constructiva, que te mueva a poner los medios para alcanzar tan elevado fin. Ya te resarcirás en la gloria futura de los trabajos que padeciste para obtenerla».

Tiernamada y yo continuábamos de pie frente a la ventana de la casa que habitaron las señoritas Campos. Todo estaba inmóvil y en silencio. Solamente escuchaba yo, mejor dicho, percibía no sé cómo, lo que me enseñaba mi amada maestra celestial.

—«Quisiera explicarte un poco —me anunció—, respecto de la posesión fruitiva del amor humano en la gloria accidental. Si no la entiendes a pesar de mis esfuerzos, haz un acto de fe y no intentes escudriñar lo que está muy por encima de tu inteligencia actual. Para ello, desearía que me permitieras saludar a mi mamá. Es la señora que trae una capita de estambre gris. Ocupa la cuarta silla antes del piano, frente a nosotros».

Miré por la ventana. Era una señora joven. Bueno, joven para mí, porque a los viejos, las cuarentonas nos parecen muchachas. Se veía de porte distinguido, pero no se parecía a Tiernamada. De pronto, aquella señora, que lucía como una figura de cera, recobró sus movimientos. Se acomodó primero y luego se puso de pie. Se dirigió hacia la ventana, sonriéndole a mi bella compañera. Por un momento, pensé que la señora iba a tropezarse con la pequeña mesa de centro. Mas ni siquiera la vio. Pasó a través de ella sin alterarla. Junto a la ventana estaban varias personas sentadas. Pero a la señora no le importó. Se filtró entre ellas, traspasándolas como supongo que deberían proceder los fantasmas. Atravesó también la reja sin moverla.

Tiernamada y su mamá se saludaron de mano. Y así permanecieron, creo yo, el equivalente a un minuto de los que conozco. Después se separaron. La señora volvió a cruzar la reja y a las personas que, como estatuas, permanecían sentadas dentro de la sala. Se sentó en su lugar. Se acomodó y retornó a la misma posición estatuaria que tenía antes.

Posteriormente me explicó Tiernamada que cuando los glorificados utilizan un paratiempo, deben volver a su posición inicial con toda exactitud para no perturbar los acontecimientos históricos, conservados en sus respectivos espacio-tiempos de la quinta dimensión. Añadió que esto es muy sencillo, ya que el alma bienaventurada posee una memoria prodigiosa. Pero que si algo olvidara, Dios supliría inmediatamente, en vista de la pequeñez humana.

—«¿Te fijaste en lo que sucedió? —me preguntó Tiernamada, muy contenta».

—«Sí, claro. Tu mamá atravesó los obstáculos como un haz de rayos X».

—«No me refiero a eso, sino a cómo nos dimos la mano al saludarnos».

—«Lo siento, no me fijé».

—«No nos saludamos de mano, igual que los peregrinos mortales. Nuestras manos se compenetraron y se fundieron en una sola, pero sin menoscabo de su individualidad. Se unificaron íntimamente, en medio de deleites magníficos, piel con piel, sangre con sangre, músculo con músculo… Se interpenetraron sin romperse, sin lastimarse, sin confundirse. Se acariciaron con fruición células con células, protoplasma con protoplasma. A través de nuestras manos, mi mamá y yo realizamos una compenetración de amor celestial. Nos comunicamos gloriosamente y nos gozamos muchísimo. Para barruntar el saludo de la gloria futura conviene que recuerdes dos cualidades del cuerpo bienaventurado: la sutilidad o plena sumisión del cuerpo humano al espíritu, y la impasibilidad o ausencia de dolor. Además, la materia es excesivamente porosa. Está hecha casi de espacios vacíos. Alguien dijo que si la materia fuera compacta, todo el género humano cabría en un dedal. Estas propiedades permiten que en el saludo celestial las manos se interpenetren y se fundan como si se tratase de una sola mano, pero sin lastimarse ni desordenarse. Porque todo ser, en su esencia, es independiente de los demás».

¡Fascinante! Así que esta es la compenetración celestial que mi bella muerta me había anunciado. Empecé a entender lo del beso compenetrativo.

—«Me pareció que ustedes no se hablaron. Aunque, ¡ya no sé lo que digo!, porque, como aseguras, en los paratiempos lentos no se transmite la voz ni hacen falta las palabras. Basta la fruitiva intercomunicación del beso entre dos almas».

—«Observa que el saludo de mano en la tierra, el solo roce y apretón de los dedos, es una manifestación terrena del instinto de la gloria futura. Porque es una añoranza del placentero saludo celeste».

—«Pero si ese saludo del cielo se desconoce en el mundo».

—«Lo ignora la conciencia, más el alma espiritual por su arraigo en la eternidad creada y por ser la forma substancial, unificante, de todo el ser humano, tanto en el estado de viador como en el de comprehensor, lo columbra y lo anhela».

—«En algunas épocas y regiones, las gentes no han acostumbrado el saludo de mano».

—«Sin embargo, el saludo terreno siempre ha preferido un ligero tocamiento, una leve caricia, que vale como un anticipo del maravilloso saludo del Más Allá».

—«Es agradable saludar de mano. Pero al practicarlo con mis semejantes, no tengo conciencia de la futura salutación celeste».

—«Se trata de un instinto para el cielo. Los instintos no se originan en la conciencia por la voluntad del hombre. Nuestro Dios los puso en cada uno de nosotros para impulsarnos a efectuar lo que Él ha dispuesto de antemano, de acuerdo con el nombre nuevo y la dotación de maná recóndito, que cada quien disfrutará en la Patria. No siempre se satisfacen los instintos durante la vida mortal. Algunos, como este, son inexplicables en el mundo».

—«¿Por qué, inexplicables?».

—«Porque no son para practicarse en esta tierra, sino hasta el cielo. No hay puntos de referencia para entenderlos ni disfrutarlos. Si efectuaras una compenetración manual, como el saludo con mi mamá, te matarías de dolor. Tu piel no toleraría la penetración de un cuerpo extraño. Solamente en la gloria es posible gozar de este y otros muchos instintos, que apenas se vislumbran en este planeta».

Otra vez me molestó mi triste situación de viador limitado e impotente, y le repliqué:

—«Algunos animales domésticos nos saludan con caricias a su modo, como el gato zalamero. ¿También poseen ellos el instinto de la gloria futura?».

—«Por supuesto que sí —me respondió, con una mirada compasiva—. Solamente que ellos no pueden aspirar a la gloria de los humanos, puesto que carecen de alma espiritual. Su gloria la reciben de las personas bienaventuradas, como ya te expliqué. Sin embargo, su alma inmaterial —no espiritual— les permite conocer obscuramente que las caricias superficiales son el preludio de mejores placeres que recibirán del hombre glorificado. Y se disponen, con la generosidad auténtica de su naturaleza inferior pero impecable, a otorgar a sus glorificadores la participación de los dones específicos, pero, sobre todo, los regalos singulares, que recibieron gratuitamente del Creador».

—«Algunos sabios modernos sostienen que no existe el alma humana espiritual, libre e inmortal. Dicen que cuando Nuestro Señor Jesucristo menciona el alma humana, se refiere al centro o núcleo vital del hombre, pero no a una substancia espiritual».

—«Pues que tengan cuidado con las nociones que propagan, no sea que por sus ideas avanzadísimas apenas logren en el cielo la felicidad propia de los animales. Yo te insisto en que aceptes la Sagrada Escritura y la Tradición Apostólica en su sencillo lenguaje, sin estrujamientos ni rebuscamientos, de acuerdo con el Magisterio Oficial de la Iglesia. La Palabra divina no ha sido dictada para los sabios orgullosos, sino para los humildes de corazón. No te preocupes —concluyó— por las aparentes diferencias entre la Revelación y la ciencia terrena. ¿Acaso el Creador es esclavo de las ciencias que Él mismo ha creado? Su Palabra pide Fe, y no tanto demostración objetiva y evidente; ni siquiera correspondencia exacta con los "maravillosos" descubrimientos modernos. Nuestro Dios prevalece. La ciencia humana se equivoca, cambia y declina. Ya comprobarás qué distintas se ven las cosas terrenales desde el cielo, de arriba hacia abajo, y no de abajo para arriba, como sucede aquí».

—«No entiendo por qué es tan placentero el saludo de mano celestial».

—«El inmenso deleite de la menor compenetración amorosa en la Bienaventuranza se debe a la participación recíproca, entre los glorificados, de los regalos divinos, individuales e irrepetibles, que el Señor ha concedido a cada bienafortunado, de acuerdo con su nombre nuevo y su dotación de maná recóndito, esto es, con el matiz singular de felicidad que disfruta cada quien en la Patria. Equivale a una transfusión mutua de gloria y regocijo. Permite una indecible intercomunicación de dicha, muy superior a las breves, limitadas y superficiales caricias de los que se aman en esta vida».

—«Ya vislumbro el placentero abrazo de las parejas en los bailes del cielo».

—«Los sentidos corporales, una vez glorificados, funcionan intensamente, sin deficiencias ni debilidades. El tacto se ejerce, además de la piel, en todas las células del organismo integral, las cuales gozan y comunican sus deleites al alma que las gobierna. La agudeza táctil no se limita a sentir el calorcito o el friecito, ni la forma y consistencia de los cuerpos. Se vuelve variadísima, hasta percibir diferencialmente una molécula de otra, y, si obtienes un alto grado de gloria, un átomo, de un electrón o de un *quantum* de infraenergía. Y como cada elemento individual es capaz de comunicar, por amor universal, el don peculiar que le concedió el Altísimo, ya podrás entrever la inmensa felicidad táctil en la Patria. Lo mismo podría decir de los demás sentidos corporales».

—«Da vértigo pensar en tantos placeres…».

—«Claro que sí. Nuestro Dios es generosísimo. Recuerda que no existen dos personas exactamente iguales. Jamás el Creador se repite en Sus obras. Tampoco se encuentran dos glorificaciones idénticas. Pues bien, esas diferencias de bienaventuranza se transmiten, se intercomunican entre los que se saludan al modo celestial. Y lo más asombroso es que cada vez que se saluda a la misma persona, se reciben nuevos matices de felicidad, ya que la Bienaventuranza no es estacionaria sino perfectible, dentro del grado de gloria alcanzado, en proporción geométrica hasta el infinito matemático. Pero, claro está, sin llegar nunca al panteísmo. Nada ni nadie puede igualar la excelsitud de nuestro Dios».

—«¿Por qué se siente agrado al saludar de mano, aquí en la tierra, a una persona estimada?».

—«Ese pequeño gusto es como el gozo incipiente, anticipado por el instinto de la gloria venidera, del saludo de mano que se acostumbra en la Patria. Aquí, se comparte la alegría por medio del lenguaje, atenciones y regalos. En la gloria, por la compenetración amorosa del saludo de mano celestial. Como ves, el cielo no consiste en una confusión diluyente de bienaventurados, sino en deleitables interrelaciones personales».

—«Si es fascinante el saludo de mano entre los bienafortunados, ¡cuánto más no significará ese saludo con Nuestro Señor Jesucristo o con la Santísima Virgen María! ¿No querrías decirme algo más a este respecto?».

—«Sí. Hay un gozo muchísimo mejor que el simple saludo compenetrativo: ¡La interpenetración inefable con Ellos, amorosísima y absolutamente total…! Sin embargo, la intensidad de estos deleites depende del grado de gloria alcanzado en esta vida. Y no te extrañes. La Sagrada Comunión de esta tierra es un anuncio de la del Cielo. El ser humano ha sido creado para recibir la Infinita Ternura divina. Sin nada de panteísmos, nirvanas ni cielos mahometanos, por supuesto. Por ello, el amor universal se realiza siempre en indecible cariño. Solo el hombre egoísta, enconchado en su costra de soberbia, se vuelve incapaz de columbrar la ternura universal y se conforma con el «muy machismo», que supera en estulticia al instinto de las bestias».

—«Tu mamá no me vio, ya que al atravesar la reja por poco me atropella».

—«No se fijó en ti por el gusto de verme y por lo insólito de tu presencia, como viador, en este paratiempo. Pero no te habría lastimado. Simplemente te hubiera atravesado sin causarte ningún daño. Así verás que en el cielo no hace falta un reglamento de tránsito, a pesar de que se trata de un movimiento universal complicadísimo, a velocidades inmensurables y en todas las dimensiones del Cosmos».

—«Buena falta les harían semáforos y policías».

—«No. En vez de ellos, contamos con la Omnipotencia divina. Confiamos absolutamente en nuestro Dios».

—«¿Por qué los mortales no alcanzamos lo mismo, sino que topamos contra los obstáculos?».

—«Por ser aún viadores. Porque viven bajo el régimen de la Fe y no participan gloriosamente del poder divino. Existe otra causa: la gran malicia mundana. Algunos peregrinos cometerían atrocidades si poseyeran tan grandes dotes».

—«Tienes razón. "Dios no les da alas a los alacranes". Tiernamada, si el solo roce de tus dedos sobre mis manos me causa mucho bienestar, ¿qué habría sentido si tu mamá me hubiera atravesado?».

—«El bienaventurado puede efectuar la interpenetración gloriosa con amor o sin él. Si la realiza sin amor, como cuando mi mamá traspasó la reja y los cuerpos de las personas sentadas, no se origina el menor placer. Pero si la ejecuta con amor de caridad, experimenta deleites magníficos».

—«¡Qué importante es el amor en la gloria!».

—«Es decisivo. Pero no solamente en el cielo, sino desde la vida terrena. Desde aquí se empieza a notar su valiosa influencia. Donde hay verdadero amor, amor de caridad, siempre abunda el gozo, aunque en los viadores se mezcle, a las veces, con las penalidades propias del estado de prueba que es la vida mortal. Te explicaré un poco más —agregó—. Mi mamá y yo disfrutamos muchísimo en esa compenetración. Sin embargo, aquí hay gran variedad de formas y matices. Por ejemplo, cuando tú y yo nos compenetramos gloriosamente, nuestro gozo mutuo será inmensamente mayor, ya que fuimos designados por nuestro Dios para consumar plenas interpenetraciones celestiales. No se trata de matrimonio al estilo terrenal. Es algo mucho más elevado. Es la sublime realización del amor de caridad, al jubilante modo del Más Allá».

Parece que se encendió otra vez la luz en mi mente. Empecé a sentir, no a entender, la delicada pero fuerte Providencia de Dios sobre cada uno de nosotros. Sentí que sin ella, el pobre mortal se iría al garete. Columbré que mi resistencia a creer en la suave y vigorosa influencia de Dios sobre todo mortal se debía a un sentimiento de autosuficiencia infundada, a una soberbia sutilmente escondida, a ese «muy machismo», reprobado por mi bella maestra.

—«Por último —me dijo Tiernamada—, si te parece bien, visitaremos a Blanca, tu amor número dos. Vive cerca de aquí, en la calle de Galeana. ¿Recuerdas? Nos trasladaremos rápidamente al año de 1927 y nos ubicaremos en un espacio-tiempo oportuno. Quiero que observes el poder de los bienaventurados sobre los espacio-tiempos de su organismo integral, guardados fielmente en la quinta dimensión».

Era fabuloso viajar a través de la eternidad creada. ¡Cuánto me hubiera gustado sentir las tremendas aceleraciones o desaceleraciones!

Mi encantadora amiga volvió a rozar con las yemas de sus dedos el dorso de mi mano. Tampoco supe cómo sucedió. Cuando me di cuenta, estaba junto a ella frente a la casa de Blanca. En ese instante del nuevo paratiempo, Blanca salía y no acababa de cerrar la puerta. Se veía inmóvil, como una delicada estatua infantil. Blanca era, en 1927, una encantadora chiquilla rubia, de grandes ojos café muy oscuro. Se veía agraciada, pero no tanto como mi bella muerta. Me había entusiasmado mucho en aquel tiempo, solo que al presente me resultaba demasiado niña.

—«Recuerda —advirtió Tiernamada— que la trataste cuando apenas contaba doce años, tu misma edad. Obsérvala con calma. Ya sabemos que no puede verte».

Blanca había sido mi segundo amor. ¿O el tercero...? En mis recuerdos, surgía bellísima y atractiva. Pero actualmente la miraba como a una graciosa niña que bien podía ser mi nieta. ¡Cuánto cambia el ser humano por dentro y por fuera! Mi apasionado amor infantil se había transformado en una plácida ternura de abuelo. Claro es que la presencia física de esa chiquilla evocaba fuertemente mis ingenuos recuerdos infantiles de ella. Pero ya no podía amarla como en mi infancia.

—«¡Qué, ya no te gusta? —expresó Tiernamada, con un matiz de travesura en su sonrisa».

—«Estando contigo, no alcanza a atraerme ninguna otra mujer. No me queda capacidad para amar».

—«No exageres. Si en algo eres muy rico, es en tu potencialidad de amar. Es infinita. Lo que pasa es que el amor entre los viadores, con todo y ser muy amplio y poderoso, es sumamente débil en su ejercicio. No alcanza a suscitar todo el vigor que contiene, por más que el mortal se sugestione de lo contrario. Es que el amor terreno se ejerce únicamente en el fugaz espacio-tiempo del instante actual. Cuando vislumbres la sexta dimensión, te anonadarás ante la vigorosa intensidad de los placeres celestes. Ningún objetivo de aquí —agregó— es capaz de satisfacer la infinita sed de amor y felicidad que encierra el corazón humano. Lo mismo pasa en la Patria con el amor creado, no con la Visión Beatífica que es plenamente colmativa. Por ello, es muy múltiple el amor de los bienaventurados en su gloria accidental. Claro que esa multiplicidad no rige en el matrimonio cristiano, que, por mandato divino, debe ser exclusivamente monogámico. Pero en la gloria eterna, cada uno se satisface en el amor de caridad de todos los demás. No cabe duda de que el hombre fue creado, sobre todo, para la admirable sociedad celeste. Y en vano busca en la tierra lo que solo se encuentra en el Más Allá».

—«Me siento muy seguro de que te estoy amando con todas mis fuerzas».

—«Te equivocas. Por insuficiencia de los sentidos, ligados con el momento presente, la conciencia plenitud. El conocimiento de la hermosura depende, además de la naturaleza del conocedor, de su estado sobrenatural. El hombre en gracia de nuestro Dios columbra mejor la belleza que el pecador. Y la hermosura física y moral, unificada con la bondad y con el valor eternidad, es lo que más excita al amor entre los humanos, viadores y comprehensores».

—«Pues eso poco, me parece mucho. Mis ojos nunca habían contemplado una belleza como la tuya».

—«Entonces, empieza a considerar cuánto gozarás en el cielo al percibir con toda claridad los cinco grandes valores: Verdad, Bondad, Belleza, Unidad y Eternidad, en la más pequeña bienaventurada. Tampoco alcanza el viador a comprender esos cinco valores, escondidos en el objeto más inferior».

—«¿Por qué?».

—«Porque el desprecio y la indiferencia a nuestro Dios han reducido la vida mortal a un breve lapso de prueba para merecer el cielo. Es en la Patria donde se realiza de veras el amor de caridad, más o menos frustrado en esta tierra pecadora. Por eso, en tu calidad de peregrino, no soportarías el inmenso deleite de comprender a fondo la verdad, amar la bondad, gozar la belleza y disfrutar todo esto en la unidad y en la eternidad del objeto más insignificante.

Por ahora, la plenitud del ser permanece oculta para ti, en lo más íntimo de sus entrañas».

—«¿De manera que conozco a las personas y cosas, apenas a profundidad de periscopio?».

—«Para llegar hasta la esencia íntima, necesitarás forzosamente de la escafandra de la glorificación. Ahora dime —me preguntó, con una sonrisa más traviesa—. ¿Qué le falta a Blanca para que te atraiga actualmente tanto como en tu infancia?».

—«La quise mucho en aquel entonces. Recuerdo mis sentimientos hacia ella. Pero hoy la observo demasiado niña…».

—«¿Te agradaría contemplarla a sus veintitrés años?».

Tiernamada no esperó mi respuesta. Volvió a vivificarme y, otra vez sin saber cómo, me encontré junto a ella en el patio de la Universidad de San Luis Potosí.

Era muy de mañana. Había llovido y soplaba un viento helado que calaba los huesos. Pero era el frío conocido, diferente del otro frío extraño que me había molestado en los paratiempos.

—«Nos ubicamos en el transcurso del tiempo normal terrestre del pasado —me dijo tranquilamente, sin importarle el fuerte invierno potosino—. Estamos en diciembre de 1938. Quítate del charco en que estás parado y consulta tu reloj». En efecto, mi reloj marcaba el tiempo y oía su tictac.

—«¿No sientes frío? —le pregunté, viendo su delgado vestido de verano».

—«Sí, pero no me molesta. Al contrario, me acaricia. Ya te advertí que el cuerpo de los bienaventurados es invulnerable».

Se percibía el murmullo de la ciudad que comenzaba a trabajar; el ruido de la escoba, cuando el anciano aseador pasaba el agua de los charcos a las losas menos mojadas del patio. No me fue difícil reconocer a Blanca que se acercaba a nosotros. Lucía bellísima. ¡Con razón me entusiasmaba cuando la traté de niña! Después no la volví a ver. Por la bilocación que acababa de efectuar en mi cuerpo infantil, tenía presentes, redivivos, mis sentimientos niños: el incipiente sentido del amor, su vehemencia, su delicadeza; mi afán de ternura y las ansias de proteger y defender a mi amada; mis deseos de comprensión y de amistad…

Blanca se acercaba a nosotros como toda una real hembra. ¡Un perfecto monumento a la salud juvenil! Exactamente proporcionada en sus redondeces y bien segura de sí misma. Su garbo evidenciaba incapacidad para cualquier terneza. Su porte altivo, de andar gracioso pero altanero, manifestaba carencia de dulzura. La ingenua y tierna Blanca se había transformado en una atractiva y exuberante mujer fogosa, pasional, imperativa, radiante y muy segura del poder de su belleza. Me llamó la atención que yo lograra captar todo ello en una simple mirada. Nunca tuve éxito con la psicología. ¿Acaso estaba abultando mi apreciación?

—«No exageras —me aseguró Tiernamada—. Lo que sucede es que te estoy transfiriendo la imagen de la verdadera personalidad de Blanca en esta fecha del pasado. A esa edad, era una muchacha bastante experimentada. ¿Te gusta a sus veintitrés años? —añadió, con su sonrisa celestialmente irónica».

—«Claro que sí. Pero de un modo diferente al que me colmaba en su niñez».

Pensé que la anatomía y fisiología humanas nos hacen muchas jugarretas con la ayuda de sus inseparables compañeros de juego: el tiempo y el espacio.

—«Si fueses capaz de quitar y poner, ¿cómo arreglarías a Blanca, para que la amaras con un grande y apasionado amor?».

—«¿Para qué forjarme ilusiones? Yo sé que el amor obtiene el cambio de conducta de los amantes. Pero no modifica la constitución física ni el temperamento de la amada. "Genio y figura, hasta la sepultura"».

—«No seas pesimista y contéstame».

—«No necesito pensar mucho. Me agradaría que conservara su ingenuidad de niña y la unificara con su experiencia de mujer y con su ciencia de pasante universitaria. Sí, desearía que en ella se armonizaran, no sé cómo, su candor infantil con su experiencia femenina. Pero sin fingimiento. Preferiría que sus piernas estuviesen mejor torneadas y que sus ojos fuesen como los tuyos. Sin embargo, no me hagas caso, porque estoy pidiendo un cóctel imposible».

—«Ya verás que no. Para eso sirve la eternidad creada. Basta con recurrir a los espacio-tiempos que guardan al ser humano integral en la pervivencia de la quinta dimensión. Esto es de lo más natural y común en el cielo. Para lograr cambios en la personalidad, basta con situar algunos centros nerviosos del organismo total en determinado ritmo del tiempo. Mientras tanto, otros núcleos de neuronas funcionan en diferentes frecuencias de la cuarta dimensión. Es decir, servirnos de los espacio-tiempos y de las ondas temporales como si fuesen nuestras herramientas, en vez de que ellos nos dominen, como sucede en los mortales. De esta manera —aclaró— el alma glorificada arregla al gusto el temperamento y el carácter, los que dependen, en gran parte, de las sinergias hormonales. Las glándulas secretan sus hormonas de acuerdo con el nuevo acondicionamiento de los centros nerviosos. Algo así, como si el organismo integral fuese de plástico y lo modelaras a tu antojo».

—«¿Pero cómo investigar esa complicada fisiología?».

—«Se la preguntamos a nuestro Dios. Él está ansioso de explicárnosla, toda vez que anhela nuestra felicidad accidental. Además, el alma glorificada conoce muy bien la técnica. Este dominio del alma sobre los espacio-tiempos del organismo total permite a los bienaventurados modificar diversos segmentos de sus cuerpos, cambiar las facciones, adquirir nuevos y muy reales matices de belleza, rejuvenecernos —como lo hacen aquí los paramecios—, aumentar o disminuir la estatura, peso y complexión, etc. Sin necesidad de suplicios en institutos de belleza, maquillaje, dietas ni gimnasias. El complejo materia-energía-espacio-tiempo-eternidad creada nos obedece ciegamente sin posibilidad de error. Recuerda que participamos, analógicamente, de la Omnipotencia divina».

—«En esta tierra, tú lo sabes, nos aferramos a la imagen de las personas que amamos. Quisiéramos eternizarla. Nos admiramos cuando embellece, pero nos causa tristeza cuando va perdiendo su lozanía. ¡Qué bueno que en el cielo no existe la fealdad y que el cambio de aspecto es solamente en la línea de perfección progresiva y sin límite! Debe ser fantástico cambiar de fisonomía a voluntad, así como Nuestro Señor Jesucristo, que no fue reconocido por los discípulos de Emaús. Quizás el instinto de la gloria futura sea lo que mueve a las señoras a pintarse las canas y a maquillarse».

—«¡Ya empiezas a balbucir el lenguaje celestial! En efecto, el afán de perfeccionarse físicamente y de buscar nuevas formas de belleza es un impulso del instinto de la felicidad venidera, el cual suspira por realizar en el mundo las costumbres de la Patria. Ya comprobarás en el cielo lo fácil que te será modificar la fisonomía y hasta cambiarla completamente. Claro es que todo esto depende del grado de gloria alcanzado en la tierra. Los grandes bienaventurados, que fueron grandes cristianos en esta vida, logran cambios asombrosos en sus cuerpos».

—«¿Y para qué efectuar en el cielo esas modificaciones corporales y fisonómicas?».

—«Sirven para conseguir muchísimos idilios, al maravilloso modo celestial, en la Patria. Los amantes se ajustan con exactitud a su correspondiente prototipo ideal, a su nombre nuevo y a su dotación de maná recóndito. Se complementan con toda minuciosidad, sin concesiones ante lo irremediable ni tolerancias disimuladas. Cumplen exactamente los designios divinos».

—«¡Estupendo! Los glorificados no necesitan asomarse al alma de la amada, mediante hábiles preguntas ni sutiles observaciones, para investigar sus gustos. Como su amor ya está programado, Dios le dice en qué forma conviene que transformen físicamente su aspecto personal, para deslumbrar a la amada».

—«No la encandilan engañosamente —protestó—, ya que ese poder de modificarse a sí mismos lo merecieron por sus buenas obras terrenales de amor de caridad. Ese poder es un atractivo personal que el hombre no recibió gratuitamente, como sucede con las cualidades heredadas. Lo obtuvo por el cúmulo de mortificaciones padecidas en esta vida por contrariar la concupiscencia y cumplir los Mandamientos y Consejos de nuestro Dios».

—«Entonces, los bienaventurados preeminentes disfrutan de mejores y más numerosos amores celestiales —sugirió mi envidia.

—«Sí, porque lo alcanzaron mediante sus obras de amor de caridad, mientras fueron viadores. Con esto, espero que te esfuerces por conseguir una gran gloria futura. ¡Nos harás gozar más a todos los habitantes del cielo! Pues bien, nuestro Dios te permite, aunque sea en mínima parte, que veas logrado tu deseo. Observa otra vez a Blanca, pero no te le acerques. Su etapa de la infancia se ha coordinado con la de su esplendor juvenil».

Blanca, que había pasado de largo, se volvió hacia nosotros. La vi caminar segura de sí misma, pero sin altanería. Alcancé a ver su mirada dulce, prometedora de un tierno amor. Tenía yo razón. Ella lucía más fascinante, de acuerdo con mi prototipo de mujer. Era toda una bella muchacha esplendente y, sin embargo, ¡ingenua, candorosa…! ¡Extraordinaria maravilla! Blanca correspondía al ideal de mi mujer amada, apenas superado por mi hermosa visitante. Sus piernas, exactamente torneadas. ¡Qué fantástico! ¡Sus ojos de capulín habían virado al café claro! ¡Igualitos a los de Tiernamada!

—«No creas que le presté mis ojos a Blanca —me dijo, riéndose de buena gana al ver mi asombro—. El cambio de color de la piel, ojos, pestañas, etc., es de lo más fácil. Hasta los mortales podrían practicarlo si supieran un poco más de bioquímica».

¡Magníficos los espacio-tiempo de la quinta dimensión! Gracias a ellos es posible realizar en el cielo la vivencia del honesto capricho amoroso que se frustró en el mundo. En esta vida, fueron antojos que por muchas causas, casi todas relacionadas con el pecado, no pudieron efectuarse. Pero se desearon lícitamente…, son seres de razón. ¡Qué bueno que en el cielo adquieran la existencia real!

—«Habrás observado —agregó— que cada cristiano se forja, más o menos idealizada, la imagen física de Nuestro Señor Jesucristo, su Cristo. Hay tantas imágenes de Él como la fantasía del hombre. El cine y las revistas intentan poner Su físico y Su indumentaria al día. Esto no es frivolidad ni falta de respeto. Es una moción del instinto de la gloria futura, que añora lo que se usa en la Bienaventuranza. El Señor manifiesta infinidad de rostros dentro de Su Naturaleza Humana. A cada glorificado Se le muestra de un modo distinto, siempre Amable, de acuerdo con el grado de felicidad alcanzado por el viador y con el nombre nuevo que disfruta en el cielo. El nombre nuevo indica la sutil manera en que nuestro Dios Ama y quiere ser amado, muy en lo singular, por ese bienafortunado. El maná recóndito expresa la capacidad, otorgada por el Altísimo, para que el hombre glorificado resista y disfrute ese preciso matiz del amor divino, y le responda de esa misma manera, única e irrepetible. El maná recóndito señala también el exquisito deleite principal que cada bienaventurado aprovechará de todo el Universo. Sin embargo, observa que nuestro Dios impone una condición. Porque dice: "Al que venciere, le daré Yo un maná recóndito, y le daré una piedrecita blanca; en la piedrecita, esculpido un nombre nuevo, que nadie sabe, sino aquel que lo recibe". El Creador habla desde Su Eternidad Absoluta, no desde el tiempo y espacio terrenales. Por tanto, en el lenguaje de la quinta dimensión: "Al que venciere", significa "estar venciendo". De consiguiente, cuando avances en la perfección cristiana y te encuentres triunfando sobre los enemigos de tu salvación eterna, desde la tierra columbrarás tu nombre nuevo y ese divino matiz amoroso al que has sido llamado por el Señor, singularmente, desde Su Eternidad Absoluta. Entonces, te sorprenderás al contemplar que ese sutil aspecto amoroso de tu personalidad corresponde al anhelo del Señor sobre ti y a tus más caros deseos: conscientes o subconscientes, actuales y futuros, en esta vida y en el cielo. Muy esperanzado quedarás —concluyó— cuando vislumbres tu nombre nuevo y su misteriosa relación con tus cualidades negativas, que a los demás causan pena, risa y aversión. Dejarán de preocuparte tus limitaciones y defectos, que no sean pecaminosos, porque los mirarás con las luces del Más Allá. Los aceptarás como parte del dolor que te corresponde en la Redención, como estímulos para acrecentar la fe y el amor de caridad, y como valiosas prendas y agradables pregustos de la futura Bienaventuranza».

—«Siento que Blanca haya dejado su gloria para venir al patio de la Universidad —le dije a Tiernamada, cuando Blanca se alejó».

—«No abandonó el cielo. Ningún bienaventurado puede dejar la felicidad de la vida eterna. Para este experimento, bastó con que ella se multilocara. Su alma gloriosa animó conscientemente y perfeccionó algunos espacio-tiempos de su organismo íntegro. Corrigió su personalidad tal como tú lo deseabas, como un anticipo de lo mucho que se arreglará para cautivarte. Ella es uno de los incontables amores que el Señor ha programado para dártelos en tu gloria accidental. Sin embargo, Blanca no le comunicó a su cuerpo la espléndida hermosura entera que le corresponde según su grado de gloria».

—«¿Por qué no mostró su belleza total?».

—«Porque te hubieras muerto de admiración y de amor por ella».

¡Qué caray! —pensé—. Tiernamada y Blanca son las mujeres más hermosas que he visto en mi vida y resulta que apenas las contemplo superficialmente. ¿Cómo será su espléndida belleza celestial? ¡Qué deleite cuando las bese al modo compenetrativo…! ¡Ya quiero salir de este mundo! ¡No soporto la ligadura de mi conciencia con el momento actual! ¡Ya no me hallo en esta tierra!».

—«No pienses así» —me regañó—. «Esta vida es muy valiosa para el futuro celeste. No obstante, es muy pobre en verdad. Pero no quiero deprimirte. Es mejor que hablemos de lo que acabas de observar en Blanca. El cambio operado en ella fue real y verdadero. Nada resultó fingido. En esta ocasión duró breves minutos, pero podría persistir el equivalente a miles de años, a voluntad tuya y de ella. Ustedes conseguirán alterar su personalidad, su aspecto y su cuerpo físico de muy diversos modos. Así se gozarán mutuamente, a la inefable manera celestial, en variadísimas formas y circunstancias».

—«Pero será un amor muy distinto del que conozco».

—«Será un amor muchísimo mejor. En esta pobre vida terrenal, el amor se repite casi del mismo modo. Los cuerpos mortales, como cercas electrizadas, impiden el éxtasis recíproco, compenetrativo, del amor celeste y no permiten a los enamorados gozarse en el íntimo conocimiento espiritual. La fruición de los labios no alcanza al beso entre dos almas. En las confidencias de amor terreno, queda siempre un rescoldo de duda ante la imposibilidad de una comunicación espiritual absoluta, sin equívocos, sin temores, sin disfraces, sin palabras. Además —prosiguió—, el amor terrenal fácilmente se vuelve rutina y acaba por cansar. Como no es factible perfeccionar realmente el aspecto físico de los amantes, ni retroceder a los espacio-tiempos felices del pasado, los esposos terminan con frecuencia por sobrellevarse, tolerarse y, a veces, por hastiarse. Por otra parte, el tiempo sopla en su contra y poco a poco se desvanecen la belleza primitiva y los atractivos iniciales. Menos mal que también se van agotando los sentidos. Los viejos no advierten claramente sus defectos físicos».

—«Tú no querías deprimirme, pero ya me deprimiste».

—«No es mi intención. Lo que deseo es colocarte muy cerca de la verdad. Convencerte de que el amor terreno es, si acaso, un pálido retrato del gran amor definitivo celestial. Persuadirte de que pongas las miras de tus amores en el Cielo. Prevenirte del canto de sirenas de algunos mortales, que de tanto amar al amor perverso se polarizan en pasiones absorbentes que cierran las puertas de la Patria. ¡Es tan breve la estancia del viador sobre la tierra! Ojalá aceptaras humildemente tu condición de peregrino y te comportaras como tal».

Entendí. Mi afán de ser feliz me orilla a pedirle peras al olmo en esta vida. Ahora ya sé que solamente en el cielo el olmo da peras.

—«En donde esté tu tesoro, ahí estará tu corazón —sentenció—. Si meditaras con frecuencia en tu próxima vida futura, vislumbrarías tu verdadero tesoro, y en él pondrías toda la fuerza de tu espíritu».

—«¿Para qué sirve, pues, el amor terrenal?».

—«El casto amor humano en esta vida es como una "probadita" del delicioso ágape de amor en la Patria. El amor terreno sirve para que, unificado con el amor al Altísimo, es decir, convertido en amor de caridad y asociado a la Promesa divina de la Bienaventuranza, empuje al peregrino a acelerar el paso en la senda de la perfección cristiana. El buen amor es necesario para que el viador progrese y haga progresar cristianamente a los demás. Porque el amor de caridad, lejos de alienar al hombre, lo impulsa a perfeccionarse y a cooperar en el cristiano desarrollo del género humano. El amor de caridad —prosiguió— vale de frugal refrigerio en el duro camino de este mundo. Sirve también para que los novios se casen y engendren más ciudadanos del cielo, es decir, mayor cantidad de matices de felicidad celestial, de los que todos disfrutaremos en nuestra gloria accidental. A mayor cantidad de bienafortunados, habrá más nombres nuevos y manás recónditos, mayor número de interrelaciones personales de amor en el cielo, más alabanzas de gloria a nuestro Dios y, por tanto, mejor dicha para todos los ciudadanos de la Patria. Es mejor resolver el problema demográfico mediante la caridad fraterna que por el aborto criminal y el control de la natalidad por medios ilícitos. Si no fuera por la pasión vehemente del amor —añadió—, algunas parejas no se casarían, al considerar fríamente las responsabilidades del matrimonio cristiano. Sirve, por último, pero es lo principal, para que el viador conozca, siquiera por remota analogía, el infinito amor con que lo ama el Señor».

—«Tiene muchas importantes finalidades, para ser solo un pálido retrato del amor celestial».

—«Y ha de tener otras, que se me escapan en este paratiempo o que ignoro a causa de mi pobre grado de gloria. Llamo pequeño al amor terrenal porque lo comparo con el del cielo, pero no creas que lo minimizo. Al contrario, le recomiendo que lo fomentes con prudencia cristiana. Tus amores lícitos de este mundo, a pesar de ser pequeños y efímeros —con relación al momento actual, no de acuerdo con la quinta dimensión— constituyen el único motor automático que posees para salir espiritualmente de la tierra y orbitar, si bien desde muy lejos, el regio Cielo que te espera. El amor fundamental —puntualizó—, el que hace verdaderos, bellos, buenos, unificantes y eternos a los demás amores, es el amor de caridad a nuestro Dios. Jamás excluyas al amor divino de tus amores terrenos. Si estos no concuerdan con el Primero, recházalos. Que necesitas algo —concluyó—, pídeselo al Altísimo. Si te lo da, agradéceselo. Y si no, dale las gracias también, toda vez que te lo negó en beneficio de tu futuro celestial. No mires la muerte con los gemelos al revés. Que la alegría te sirva para columbrar el cielo. Y la tristeza, para anhelar mejor tu próxima Dicha. No te dejes llevar por las apariencias. La vida mortal se desenvuelve como si no existiera el Creador. Pero ese cariz es falso. Nuestro Dios está muy pendiente de cada uno de Sus Amados hijos mortales».

—«Para que adquieras una remota idea del imperio que los bienaventurados ejercemos sobre la materia-energía-biología del Universo —propuso Tiernamada—, voy a referirte una experiencia de mi gloria accidental, consistente en la compenetración amorosa que realicé con una flor. Sí, no te rías, me interpenetré con una bella rosa guinda. El amor universal —prosiguió—, incompleto y esquivo en la tierra, es perfectísimo y resplandeciente en la Bien-aventuranza. Los seres nos amamos según la naturaleza y matices singulares de amor que nos concedió el Creador. Todas las criaturas nos deseamos y nos gozamos, entre nosotros, en Él y con Él. Es fascinante ir descubriendo en la gloria eterna, la magistral corres-pondencia de amor entre unos y otros. Para que entrevieras ese maravilloso amor múltiple, tendrías que interrelacionar cada ser individual, en cada espacio-tiempo de su existencia, con el resto del Cosmos. No sigas sonriéndote —observó—, porque se trata de amores ciertamente grandiosos. Lo que sucede es que con tu pequeñísimo amor superficial, egoísta y breve, amas la belleza de una flor o de jardín sin entenderla, sin disfrutarla… Miras en las flores y en los frutos, en las semillas y en los bosques, solo el signo de pesos. Y si, de paso, amas una flor por sus colores y perfume, calificas ese amor como exclusivamente de parte tuya. No obstante, el buen amor nunca es unilateral: por fuerza es recíproco, ya que se trata de un designio divino».

—«¿Por qué no observo las cosas, tal como tú las ves?».

—«Porque el egoísmo, la soberbia y la ambición vendan los ojos de tu espíritu. Además, en la actualidad vives bajo el régimen de la Fe, muy a la carrera por el veloz transcurso de los espacio-tiempos terrestres, y con tu conciencia ligada fuertemente con el momento actual».

—«Es terrible esta situación de peregrinaje».

—«Sí, es una muy breve pero dolorosa prueba para merecer la Bienaventuranza. Mas en el cielo, todos buscamos y nos buscan, amamos y nos aman, gozamos y hacemos gozar. Te decía que los grandes valores: Verdad, Belleza, Bondad, Unidad y Eternidad son como los anzuelos del amor fructífero. Y todo ser los posee en mayor o menor grado, proporción y singular matiz. ¿No es cierto que en la unidad de una flor verdadera, existe la belleza de sus pétalos y perfume, y que atrae, porque todo ello es bueno y no se acaba, sino que dura eternamente?».

—«Sí, pero insisto en que el amor a una flor no puede ser correspondido».

—«Así parece en la tierra. En el cielo es diferente. Verás. Un ángel, amigo mío, me llevó a un planeta de Andrómeda muy semejante a nuestra tierra. Ahí realizamos experiencias sublimes que te contaré en la Patria, porque aquí casi no hay tiempo. Entre ellas, mi deleitable compenetración por amor con una bella rosa de tono muy oscuro, semejante, si bien un poco más ancha, a las que se dan en los invernaderos terrestres. "¿Te gustaría compenetrarte físicamente con esa rosa? —me preguntó el ángel—. Ella tiene, a su manera, deseo de ti". Como se trataba de la primera interpenetración de amor que practicaba con vegetales —aclaró Tiernamada—, consulté con nuestro Dios, unido siempre a mí por gloria esencial. Y Él me animó. Entonces, el ángel me tomó con su inmensa energía, me acarició a su modo espiritual, llenándome de gozo; redujo mi estatura a unas cuantas micras y, junto con él, me compenetré con la rosa. No fue obstáculo mi tamaño ni mi pesantez normales. Y no te sorprendas. Ya te advertí que la materia es sumamente porosa y comprensible. Está hecha casi de poros. Además, los glorificados, pequeños dioses por participación analógica del Altísimo, ya no estamos sujetos a las leyes naturales de la tierra; dominamos el complejo materia-energía-espacio-tiempo-eternidad creada-sexta dimensión. No entendí cómo sucedió —dijo—. Ya sabes que el pensamiento no es mi fuerte. Pero sí aprecié la alegría de la rosa, manifestada a su modo natural y de acuerdo con la biología de ese planeta, al ser compenetrada por nosotros. Sobre todo por el Altísimo, unido gloriosamente al ángel y a mí. No tienes idea de los placeres que causarás en el cielo cuando te compenetres amorosamente con los organismos biológicos que el Señor te ha asignado».

—«¡Inaudito!».

—«Ya lo practicarás —sentenció—. Entendí el porqué de su corola, de su aroma y de su bello color. Era una alcoba nupcial donde se esperaba con ansia la fecundación, que para aquella rosa significaba la máxima felicidad natural. Con gran júbilo, a su manera, ella conoció nuestra presencia en su interior. Y correspondió al amor que recibía, desplegando toda la fuerza de su amor natural».

—«¿Pero qué sintieron tú y la rosa?».

—«Todos disfrutamos de placeres desconocidos para ti. No podría esclarecértelos, como nadie le explicaría lo que es el color blanco a un ciego de nacimiento. Ni siquiera por analogía. Porque si le dijera: "El color blanco es como la nieve de los volcanes", el invidente deduciría: "lo blanco es frío como la nieve"».

—«¡Ni modo! Tendré que esperar hasta el cielo, si es que llego».

—«Ten mucha paciencia, esfuérzate cristianamente y confía en el Señor. Pero volvamos a la rosa. Me comunicó sus fuerzas instintivas. Gocé con ella la fruición del gameto masculino cuando taladraba el estigma y el estilo, y elaboraba su tubo polínico en apremiante búsqueda del óvulo. Participé y le acrecenté su orgasmo biológico cuando se realizó la anhelada fecundación. Besé con ternura la célula huevo que empezaba a reproducirse. El ángel, a su modo espiritual, la acarició también. Entendí que la rosa conocía, según su manera natural, la nueva felicidad que estaba recibiendo. Intentaba retenernos. Reforzaba con rapidez las membranas del ovario, cerraba sus pétalos y acentuaba su perfume. De este modo, nuestro Dios le otorgó el más alto grado de felicidad al que puede aspirar una rosa. Quedé muy conmovida y muy feliz por este nuevo deleite y le di gracias al Señor, mientras el ángel me acariciaba espiritualmente y yo me le entregaba…».

—«¿Cómo puede un vegetal adquirir conocimientos?».

—«De la misma manera que la raíz sabe dónde está el agua, para dirigirse hacia ella. Todo ser real es capaz de conocimiento y de amor. Recuerda la irritabilidad, o sea la propiedad que tiene la materia viva de recibir, conocer, los estímulos del ambiente y de reaccionar, amar, de algún modo frente a ellos».

—«Así que la corola no es únicamente el receptáculo para la fecundación. Es también la esperanza vegetal del íntimo abrazo compenetrativo de amor múltiple, el cual habrá de realizar con los bienaventurados y con otros seres que, asimismo, disfrutarán con ella y en ella. ¡Es fantástico, Tiernamada!».

—«Sin duda que sí. No obstante, veo que estás pensando en la repugnancia mundana, al imaginar compenetraciones amorosas con seres vivos que se consideran repulsivos en la tierra. Te cuesta trabajo reflexionar con amor en el hermano ciempiés, la hermana tarántula y la hermana lombriz. Es porque no has profundizado el mecanismo psicológico de la repugnancia».

—«Hay cosas que por su naturaleza son repulsivas».

—«Ya verás que no es así. El asco, con tal de no exagerarlo, es conveniente y hasta necesario en este mundo. Aleja de los peligros. El mal olor, por ejemplo, aparta de los focos tóxicos o infecciosos. Muchos insectos, asquerosos para el ser humano, molestan con sus picaduras o son portadores de microbios patógenos. Todo esto lo sabe el alma y se lo avisa a la conciencia, mediante la sensación de repugnancia».

—«Con todo, imagino que en el cielo debe de haber alguna repulsión».

—«Pues no, no la hay. Ya lo comprobarás. Por de pronto, observa que ciertos ascos terrenales, mal interpretados y muy poco dominados, impiden cumplir con muchos deberes cristianos. Así, el pueblo pobre huele muy mal. Por ello, algunos cristianos pulcros no se le acercan. Prefieren hacer caridad a los mendigos, enfermos y ancianos mediante interpósitas personas, las que no siempre cumplen con fidelidad la voluntad del donante. En la Patria, por el contrario, no existen las repugnancias. Ningún ser causa el menor daño en la gloria eterna. Ni siquiera existe allá la aversión al pecado, puesto que en la Bienaventuranza no se conoce el mal moral».

—«Pero eso de compenetrarse amorosamente con un alacrán…».

—«Cuando hayas adelantado en el camino de la perfección cristiana, en el vencimiento de las malas costumbres terrenales, los ascos entre ellas, y vislumbres tu nombre nuevo, aceptarás gustoso compenetrarte en el cielo con la hermana víbora de cascabel o con el hermano bacilo de la lepra. En este mundo, el amor ya empieza a inhibir el asco. Una madre amorosa, por ejemplo, no siente repulsión respecto de su hijo, por muy sucio que se encuentre. Bien saben los novios que se demuestra el amor cuando se pierde la repugnancia. Ya te cerciorarás de que las agradabilísimas interrelaciones de la Patria están fundadas en el estupendo amor universal. Qué bien columbró San Francisco de Asís, en su cristianísima vida de pobreza —comentó—, que los seres creados somos hermanos, por ser hechura del mismo y único Padre Celestial. ¡Cuánta paz espiritual y perfecta alegría obtendrás si aprendes a estimar de veras, según el modo cristiano, al hermano sol, al hermano lobo, a la hermana materia, a la hermana flor…! Será un fructífero entrenamiento para adquirir en la tierra las costumbres del cielo».

—«¿Pero no existe el menor asco en la gloria eterna? —insistí».

—«¡Claro que no! Los bienaventurados no podríamos sentir aversión en compenetrarnos amorosamente con lo que nuestro Dios no tuvo repugnancia en crear. Nota que las repulsiones de esta vida dependen, a las veces, de la mala crianza. Si a la mamá no le gusta determinado alimento, es casi seguro que contagie esa aversión injustificada a sus hijos. Cada región suele tener alguna costumbre que repugna, a primera vista, a los extraños. Como nuestras frituras de gusanos de maguey; la pasta de ajos con aceite, muy agradable para algunos españoles; los huevos podridos que deleitan a ciertos orientales, o el queso agusanado de cases franceses y de los alemanes. Todo eso se debe al pecado del mundo. Por tanto —afirmó—, espero que logres entrever el amor y júbilo de la vida futura. Ellos no se parecen a los del mundo, donde persiste la inexorable pugna entre el polvo por sofocar la vida, y esta por sacudirse el polvo. En todos los astros y demás lugares del infinito Universo, se contempla y se goza de lo que esta tierra, nublada por el pecado, no nos lo permitió. Al contrario, lo desvirtuó y nos dio fieras, sabandijas, temores y repugnancias».

—«Es muy triste el destino de nuestro planeta».

—«No tanto. Es una situación pasajera debida a la malicia humana. Después del Juicio Final, los bienaventurados actuaremos en la quinta dimensión sobre la tierra y reconoceremos a nuestros queridos animales, vegetales y objetos que apreciamos. Recuerda que todo ser es indestructible y que perdura o pervive, sin fin, en sus actos de existencia y espacio-tiempos de la eternidad creada. Esos seres queridos, que de algún modo nos conocieron y amaron, nos aguardan en los eternos espacio-tiempos en que convivieron con nosotros. Para volver a tratarlos —prosiguió—, bastará, como lo estás comprobando hoy, con regresar al pasado, utilizando los paratiempos como en una excursión de placer o recurriendo a la sexta dimensión. Claro es que ahora, apenas los conoces por fuera y te comunicas con ellos mediante señas o caricias superficiales. Mas en la vida futura, gracias a la interpenetración recíproca de amor, los disfrutarás hasta lo más íntimo de su esencia».

—«¿Te has compenetrado amorosamente con algún animal doméstico tuyo?».

—«Todavía no, a causa del estado de interdicción que rige actualmente en la tierra. Pero lo haré. Mejor dicho, lo realizaremos. Bastará con elegir los paratiempos adecuados. De esta manera sabrás lo que te querían decir tus perros: el de tu niñez, el de tu adolescencia y el de tu ancianidad, cuando agitaban la cola, saltaban hacia ti, frotaban sus patas sucias en tus brazos y buscaban lamer tu rostro mientras te miraban con sus ojos llenos de candor, impulsados por su instinto de felicidad futura. Felicidad que les darás al compenetrarte amorosamente con ellos».

Tiernamada y yo permanecíamos de pie en el patio de la Universidad, en el San Luis Potosí de diciembre de 1938. Pero en un paratiempo, ya que no se oía ningún ruido ni funcionaba mi reloj.

—«Es fascinante lo que dices, Tiernamada».

—«Sí, es maravilloso el Universo que ha creado nuestro Dios. Él ha dispuesto que muchas glorificaciones de los seres irracionales y de los inanimados se verifiquen por medio de los hombres bienaventurados. En eso consiste principalmente nuestro imperio como reyes de la Creación. Pero hay seres que, a su vez, se componen de otros muchos. Determinado animal o vegetal consta de un sinnúmero de células. Y cada una de estas corresponde a un individuo muy complejo. Sin embargo, todo ser particular ocupa su sitio en un grado preciso de la escala jerárquica de la Creación y en determinado espacio-tiempo de su historia. No olvides los niveles de existencia. No es lo mismo el nivel organismo total del perro que el nivel celular de ese animal, o que el nivel material o el energético de dicho can en un preciso espacio-tiempo de su vida. La compenetración gloriosa con tu perro la efectuarás a nivel de su organismo íntegro, que fue lo que le conociste en el mundo. Claro es que también podrías interpenetrarlo a nivel atómico. Pero entonces, la felicidad la recibirían los átomos y no el perro en cuanto organismo entero».

—«¡Qué complicado…!».

—«Es facilísimo. Lo difícil es explicártelo. Pero ya lo disfrutarás en el cielo. Tú y yo compenetraremos amorosamente una molécula de agua, por ejemplo. ¿Cuál? Alguna de las muchas que nuestro Dios nos ha destinado, la que seguramente es la más adecuada para nosotros. Al interpenetrarla, gozaremos de su afinidad, o sea del amor químico que enlaza en estrecho abrazo a los átomos constituyentes. Estos, por su instinto de felicidad, conocerán, a su modo, nuestra presencia en su interior. Los glorificaremos por nuestro solo contacto y ellos nos comunicarán las íntimas delicias de su poderosa estabilidad y nos compartirán sus dones, exquisitamente individuales, que recibieron del Altísimo».

—«No entiendo cómo les darás felicidad».

—«Los glorificaremos porque al interpretarlos, ellos tocarán, por nuestra misión sacerdotal en la Creación, a su Creador. Se alegrarán a su modo y nos participarán de su júbilo. Los átomos de esa molécula vibrarán intensamente de amor, resplandecerán de alegría, mientras nosotros saboreamos los regalos singulares e irrepetibles que concedió el Señor precisamente a esos átomos».

—«¡Y explotarán… y tal vez nosotros con ellos!».

—«Estallarán de júbilo, pero no se aniquilarán, pues lo que nuestro Dios ha creado, nadie puede reducirlo a la nada. Por otra parte, es muy placentero ubicarse dentro de una explosión. Un gran estallido en la gloria equivale a una inmensa manifestación de alegría y sin ningún peligro. Algo de esto se observa en la vida mortal. Los cohetes y balazos del día último del año constituyen una expresión del instinto de la gloria, aunque un poco deformada. Con cuánta razón físico-química-celestial —prosiguió— dijo Nuestro Señor Jesucristo el Domingo de Ramos en su entrada triunfal a Jerusalén: "Os digo que si estos callaran —se refería a la multitud que Lo exaltaba—, las piedras darían voces". En efecto, hubiera bastado que los conjuntos de átomos, en su nivel de existencia como piedras, conocieran, a su modo material, la presencia tan próxima de su Creador, para que prorrumpieran en alabanzas y manifestaran su júbilo a su manera, con sus propias voces: luz, calor, sonido, explosión, fusión, fisión…».

—«Tiernamada, ¿cómo voy a meterme dentro de una molécula de agua? Si se tratara de un mamífero o de un arbusto, pudiera ser. Pero…»

—«Te resistes a creerlo, por sentirte encajonado en tu estatura actual. Te sugestionan las dimensiones casi invariables de tu presente envoltura corporal. Sin embargo, no siempre ha sido así. Hace muchos años, medías la quinta parte de un milímetro, que era el diámetro de tu célula huevo. Ya contemplarás en el cielo que la talla del cuerpo humano glorificado puede variar desde lo infinitamente pequeño hasta lo inmenso. ¿No has adivinado el impulso del instinto de la gloria futura, en la alegría de un niño al ponerse zancos para sentirse más alto? Es el anhelo inconsciente de la futura grandeza física, vislumbrada por el alma a pesar de las limitaciones del niño. Es bueno, pues, que empieces a considerar que tu organismo será capaz de crecer enormemente en el cielo, o de hacerse muy pequeño, sin necesidad de zancos ni de compresoras. Lo conseguirás por tu propio poder de glorificado. A propósito —agregó—, voy a relatarte muy brevemente, puesto que el tiempo apremia, otra aventura mía, que a este respecto tuve con mi ángel. Me llevó por los infinitos espacios siderales a una velocidad fantástica. Me hizo sentir el vértigo agradabilísimo de la celeridad de la gloria, hasta que llegamos cerca de una enorme estrella».

—«¿Te agradaría compenetrarla amorosamente? —me preguntó el ángel.

—«Pues… creo que no —le respondí con miedo—. Mejor contemplémosla desde lejos».

—«¡Vamos, aleja el temor! —insistió—. Estás glorificada. El fuego no alcanza a quemarte. Nada puede hacerte daño, sino causarte desbordante júbilo. ¡Anímate! Yo —siguió refiriendo Tiernamada— me apresuré a preguntarle a nuestro Dios, unido siempre a mí por gloria esencial. Pero Él solamente sonreía de muy buena gana y nada me contestaba. Claro es que me sentía muy segura, con la absoluta certeza que da la glorificación. A pesar de ello, mi pequeña gloria y mi miedo femenino me impedían arriesgarme. Eran terribles las explosiones en la superficie de la estrella. Aumentaban cada vez más, como si la inmensa bola de fuego estuviera próxima a explotar».

—«Señor —le dije—, deja de sonreír y contéstame».

—«El ángel —me respondió— habló por Mí. Además, ¿por qué sientes temor? ¿No estoy siempre contigo? ¡Anda, pues, divirtámonos!».

—«Para entonces —observó Tiernamada—, yo había compenetrado amorosamente muchos seres y en cada uno de ellos había descubierto nuevos deleites. ¡Pero interpenetrar con amor a una supernova…!».

—«¡Vamos! —le dije al ángel, aunque no muy convencida».

—«Pero antes —propuso mi compañero—, te voy a hacer crecer hasta un billón de kilómetros, para que abraces y compenetres toda la estrella».

—«Me parecía absurdo, como a ti —aclaró ella—, que mi estatura creciera un billón de kilómetros. Claro está que con mi escaso poder de bienaventurada inferior, era incapaz de aumentar mi tamaño a tal grado por mí misma. Pero el ángel suplió mi deficiencia. Así verás que en el cielo, los glorificados compartimos los dones y poderes que nos ha regalado nuestro Dios. Es la plena realización del amor de caridad en la comunión de los Santos».

—«No sé qué hizo el ángel —dijo Tiernamada—, pero de pronto me sentí inmensa. Mi cuerpo había crecido, según afirmó mi compañero, hasta un poco más de un billón de kilómetros en estatura. Sin embargo, creo que las proporciones de mi fantástico organismo, que se había vuelto transparente, permanecían equilibradas. "¡Avanza!", me ordenaba el ángel, mientras me ceñía espiritualmente, colmándose de dicha… Y nos abalanzamos hacia las candentes llamas de la estrella. ¡Fue maravilloso! Sentí que su inmenso calor, del orden de trillones y trillones de grados centígrados, lejos de quemarme, me acariciaba y me producía un deleite desconocido hasta entonces. En mi vida mortal, me agradaba la caricia del calor, solo que en grado de tibieza, toda vez que mi cuerpo de viadora no toleraba más. Pero en esos momentos, me deleitaba con temperaturas elevadísimas. Le di gracias a nuestro Dios por haberme liberado, mediante la buena muerte y la glorificación, de las abismales limitaciones con las que el pecado original y mis propias faltas morales me habían agobiado durante mi estancia de mortal en la tierra».

—«¿No sufriste quemaduras? —le pregunté, mientras buscaba alguna cicatriz en su bello rostro».

—«Ninguna. Los bienaventurados somos invulnerables. Por el contrario, gocé lo indecible en esa compenetración amorosa con un sol muchísimo más grande que el de la tierra. La supernova nos conoció, a su manera, y se estremeció de júbilo. Empezaron a verificarse en ella no sé cuántas clases de explosiones nucleares en cadena. Porque en esos momentos, la inmensa estrella recibía su glorificación. No tanto por parte del ángel ni por la mía, sino por nuestro Dios, Quien, unido con nosotros, acariciaba, mediante la materia expandida de mi enorme cuerpo, al inmenso coloso ardiente que estallaba de júbilo. El placer que me embargaba no cabía en mí, a pesar de mi gran extensión, y se desbordaba hasta inundar la estrella. De esta manera, el Altísimo le otorgó el más alto grado de gloria al que puede aspirar una nova. Fue entonces cuando el ángel me explicó que en los humanos bienaventurados, el sentido del tacto no se limita a la dermis de la piel o de las mucosas, sino que toda célula del organismo integral, en todos los espacio-tiempos del desarrollo biológico terreno y celeste desde la concepción, es capaz de sentir en el cielo, de gozar y de compartir su gozo con el alma que la gobierna, una vez glorificado el hombre en la quinta dimensión. Y que no solamente las células; también las moléculas químicas del protoplasma, y cada uno de sus átomos, y cada partícula subatómica, y cada fotón de energía, y cada unidad de las energías desconocidas en la tierra, es decir, el eterno organismo íntegro del hombre, también goza y hace gozar al alma. Me dijo también que en esa extensísima interpenetración con la estrella, el Creador había permitido que disfrutara todo mi ser: espíritu, cerebro, cada uno de mis órganos, cada tejido, cada célula… hasta cada unidad de infraenergía de mi voluminoso organismo. Inmediatamente después, el ángel redujo a su tamaño normal la fase de mi adolescencia y el respectivo espacio-tiempo material de mi existencia terrena, los cuales utilicé en esa fabulosa vivencia».

—«Siento no haber participado contigo de esas estupendas aventuras».

—«¿Por qué no? ¡Claro que compartirás mis experiencias celestiales, así como me convidarás a las tuyas!».

—«¿Pero cómo…? Tus aventuras ya pasaron. Me las estás refiriendo».

—«¡Qué mala memoria tienes! Las nociones de pasado, presente y futuro no se necesitan en el cielo. ¡Ya olvidaste la quinta dimensión o eternidad creada! Mis aventuras sucedieron en espacio-tiempos de la vida celeste. Y en esos espacio-tiempos permanecen archivadas, para volverlas a repetir y a perfeccionar cuantas veces queramos».

—«¡Fantástico…!».

—«No alcanzas a imaginar la cantidad y calidad de radiaciones poderosísimas, capaces de volatilizar al hombre mortal mejor protegido, que me acariciaron en esa compenetración amorosa, la cual duró el equivalente emocional de unos cien años terrestres. Nuestro Dios estaba encantado con mi felicidad y me hizo ver que la mejor receta para que un ser inteligente sea feliz, consiste en hacer felices a los demás, pero a la manera cristiana».

Después pensé que muchas de las terríficas explosiones estelares, observadas por los astrónomos, quizá se deban a las compenetraciones amorosas de los bienaventurados.

—«Y no me digas ni pienses —finalizó— que mis relatos son increíbles. Porque después de lo que has vivido en esta entrevista, espero que abras tu espíritu a nociones que superan el conocimiento de los humanos mortales».

—«Quisiera hacerte ver —manifestó Tiernamada— la fuerza de arraigo de las malas costumbres terrenas, la conveniencia de llevar una vida de austeridad cristiana y el beneficio que reporta el mortificante y misericordioso Purgatorio después de la buena muerte».

—«¡Es terrible la Justicia divina!».

—«No. Ella está colmada de misericordia. Lo terrible es el pecado, el pecado personal y el escándalo que contagia y acrecienta el pecado del mundo. Lo terrible es el cúmulo de pecados ajenos, ocultos, originados por el mal ejemplo de nuestras propias faltas morales. Lo más terrible es la indiferencia humana ante el inmenso Amor que le profesa nuestro Dios. Por otra parte —añadió—, no es posible la glorificación del hombre sin haber satisfecho plenamente a la Justicia divina. El Altísimo nos ama infinita pero rectamente. Jamás se comporta como un «compadre bonachón y disimulador». No tolera en el cielo la más pequeña mancha o huella de pecado, ya sea de comisión o de omisión. Porque es del todo incompatible con la Pureza divina. No se trata de caprichos del Altísimo. El hombre bienaventurado se encuentra en interrelación personal y libre con el Señor. Estorbaría, por tanto, la menor brizna de mal moral. De ahí la necesidad de la purificación después de la buena muerte y, si el hombre no fue perfecto cristiano en esta vida, el aprendizaje de las costumbres de la Patria, que vienen siendo las virtudes cristianas».

—«Es muy duro…».

—«No. Lo que sucede es que eres muy tolerante. ¿Acaso te agradaría que tus familiares y amigos conservaran en la gloria eterna sus defectos, malas costumbres, impurezas, impiedad y modos mundanos? Claro está que nuestro Dios les perdonó toda la culpa y la pena eterna al morir en estado de gracia. Pero algunos de ellos conservan la raíz de los malos hábitos que no lograron vencer en la vida mortal; el lastre de los injustos daños, que no repararon por carencia de tiempo y que aún no se restauran en los espacio-tiempos del pasado, guardados en la quinta dimensión; la ignorancia, por descuido religioso, del gran Amor que les otorga el Altísimo, y la falta de correspondencia adecuada a ese Amor Supremo. De consiguiente —expresó Tiernamada—, necesitan sufrir el justo castigo para compensar por sus pecados ya perdonados en cuanto a la culpa y pena eterna. Les hace falta rectificar su indiferencia terrena hacia las cosas del cielo y encontrar su lugar exacto en la Patria. Requieren el aprendizaje de los hábitos celestiales y realizar, al modo del Más Allá, las restituciones de lo que robaron. A este respecto, estoy llamando a tu amigo de la infancia, Mauricio, que actualmente es un bienaventurado, para que platique contigo».

En efecto, de pronto se aproximó a nosotros Mauricio, un compañero mío de la escuela primaria. Se presentó en su etapa biológica de niño, y no percibí en él ninguna señal de glorificación. Era un chiquillo de mi edad, en ese entonces, más alto y fornido que yo, el cual se reía continuamente de mí. Por supuesto, me caía como «patada al estómago». Y yo ignoraba que las antipatías se deben a la opacidad de los vínculos amistosos, programados de antemano por el Creador para unificar a Sus hijos adoptivos humanos. Estupendos lazos recíprocos de atracción y complementación que, a las veces, casi se borran en esta vida por causa del pecado del mundo.

Mucho después supe que el origen de su risa no era yo, sino un travieso tic que contraía periódicamente sus músculos faciales izquierdos, dibujándose una insoportable sonrisa sarcástica. Como no podía darme el lujo de pelear abiertamente con él, tramé una ligera intriga con la profesora del grupo y me las arreglé para que lo inculparan del robo de un pequeño lápiz bicolor, muy apreciado por la maestra, el cual yo sustraje. Lo castigaron enérgicamente y yo me reí de su risa durante una temporada.

Mauricio me saludó amablemente y empezó a reírse. Pero no con la antigua risa burlona, sino con alegres y amistosas carcajadas.

—«¡Perdóname, Mauricio, por favor! —le supliqué contritamente».

—«¡Claro que sí! Y no te inquietes por lo que pasó en la escuela. Preocúpate por la manera en que habrás de satisfacerme en la gloria eterna. ¡Pero no sufras, hombre —exclamó al notar mi desasosiego—, yo te ayudaré en la Patria!».

Y desapareció también sorpresivamente.

—«¿Ahora qué hago, Tiernamada? —le dije con preocupación».

—«Trata de aumentar tu grado de gloria. Ya te dije que si logras ser mejor cristiano, gozarás mayormente en el cielo y acrecentarás la felicidad de todos tus hermanos en Bienaventuranza. En la Patria, brillan con todo su fulgor los vínculos de atracción amorosa, de complementación, de amistad y de simpatía, establecidos por el Señor desde su Eternidad absoluta, entre todos los bienafortunados, y entre estos y toda la Creación. Sin embargo, las consecuencias de las antipatías no vencidas en esta tierra son la merma de gloria en el cielo y el desagravio a los glorificados ofendidos en este mundo. El Altísimo es muy amoroso, pero terriblemente justiciero».

—«Te relataré otra anécdota mía —propuso Tiernamada—. En ella barruntarás que, como una pequeña parte de la gloria celestial merecida por tus obras de amor y caridad en la tierra, nuestro Dios hará que en el preciso espacio-tiempo del pasado, en que venciste una tentación o padeciste por amor a nuestro Dios alguna decepción, pobreza, enfermedad o tribulación, ahí mismo, en el acto de tu existencia guardado en el perenne almacén de todos los seres o quinta dimensión, recibas plena y objetivamente el consuelo divino que solicitaste, la alabanza que borre la ofensa a tu dignidad de hijo adoptivo del Creador y la correspondencia amorosa o amistosa que te negó la incomprensión humana en la tierra. Recién casada —continuó la encantadora habitante del Cielo—, pasé con mi esposo por una situación económica difícil. En un fuerte apuro, le pedí dinero a una conocida agiotista potosina».

—«Le facilitaré los centavos que solicita —me advirtió la usurera—, pero con el cinco por ciento de interés mensual. Tengo permiso del Señor Obispo para prestar al dos por ciento. Mas como soy una pobre viuda y tengo muchos gastos…».

—«Está bien —le respondí—. Tome las alhajitas de mi mamá y dígame dónde debo firmar».

—«Por supuesto —añadió Tiernamada—, no me dio ningún comprobante. Pasaron los meses y apenas pude pagarle los réditos. Cuando mi marido consiguió un empleo mejor, fui a devolverle el dinero».

—«Me debe nada más la mitad de lo que le facilité —me respondió la prestamista—. El resto quedó pagado con la venta que hice de sus alhajas. Supuse que no podía pagarme y las rematé».

—«Me abatí ante esa injusticia. Y como estaba embarazada de mi segundo hijo, me desmayé por el disgusto. La agiotista me quitó todo el dinero y me arrastró hasta la calle. Después de mi ingreso en la Bienaventuranza —agregó Tiernamada—, nuestro Dios me pidió que glorificara mi cuerpo de ese entonces, en la casa de la usurera y precisamente en los espacio-tiempos terrenos en que fui ofendida por ella. Ya sabes que esto se logra fácilmente en el cielo, puesto que el organismo total del ser humano permanece vivo en el ámbito de la quinta dimensión o eternidad creada. «Perdóneme, perdóneme, señora!», me suplicaba la prestamista, con ese profundo dolor y tristeza del purgatorio que yo bien conocía, porque acababa de salir de él. Nuestro Dios me aconsejó —dijo Tiernamada— que, además de otorgarle mi perdón, le prometiera mi amistad en el cielo. Así lo hice y mitigué, en parte, la terrible purificación de la que hoy es mi amiga en la Bienaventuranza. El Señor me hizo ver que permitió esa injuria que recibí, para ayudarme a colaborar con sus Designios. Lo más asombroso es que, en plena calle, ahí donde desperté de mi desmayo y sufrí la tribulación de haber perdido las alhajitas y el dinero, decenas de bienafortunados, y de los muy importantes, Le rogaban a nuestro Dios el privilegio de ser los primeros en satisfacerme, al deleitoso modo celestial, con su inmensa gloria. El Todopoderoso —siguió diciendo— escribe el destino voluntario y libre del hombre en líneas rectas, que en este mundo parecen torcidas. Te contaré otra anécdota mía en que yo soy la villana. Aquí verás cómo se truecan en gloria accidental algunas faltas morales de esta vida, una vez alcanzado el perdón divino. Cuando era yo una joven mortal —prosiguió— me enojé una vez con un modesto camionero, porque se permitió la «osadía» de dirigirme un piropo en su rústica habla popular. Mi vanidad no me dejó ver el limpio sentimiento que el pobre hombre expresaba con rudas palabras. Me encolericé en exceso. Lo humillé públicamente. Y un acomedido pasajero le rompió la cara, por el «delito» de ofender mi altiva y necia vanidad. Pues bien, me encontré con mi supuesto ofensor en el cielo, y ¡qué apuros pasé, a la manera del Más Allá, para congraciarme con él! ¡Es un gran bienaventurado, que me supera inmensamente en dignidad de gloria! Sufrí en la Patria (al modo de merma de felicidad, pero sin pena ni dolor) al comprender que su lisonja no era agravio, que solo quiso decirme «bonita» en su caló de chofer».

—«Tampoco yo me habría reprimido para decirte un piropo».

—«Con mi experiencia actual, acepto los requiebros con gozo y gratitud, sin envanecerme ni disgustarme. Mas de ese lance terrenal, mi galanteador salió venciendo en el cielo. Porque ganó mi amor, respeto y alabanza de gloria. Y yo tambièn, aunque en menor proporción, ya que no deja de apenarme, al modo celestial, por supuesto, mi proceder vanidoso en la tierra, mientras él me distingue con su generosa amistad. Por consiguiente —concluyó—, tienes ahora en las manos magníficas oportunidades de lucrar ganancias fabulosas en la Patria y granjear muchísimos amigos, si aprendes a sufrir las injusticias y humillaciones con paciente amor de caridad. Ten mucho cuidado en el trato con tus prójimos: caras vemos, glorificaciones no sabemos».

—«Tiernamada, perdóname una digresión: ¿Existen emociones y pasiones en la Bienaventuranza?».

—«¡Claro que sí! Los bienafortunados seguimos siendo humanos en el cielo; pervive nuestro organismo integral. La glorificación nos perfecciona, pero no altera la esencia de nuestra naturaleza. Sentimos las emociones y pasiones de este mundo. Solo que nuestra exquisita y purísima sensibilidad hace que las vivamos intensamente. Desde luego, sentimos el amor en toda su plenitud; el gozo, en sus incontables formas; el placer, hasta en grados que no pueden concebirse en la tierra; el deseo, con todas sus vehemencias… Mas también alcanzamos a sentir, debidamente orientados, el odio, el temor y la ira».

—«¿Quieres decir que se sufre en el Cielo?».

—«¡No, no! Ahí no existe el menor sufrimiento ni la más pequeña contrariedad. Sentimos las pasiones y emociones, pero sin dolor alguno. Claro es que al experimentarlas, los reflejos psicomotores, que continúan siendo humanos y funcionan a la perfección, nos producen lágrimas, palidez o rubicundez, cambio en el tono de la voz y hasta temblor en las rodillas. Pero eso sí, no sentimos la menor pena. Porque en la Patria no existen inseguridades ni angustias».

—«¿Has sentido la ira en el cielo?».

—«Sí, por supuesto. La siento cuando veo, desde el Más Allá, a mis queridos seres terrenales cometer alguna falta grave. A este respecto, mis nietos me traen "de cabeza" en el cielo».

—«¿No te agradaría amonestarlos o corregirlos?».

—«¡Sí, muchísimo! Pero no es fácil conseguir el permiso divino».

—«¡Gracias, gracias, Señor, —exclamé en mi interior— por haber permitido esta maravillosa conversación, para bien espiritual mío, entre una de tus bellas bienaventuradas y uno de tus pecadores!».

—«Tiernamada, ¿has sentido el odio en la gloria?».

—«Sí, también. Odio a todos los réprobos del infierno».

—«Y si algún pariente tuyo se encontrase ahí, ¿lo odiarías igualmente?».

—«Se hallan algunos. Y los odio igual o más. Te pondré un ejemplo para que me entiendas. ¿Qué sentirías si algún pariente tuyo, por pura maldad, me destrozara el rostro y me sacara los ojos?».

—«¡Lo mataría!».

—«Aunque por lo pronto lo odiaras, inmediatamente te arrepentirías, como debe acontecer en todo buen cristiano viador. Pero el primer impulso sería de odio. Ahora bien, el réprobo ha ofendido a nuestro Dios, al que será tu Amor Supremo, más gravemente aún. Porque destrozarme la cara y sacarme los ojos es poca cosa, en comparación con la ofensa que recibe el Amor del Altísimo, de parte del pecador empedernido y condenado».

—«Y después de odiar así, ¿no te arrepientes de ello, siendo tú una cristiana glorificada?».

—«No. Porque en el cielo ya no rigen los Mandamientos terrenales del Señor. Los bienaventurados somos impecables; no necesitamos leyes morales. Lo que ocurre es que en la tierra, el odio es malo porque aleja del Creador. Pero en el cielo, el odio bien orientado nos solidariza con Él».

—«Así que en esta vida, el odio siempre está mal encauzado…».

—«No exactamente. Aquí hay también odios bien dirigidos y legítimos: tú deberías odiar el pecado, por ejemplo. Y también, sentir la ira contra tu concupiscencia, para dominar las malas pasiones. Lo mismo digo del temor: deberías suscitar tu miedo de perder para siempre la futura Bienaventuranza. Pero si te parece —sugirió Tiernamada—, volvamos al tema del Purgatorio. No le es posible al que fue pecador disfrutar del cielo sin la previa purificación, ya sea voluntaria en vida, o forzosa después de la muerte. Y solo el dolor purifica. Es por ello que todo encuentro con Nuestro Señor Jesucristo, en esta tierra, siempre lleva el sello del dolor. El Misterio de la Redención y el testimonio de los mártires no tienen nada de placentero. Gozo espiritual, sí, pero en medio de penas y tribulaciones».

—«¿Cómo es el Purgatorio?».

—«Desde luego, el Purgatorio no consiste en un campo de concentración de almas humanas independizadas de sus cuerpos.

Te decía que el alma del hombre jamás se separa de su organismo integral, que le es consustancial, sino solamente del cadáver. La purificación después de la muerte se realiza en cuerpo y alma. Tampoco se trata de una purificación intensiva e instantánea de tipo angélico, ya que esto implicaría un esencial cambio antropológico, ciertamente innecesario. El hombre vive aquí y pervive en el Más Allá con su naturaleza humana, tal como se la dio el Creador. El Purgatorio, por tanto, es un lugar real y temporal».

—«¿En dónde está el Purgatorio?».

—«En los espacio-tiempos de la quinta dimensión, los cuales conservan los actos de existencia de toda la vida terrena del hombre. Ahí, en cada espacio-tiempo que lo necesite, es preciso purgar la pena debida por ese acto de existencia pecaminoso, para que la Justicia divina termine de aniquilar lo que ha quedado pendiente en dichos actos inmorales, ya perdonados en cuanto a la culpa y pena eterna. Para ello basta que la conciencia humana se ubique en esos estadios de la vida pasada; que reconozca libremente la malicia y funestas consecuencias de sus faltas deliberadas, y que repare con dolor lo que no quiso obedecer por amor. Además, como la conciencia ya no está ligada al momento presente del tiempo normal de la tierra, el alma puede contemplar, en paratempos del pasado y del futuro, las consecuencias de sus aportaciones de maldad al pecado del mundo. ¡Se siente un profundo abatimiento por haber desaprovechado los espacio-tiempos de la vida terrena, concedidos generosamente por el Creador! ¡Es sumamente dolorosa la purificación de los sentidos corporales! ¡Da mucha tristeza el haber contribuido a la disminución del grado de gloria de un bienaventurado! ¡Es espantoso, cuando se ha cooperado a la condenación eterna de algún prójimo! ¡Resulta excesivamente penoso observar nuestra falta de correspondencia al amor divino! Ahí se rectifican los malos hábitos y se adquieren los de la Patria. Es fácil decir todo esto, pero muy difícil y aflictivo el efectuarlo. Para mayor claridad, te relataré lo que me sucedió en mi última etapa de purgatorio. Ya había satisfecho a la Justicia divina por todos mis pecados. Ya vislumbraba el inmenso Amor de nuestro Dios para conmigo. Empezaba a entrever mi nombre nuevo y mi dotación de maná recóndito. Me encontraba purificada, pero no sabía mi exacto lugar en el cielo y aún no confiaba plenamente en el Señor. Mi ángel instructor —continuó— me llevó al sitio donde yo radicaría principalmente en la gloria. Algo así como mi "refugio" celestial. Debes saber que todo bienaventurado posee un lugar muy íntimo y propicio, donde realiza sus más caros amores. Pues bien —agregó—, yo nunca había viajado en avión por miedo a las alturas. ¡Grande fue mi pánico cuando el ángel me hizo subir al firmamento! Utilicé un espacio-tiempo de mi cuerpo adulto. Veía la tierra cada vez más pequeña, verdosa, la cual se alejaba de mí con suma rapidez. Como aún no estaba yo glorificada sino en fase de entrenamiento para adquirir las costumbres celestiales, era poco lo que entendía. Mi hábito arraigado de confiar en mí y no en nuestro Dios aumentaba mi temor. Creí que me iba a caer de esas alturas. Después, la obscuridad completa me aterrorizaba, a pesar de que el ángel insistía, reprochándome mi falta de confianza en el Todopoderoso. Mi espanto llegó al colmo cuando sobrepasé la velocidad de la luz. Ya podrás apreciar que las malas costumbres terrenales dificultan el aprendizaje de lo que se usa en el cielo. Claro es que actualmente, con la confianza absoluta que tengo en nuestro Dios, viajo a velocidades mucho mayores sin temor alguno».

—«¿En dónde se encuentra tu residencia celestial?».

—«Mi refugio está en un pequeño planeta de la constelación de Aster, a un poco más de un millón de años luz de la tierra».

—«¿Y desde allí has venido a visitarme?».

—«Sí, claro. Viajo actualmente con gran celeridad. Pues bien, cuando llegamos a Aster 5, solo vi una gran llanura inhóspita. "Aquí radicarás", me dijo el ángel. Y yo me entristecí. "¿Por qué te preocupas?", me animó. Basta que imagines cómo deseas tu casa, para que se haga según tu pensamiento. Ya ejerces dominio e imperio sobre la materia, energías y toda creatura inferior a ti. Pero yo no atinaba. En mi terruño, estaba acostumbrada a contratar un arquitecto y a lidiar con los albañiles. No lograba convencerme de que las cosas me obedecieran. Al primer intento, me resultó una casona de cantera rosa potosina. Después, un eco lejano del Palacio de Versalles. Y así batallé muchas veces, hasta que el ángel me convenció de que sobraban muros, techos, puertas y ventanas, puesto que no tenía que protegerme de nada en el cielo. Al final quedó muy bien. Ya la conocerás. No te la describo, porque prefiero darte la sorpresa».

—«Es muy difícil el aprendizaje de las costumbres del cielo».

—«No es complicado. La base del entrenamiento consiste en adquirir una plena y absoluta confianza en nuestro Dios. Esta educación debe comenzar en la vida terrena, para abreviar o evitar el purgatorio, solo que de acuerdo con la fe y las múltiples limitaciones del hombre mortal. La verdadera confianza en el Altísimo no consiste en esperar que Él cumpla todos nuestros caprichos, sino en la seguridad, basada en el gran Amor que nos profesa, de que nos regalará lo mejor para cada uno de nosotros, cuándo y cómo Él lo determine, y si es que nos conservamos en su Gracia y perseveramos en el cumplimiento fiel de sus Mandamientos. Te contaré otra anécdota mía —añadió, con su bella mirada—. Antes de mi glorificación, bien sabía que mi cuerpo, en cualquiera de los innumerables espacio-tiempos de mi vida terrena, era capaz de atravesar las paredes sin molestia alguna. Sin embargo, la primera vez que intenté atravesar un pequeño montículo, me paré bruscamente. Prevaleció mi costumbre terrenal de detenerme frente a los obstáculos. Pero en la actualidad, atravieso hasta los astros».

—«¿Sirven de algo los sufragios por los difuntos?».

—«Son eficacísimos, aunque se trate de difuntos muy antiguos. En el Más Allá, no rigen las clásicas nociones de presente, pasado y futuro, ni existe la ligadura de la conciencia con el momento actual. Los sufragios llegan con toda oportunidad desde cualquier fecha, gracias al puente inmediato de la quinta dimensión. Ojalá —finalizó— que tus actos de existencia, guardados en los espacio-tiempos de tu vida, y los hábitos que formes, sean tan cristianos, que no necesites pasar por el purgatorio. Tal es el deseo de nuestro Dios para ti».

—«Este paratiempo de San Luis es muy lento —dijo mi amada compañera— y la energía vital de tu organismo alcanza apenas para una milésima de picosegundo. Al moverte, aunque sea ligeramente, gastas fuerzas que no logras recuperar. Porque tu fisiología de viador no está condicionada a esta lentitud paratemporal. Por eso, te toco de cuando en cuando, y así, vivificarte. Solo que ya no va siendo prudente hacerlo».

—«¿Por qué? Tus toques, aunque breves, me son muy agradables».

—«Precisamente por ello. Después de haberme ido, te quedaría la nostalgia de esa fuerza vital, antes desconocida para tu organismo. Te darían ansias de recibirla de nuevo, como al fármaco-dependiente, cuando se le suspende la droga eufórica. Por esta razón, mi entrevista contigo debe terminar. Pues bien —aseveró—, lo que te he dicho de la gloria accidental es menos que un balbuceo en comparación con la realidad. ¡Si yo pudiera encontrar conceptos adecuados, imágenes y comparaciones asequibles, para desempeñar mejor mi cometido y hacerte columbrar con mayor luz la gloria que te aguarda…! Pero el Cielo y la tierra son muy distintos y su lenguaje muy diferente. Menos mal que pasarás muy pronto por el mundo y que cuando menos lo esperes, te encontrarás disfrutando de lo que hoy apenas vislumbras».

—«Tiernamada —le dije con toda mi franqueza—, tengo miedo. Miedo a la invalidez, por mis achaques de viejo. Miedo a mis prójimos, por su egoísmo y ambición. Miedo a la soledad y al dolor. Miedo a la muerte, porque la desconozco en mí mismo. Miedo al infierno, bien merecido por mis pecados. Miedo a mi futuro y necesario purgatorio. Y miedo a mí mismo, puesto que conozco mi volubilidad».

—«Tu temor estaría fundado si te encontraras completamente solo, sin Fe, sin Patria futura y sin Amor. Pero no es así. Nuestro Dios te Ama mucho y te lo ha demostrado en el curso de tu vida. Posees el apoyo de la Fe, como regalo que el Señor te ha concedido. Tienes en el cielo muchísimos amores y grandes amigos que te esperan. Cuentas con una madre ejemplar en la tierra, quien ha sido para ti la providencia visible de nuestro Dios en el mundo. Tienes otra Madre en el cielo, la Madre del Amor Hermoso, la Madre de Dios, que te ha asistido con predilección. Y me tienes a mí, a tu Tiernamada, que te ama con sublime amor predesignado, dispuesta, si fuese necesario, a interceder hasta el colmo en tu favor. Por tanto, trueca tu recelo por una adoración sin desmayo al Altísimo y por una acción de gracias sin límite. No te sientes a la vera del camino. Toma tu cruz, tu pequeña parte de dolor y sigue a tu Señor».

—«Esta vida mortal es angustiosa. Veo mi maldad y diviso los pecados de los demás. Y la vorágine de soberbia y egoísmo parece sumergirnos a todos en un mare magnum de iniquidad».

—«No siempre es así. Observas los pecados porque en verdad son muy ostensibles y numerosos. Pero no ves las conversiones, los arrepentimientos, las obras de caridad, que también son in-contables, aunque invisibles y en silencio. Es enorme el Poder de la Redención y son muchos los pecadores que se justifican. Mas, desgraciadamente, son muchos también los que se arrepienten casi a última hora, cuando les resta poco tiempo para alcanzar un alto grado de gloria. A la postre —concluyó—, esas personas reconocen que hicieron de su vida un mal negocio. Quisieron ser ricos en pesos y centavos, en vez de atesorar riquezas sobre-naturales, numerosos amores de caridad, que vienen siendo la moneda circulante en la Patria futura. Se empecinaron en buscar la suprema felicidad en puros bienes de este mundo, y, claro está, no la encontraron. Deploran haber preferido los inmorales gozos y placeres mundanos, tan pequeños, tan inciertos, tan fugaces, tan fatigosos. Recurrentes a la Iglesia, se arrepienten de corazón y nuestro Dios les perdona y los acaricia tiernamente, porque son Sus Amadas ovejas descarriadas. ¡Lástima que en el cielo no Le tributan al Altísimo toda la alabanza de gloria que Él esperaba de ellos! ¡Lástima que solo alcanzan, como yo, una felicidad inferior, cuando hubiera sido tan fácil conseguir mayor gloria!».

—«¿Cuál es el camino recto para obtener la máxima Bien-aventuranza?».

—«Cumple siempre los mandamientos y consejos divinos, que no son caprichos del Señor. Por el contrario, corresponden a tu mayor conveniencia en la tierra y en el cielo. La gloria eterna —insistió— es una perfecta Hermandad que debe iniciarse desde aquí, mediante la práctica de la fraterna caridad cristiana; la cual no deberás confundir con el amor exclusivamente humanístico, filantrópico, el que se practica por lástima o por interés puramente terrenal. La caridad es la razón de los mandamientos divinos. Por ejemplo: "Amarás a tu Dios sobre todas las cosas". Pues sí. Eso es lo que harás en tu vida futura. En ello consistirá tu felicísima gloria esencial. "No hurtarás". Porque es tontería robar lo que al fin de cuentas es nuestro en el cielo. Ya lo dijo San Pablo: "Todas las cosas son vuestras. Vosotros, empero, sois de Cristo, y Cristo es de Dios". "No mentirás". Para que te vayas acostumbrando a la veracidad absoluta y agradabilísima que rige en la Patria. "No codiciarás las cosas ajenas". ¿Para qué envidiarlas, si en la gloria no hay cosas ajenas? Que no te importe —recomendó— si la Voluntad divina contraría tu voluntad y bienestar material. No protestes ni te rebeles contra Ella. ¡No hagas tan mal negocio para la vida futura! ¡No pierdas inútilmente los valiosos espacio-tiempos de tu vida terrena, porque tiempo en pecado mortal, tiempo perdido! Si para los mundanos el tiempo es dinero, para los cristianos es Felicidad futura. La oportunidad de atesorar para el cielo vuela y se te va. Por eso, debes procurar que se te quede para siempre, en la quinta dimensión, el bien auténtico, el practicado por amor a nuestro Dios, que más puedas ejercitar en esa sucesión de espacio-tiempo fugitivos. Has vislumbrado la majestad de la quinta dimensión —reiteró— y has aprendido el inmenso valor de cada acto de tu vida, guardado eternamente y con toda fidelidad en su respectivo espacio-tiempo. Ya sabes que te es posible aniquilar tus pecados, por medio del sacramento de la Reconciliación. Por último, es muy conveniente para que disfrutes y hagas disfrutar a otros, de mayor gloria accidental en el Más Allá, que almacenes en la quinta dimensión muchos actos de fe y de amor de caridad. Ellos te servirán en el cielo como puntales, para soportar el inmenso y dulce peso del amor divino hacia ti. La certeza moral de la quinta dimensión, al recordarte la pervivencia de tu ser integral y de tus buenas acciones, fomentará en ti la Esperanza. Porque esas obras virtuosas que dejaste en custodia como depósitos de Dicha futura en el almacén del tiempo pasado, se trocarán para ti y para los bienaventurados con quienes te relacionarás amorosamente, en maravillosos tesoros de gloria accidental en la Bienaventuranza. Convéncete —reafirmó— de que el gran pecado de la humanidad consiste en el desprecio y olvido de nuestro Dios. En hacerlo a un lado en los amores, ideales, propósitos y actividades. Tus problemas y los de la sociedad no se resolverán solo con capitalismos, ni democracias, ni comunismos, ni humanismos por muy cristianoides que sean. Sin la ayuda de nuestro Dios, nada bueno se puede hacer. Son insuficientes las sabias legislaciones y los minuciosos reglamentos. Poco valen las promesas demagógicas y las sugestiones colectivas. El pérfido egoísmo hace fracasar todo: individuos, familias, condominios, sindicatos, colegios, municipios, estados, naciones y mundo en general. Ahora bien —finalizó—, el antídoto del egoísmo no es la limosna exclusivamente material, ni el hecho de distribuir bienes espirituales por simple humanismo. Observa lo que sucede en nuestra Patria terrenal. El egoísmo, la ambición, la soberbia, la indolencia, la corrupción, la vanidad, de ricos y pobres, está ahogando a la sociedad en una terrible crisis de penuria, inflación, devaluación monetaria, desempleo, angustia y… ¿guerra? La antitoxina del egoísmo es la práctica de la Ley del Señor, por amor a Él. Es preciso, es urgente, pues, apelar al Altísimo con Fe, con amor de caridad, con el fiel cumplimiento de sus Mandamientos, con la Esperanza en el riquísimo Cielo que acabas de vislumbrar, con la mortificación voluntaria en prueba de su acatamiento, y con la oración confiada y perseverante».

De repente, sin saber cómo, me encontré de nuevo arrellanado en el viejo sillón de mi pequeña sala. Continuaba fija la imagen en el televisor. El cigarro, con su espiral de humo inmóvil e inconclusa, en el cenicero a mi derecha. Tiernamada se había vuelto a sentar en el sofá que forma escuadra con mi sillón. Parecía que todo estaba igual que antes del vertiginoso paseo a San Luis Potosí.

—«Ningún mortal puede salvarse fuera de la Fe —me dijo mi bella visitante, rozando con los dedos de su mano derecha el dorso de mi mano izquierda, paralizada sobre el brazo del sillón—.Y la Fe corresponde a lo que no se ve, porque si se viera, quiero decir, si se comprendiera plenamente, ya no sería Fe sino evidencia. Así pues, cuando me vaya, terminará nuestro paratiempo. Tu vida proseguirá su curso normal. No quedarán señales ciertas de mi presencia. Recordarás esta conversación, pero dudarás si fue sueño o realidad. Mas persistirá la operación que nuestro Dios obró en tu alma».

—«¿Por qué voy a dudar de mi entrevista contigo, la más trascendente de mi vida?».

—«Conviene que dudes de la realidad de mi visita, para que no se perturbe el mérito de tu Fe. El auténtico cristiano cree en la Palabra divina, porque nuestro Dios la ha dictado. Porque Él no puede engañarse ni engañarnos. Porque es digno de que le crea toda creatura racional, y nada más. Si se le añaden a la Fe algunos hechos extraordinarios, disminuye el mérito de colaboración humana con la Voluntad divina y decrece el grado de gloria en el cielo. Nuestro Dios es Justo Remunerador. Así lo dicen —me recordó— las palabras de Nuestro Señor Jesucristo a Santo Tomás Apóstol: "¿Porque me has visto, has creído? Bienaventurados los que sin ver creyeron. Y entre estos últimos te encuentras tú. Mas no importa que dudes de mi entrevista contigo, toda vez que lo principal, lo verdaderamente esencial, ya fue realizado. Reconociste tus ideas religiosas y algunas de ellas se han transformado en convicciones profundas y operativas"».

—«¿De manera que pensaré que esta maravillosa conversación y nuestro paseo a San Luis, fueron simples ilusiones?».

—«Así será. Pero fíjate bien en lo que voy a decirte: Vale más una santa ilusión a lo divino, que todas las realidades a lo mundano».

—«¿Acaso me olvidaré de ti?».

—«Claro que no. Nuestro Dios es muy estricto en cuanto a la Fe y las obras de amor de caridad de cada uno de nosotros, porque es justo defensor del honor divino. Pero no es un tirano. Muy al contrario, es benévolo sostenedor de los grandes amores que Él ha designado».

Ella me sonrió con esa sonrisa suya, tan sincera, tan alegre, tan inolvidable, porque brotaba de su felicidad celestial. Me miró con cariño y añadió:

—«Ya me tengo que ir».

—«¡No, por favor, todavía no!».

Y no era el cumplimiento social, sino la necesidad de su presencia lo que me impulsaba a retenerla. Intenté incorporarme para tocarla, sujetarla…, pero esta vez mi parálisis era total.

Me sonrió con sus dos hermosos hoyuelos, y me dijo:

—«¿Qué más quieres preguntarme?».

Posteriormente se me ocurrieron muchas preguntas sobre asuntos inquietantes de esta vida terrenal. Pero en ese momento no me acordé de nada.

—«No importa, no te preocupes —me consoló con ternura—. Nuestro Dios te concede una segunda y quizás última entrevista extraordinaria, antes de tu muerte».

—«¿Cuándo tendrá lugar nuestra próxima conversación? ¿En dónde?».

—«No lo sé, ni debo averiguarlo. El Señor actúa sorpresivamente. Procura estar siempre bien dispuesto».

El hermoso cuerpo de Tiernamada empezaba a transparentarse y mi tristeza se convertía en angustiosa impotencia.

—«¡Espera, espera! —le supliqué, para retener su vaporoso cuerpo que se esfumaba».

—«¿Qué más quieres? —me dijo, con la ternura que significa su glorioso nombre nuevo».

—«Te quiero a ti. Te amo más que a mí mismo».

—«Lo sé y yo también te amo. Te amo más de lo que tú me quieres. Pero no soy tu único amor. Recuerda: "Amarás al Señor tu Dios" en primer lugar. Yo ocupo en tu corazón uno de los últimos lugares. Es nuestro Dios quien verdaderamente te ama y muchísimo más que yo».

Mi bella visitante se desvanecía, sin que yo pudiera hacer algo para impedirlo. A través del cuerpo de mi amada, se veía el respaldo del sofá.

—«¡Hasta luego, mi amor!».

—«¡Hasta pronto, Tiernamada!».

Todo volvió a la normalidad. Consulté mi reloj. Eran las tres y dieciocho de la tarde. Después pedí la hora por teléfono y comprobé que mi reloj tenía ocho minutos de adelanto. ¿Serían los que pasé con Blanca en el patio de la universidad? ¿Acaso había vivido yo ocho minutos extra? El problema era saber quién tenía la razón: si mi reloj descompuesto o mi mente enriquecida.

Prosiguieron las caricaturas en la televisión. Terminó su desarrollo la voluta de mi cigarrillo. Volví a oír el ruido del trasteo de la cocina. Me pareció que acababa de despertar de un largo y placentero sueño. Invoqué a Tiernamada, pero fue inútil.

Sucedió lo que ella me había pronosticado. Deduje que todo había sido un magnífico ensueño. Sin embargo, su influencia sobre mí era demasiado vigorosa, para relegarla por una simple conclusión.

Miré la cajetilla de cigarros y le faltaba la envoltura de celofán. ¿Se la habría quitado yo mismo en un acto de sonambulismo? Y si lo hice, ¿en qué momento fue? Las caricaturas de la televisión no se interrumpieron en mi conciencia. ¿De veras me habré quedado dormido? ¿O realicé un fantástico viaje por la quinta dimensión? Además, la suela de mis pantuflas estaba mojada. ¿Sería por los charcos del patio de la Universidad? Y algo más que me desconcertó: Mi café aún seguía caliente.

Me puse a meditar en lo que había soñado. ¡Qué hermosa, Tiernamada! Mas las ideas que aclaró en mi mente, ¿no son conceptos demasiado elevados para mi invención?

Vinieron a mi memoria sus ideas: «Recordarás esta conversación, pero dudarás si fue sueño o realidad. Y así conviene que sea, para que no se perturbe el mérito de tu Fe». Ella tenía razón. Yo estaba dudando ahora. ¡Qué bien conoció mi espíritu ignorante, indeciso y positivista!

Recordé esta otra idea suya: «Vale más una santa ilusión a lo divino, que todas las realidades a lo mundano». Muy cierta me pareció. Porque algo en mi interior me decía que cualquier acercamiento sincero a Dios, es más real y verdadero que la porosa materia que nos rodea, cuya plenitud es casi la de un espejo, el cual simula estar lleno y está vacío.

Si mi sueño maravilloso fuese una revelación, diría lo que *El cantar de los cantares*: «Mi secreto, para mí». Pero en la duda, me atengo a lo que afirma San Pablo: «Buscad las cosas que son de arriba, donde Cristo está sentado a la diestra de Dios. Saboread las cosas del Cielo, no las de la tierra» (Col 3, 1-2). Prefiero seguir este consejo, que conformarme con un vano ensueño de cosmología-ficción.

También me impresionó esta otra idea suya: «Mas persistirá la acción que nuestro Dios operó en tu alma». Sí, hoy lo comprendo. Podré dudar de la entrevista con Tiernamada. Podré dudar de la quinta dimensión. Podré dudar de todo, inclusive de mí mismo.

Podré dudar hasta de que dudo. Mas de algo estoy completamente seguro: Dios me Ama. Me Ama a mí, singularmente, como si yo, pequeño y miserable, fuese el único objeto de Su Amor… Porque este espléndido conocimiento permanece arraigado en mi alma, como la dulce puya de una convicción profunda y operativa.

★★★

El mismo autor, en tres libritos, *Deleites del más allá*, reflexiona sobre el divino misterio, para entrever los secretos recursos de la Esperanza Cristiana, para hallar alivio en la fatiga, en la angustia y en la pesadez de la peregrinación en este mundo; para encontrar el trampolín de lanzamiento del espíritu hacia los resplandores de la Gloria futura y para empezar a vivir desde ahora la perfecta leticia de la Patria.

La primera parte (el primer librito) resume la argumentación de siete hipótesis escatológicas, basadas en la teoría relativística de la «QUINTA DIMENSIÓN» o «ETERNIDAD CREADA». Son cuestiones elevadas, pero en un lenguaje sencillo y sin abandonar nunca la plataforma de la Fe.

La segunda parte reflexiona, manteniéndose en el mismo plano católico y de la teoría relativística, acerca del instinto de la gloria futura, sobre el secreto del «nombre nuevo» y del «maná escondido» (Apocalipsis, 2,17), sobre el amor universal y sobre la santa estrategia para cautivar al Amor el Altísimo.

La tercera parte, por último, describe algunas experiencias celestiales, el amor múltiple de la Bienaventuranza, el verdadero progreso cristiano y cómo debe ser la educación cristiana. Además, añade una sencillísima argumentación filosófico-teológica sobre las hipótesis del Autor, siempre basadas sobre el depósito de la Fe y a la vez sobre las modernas teorías lógicas y matemáticas de la relatividad.

Testimonios eclesiásticos

No puedo no ver con simpatía Su empeño por procurar entre los fieles de hoy el progreso en la perfección cristiana. En el ambiente en que se vive son oportunas las orientaciones que se dan, en conformidad con las enseñanzas de la Iglesia.

FR. COSTANTINO KOSER, OFM
Ministro general de la Orden
de los Hermanos Menores, Roma

Si bien no me es posible seguirle en todas sus afirmaciones, encuentro esta obra [«Los deleites del Más Allá», segunda parte] muy interesante y original. En tal sentido, le ruego que acepte mi enhorabuena en Cristo Nuestro Señor.

FR. SIGHARDO KLEINER
Abad general de la Orden de los Cistercienses, Roma

El librito «Los deleites del Más Allá» (tercera parte) abre perspectivas de esperanza al cristiano y a todo hombre. Tenemos necesidad de motivos de alegría y de serenidad en este tiempo en que vivimos. Usted ha contribuido a despertar conciencias que lo necesitaban. Enhorabuena.

P. ANTONIO LEGHISA
Superior General de la Congregación de los Misioneros

Hijos del Corazón Inmaculado de María, claretianos

Esta obra [«Los deleites del más allá, segunda parte»] adquiere particular interés en cuanto revela la riqueza de vida interior de un laico que vive los criterios de Cristo y que invita a todos a recorrer el camino del Reino, en la visión natural de su consumación. Lo que quiere decir, a vivir la vida con la «esperanza» que imprime a todos nuestros actos el valor transcendente».

S. E. MONS. OSCAR A. ROMERO
Arzobispo de San Salvador (El Salvador, Centroamérica)
(Asesinado)

Le expreso mi felicitación por el carisma que Dios Le ha dado para descubrirlo y para hacer que otros hombres también Lo descubran en los signos de los tiempos.

S. E. MONS. JUAN JESÚS POSADAS OCAMPO
Obispo de Tijuana (Baja California, México)
(Asesinado)

En todo caso, las páginas de este libro [«Los deleites del más allá», primera parte), aunque no sean desde luego dogmas de fe y sin dejar de ser en algún caso discutibles, ensanchan el corazón, enriquecen la fe, profundizan en el sentido de la vida y hacen vislumbrar una profunda comprensión de los posibles caminos de la Sabiduría de Dios en los laberintos de este mundo.